너 음악회 가 봤니?

너 음악회 가 봤니?

초판 1쇄 발행 | 2009년 11월 10일
초판 5쇄 발행 | 2016년 2월 20일

지은이 | 류준하
펴낸이 | 조미현

펴낸곳 | (주)현암사
등록 | 1951년 12월 24일 · 제10-126호
주소 | 04029 서울시 마포구 동교로12안길 35
전화 | 365-5051 · 팩스 | 313-2729
전자우편 | editor@hyeonamsa.com
홈페이지 | www.hyeonamsa.com

© 류준하 2009

ISBN 978-89-323-1533-1 03670

이 도서의 국립중앙도서관 출판시도서목록(CIP)은
e-CIP 홈페이지(http://www.nl.go.kr/ecip)에서 이용하실 수 있습니다.
(CIP제어번호 : CIP2009003340)

일러두기

▪ 이 책은 음악감상회 모습을 책으로 옮긴 것으로, 음악에 대한 지식이나 들어온 경력이 다른 두 주인공을 등장시켜 진행자와 묻고 답하는 형식을 따르고 있다.

▪ 외래어 표기는 저자와 출판사의 합의에 따라 국립국어원 원칙이 아닌 클래식 음반의 표기 관행과 현지 발음에 따랐다. 예) 그랜드 캐니언→그랜드 캐년, 모차르트→모짜르트, 셰에라자드→셰헤라자데

▪ 음악 작품의 원제는 본문이 아닌 각 트랙 끝에 앨범 소개와 함께 괄호 없이 병기하였다.

너
음악회
가봤니
?

류준하 지음

ᄒ 현암사

음악으로 열어 가는 아름다운 세상을 꿈꾸며

"나는 내가 결코 저질러 본 일도 없는 죄의식 때문에 울며 슬퍼하고, 나의 비극
도 아닌 것에 애도하고 있는 것처럼 느꼈다. 음악은 항상 나에게 그러한 효과
를 발휘하는 것 같다. 음악은 인간에게 알지 못했던 과거를 만들어 내게 하고,
눈물로 인해 숨겨진 슬픔의 감각을 채워 준다."

영국의 극작가 오스카 와일드는 언젠가 쇼팽을 연주한 후 이렇게
말했다고 합니다.

이는 현대인들의 메마른 일상을 어루만져 주는 감정의 위안이나
고양과 같은 알 수 없는 음악의 힘을 말해 주는 것이 아닌가 싶습니
다. 저는 10년 넘게 경주를 비롯한 여러 지역의 음악감상회를 진행
해 오면서 많은 음악애호가를 만나 음악에 대해 이야기하고 음악이
지닌 감동을 나누어 왔습니다. 이것은 제 인생에서 더없이 큰 축복
이라고 생각하고 있습니다.

음악을 사랑하는 사람들과의 만남은, 그냥 음악이라는 삶의 오아시스를 공유한다는 자체가 중요할 뿐, 누가 음악을 더 많이 들었으며 누가 음반을 더 많이 가지고 있는가 하는 것은 별로 중요한 문제가 아닌 것 같습니다. 단지 한 번의 음악을 듣기 위해 강릉이나 인천에서 멀리 경주까지 내달려 온 분들을 보면서 음악이 지닌 알 수 없는 힘 때문에 전율한 것도 한두 번이 아니었습니다.

그러던 어느 날, 문득 음악을 통해 펼쳐지는 이 같은 아름다운 이야기나 순간들을 글에 담아 더 많은 분들과 함께 나누어 보고 싶다는 생각이 문득 제 뇌리를 스쳤습니다. 물론 음악에 관한 전문적인 내용을 약간의 문학적 감성과 접목시켜, 보기 좋고 읽기 좋은 글로 만들어 내는 작업이 결코 쉽지 않다는 것을 몰랐던 것은 아닙니다. 하지만 그동안 음악감상회를 진행하면서 얻은 경험을 진솔하게 풀어낸다면, 음악에 첫발을 내딛는 미래의 음악애호가들에게 조금이나마 보탬이 될 수도 있지 않을까 하는 마음이 용기를 내게 했습니다. 그리고 음악을 처음 접하는 분들이라면 누구나 가지게 될 궁금한 점들을, 마치 음악감상회에서처럼 취향이나 수준이 서로 다른 세 명의 가상인물을 등장시켜 부담 없이 묻고 답하는 형식에 담은 것도 바로 그런 이유 때문입니다.

음악이 아름다운 것은 그것을 통해 아름답고 소중한 인연들이 끝없이 이어지기 때문이기도 합니다. 그동안 필자가 선곡한 음악들을 너무나도 따뜻한 마음으로 들어 주신 음악감상회 회원 여러분과 이 책이 나오기까지 물심양면으로 도움을 주신 많은 분이 없었다면 이 책은 태어나지 못했을지도 모릅니다.

경주고전음악감상회 고문 김성춘 교장선생님, 홍륜사 주지 법념 스님, 불교중앙박물관장 범하 스님, 기원정사 주지 설봉 스님, 작곡가 김동학 선생님, 곽남순 전 KBS 기술국장님, 최위옥 선생님, 유니버설 뮤직 송현수 이사님, 조희경 님, EMI 박종명 님, 소니뮤직 박문선 님, 아울로스 뮤직 임용묵 님, 박제태 변호사 사무실 이만식 사무장님께 이 지면을 빌려 감사드립니다. 특히 번거롭기 이를 데 없는 원고 교정 일을 자청하여 맡아 주신 같은 직장의 국어과 신승운 선생님께도 감사의 뜻을 전합니다. 전통의 명문 현암사에서 이 책을 출판하도록 허락해 주신 조미현 사장님과 직원 여러분께도 진심으로 감사드립니다. 음악에 미쳐 가정을 제대로 돌보지 못했음에도 한마디 불평 없이 묵묵히 필자의 빈자리를 채워 준 가족들에게 미안함과 고마움이 교차합니다.

마지막으로 우연히 맺어진 사제의 인연을 끝까지 놓지 않으시고 호된 질책과 한없는 사랑으로 필자를 이끌어 주신 안동림 교수님께 이 책을 바칩니다.

2009년 11월
류준하

등장
인물

류수연 　어릴 때부터 책읽기를 좋아하고, 예술의 향기를 사랑했다. 하지만
　　　　　입시지옥에서 전혀 여유를 내지 못하다 대학 새내기가 되면서 본격
적으로 고전음악 세계에 뛰어들었다. 그동안 가슴속에 묻어 둔 음악에 대한 열
정으로 음악감상회에 임하는 각오가 대단하다. 단답형 지식이 아니라, 자신의
감상을 논술처럼 자유롭게 표현할 수 있을 때까지 열심히 음악을 들을 참이다.
사뭇 까칠한 성격이지만, 왕성한 호기심으로 음악감상회의 활력을 북돋운다.

배도반 　베토벤을 사랑하는 음악애호가. 평범한 직장에 다니지만, 어릴 때부
　　　　　터 음악을 좋아해 음반을 많이 소장하고 있다. 여러 분야에 관심이
많아, 들쑥날쑥한 지식을 갖고 있지만, 관심 있는 분야는 제법 깊은 부분까지 꿰
뚫어 본다. 늘 성실해 음악감상도 게을리하지 않는다. 사뭇 진지한 성격으로 음
악감상회의 진행에 늘 진지한 부분을 담당한다.

차선생 　음악감상회의 해설자. 매우 통속적이면서도 알 수 없는 우수를 지닌
　　　　　차이코프스키의 선율을 사랑한다. 음악을 전공한 사람은 아니지만
남달리 음악을 사랑해 10년 넘게 음악감상회의 해설을 맡고 있다. 고전음악뿐만
아니라 월드뮤직, 한국음악 등 음악이라면 어떤 것이든 섭렵하는 음악애호가이
다. 사람들에게 알려지지 않은 음악을 알리기 위해 지금도 레코드숍, 벼룩시장,
인터넷 등을 돌아다니며 진흙 속에 숨은 진주를 찾고 있다.

Album #1

음악은 인생, 음악은 인간 주제로 듣는 음악

Album #1

음악은 인생, 음악은 인간
주제로 듣는 음악

달빛 은반에서 들리는 아라비안나이트

: 피겨 스케이팅

차선생 요즘 세계에서 대한민국의 위상이 예전과는 많이 달라진 걸 누구나 느낄 수 있어요. 2002 월드컵 4강 주역인 축구, 올림픽 우승신화를 이끈 야구, 골프 강국의 서막을 연 박세리, 불가능을 비웃은 수영의 박태환……그 자랑스러운 주인공들이 대개 스포츠 분야에 국한되고 있다는 게 아쉽지만, 유례없이 긴 경제 불황 때문에 고통받고 있는 사람들에게 잠시나마 그 시름을 잊게 만드는 건 역시 스포츠만한 게 없는 것 같아요. 누구보다 피겨 스케이팅의 김연아의 인기는 어떤 연예인도 누려 보지 못했을 정도로 상상을 뛰어넘고 있지요.

한 가지 흥미로운 사실은 김연아의 인기와 더불어 그가 피겨 스케이팅에 사용한 음악들의 인기도 덩달아 높아지고 있다는 사실이에요. 그동안 침체일로를 걷고 있는 국내 클래식 음반시장은 「베토벤 바이러스」라는 화제의 미니시리즈와 김연아의 피겨 스케이팅 덕분에 제한적이긴 하지만 활기를 띠고 있는 것 같아 음악애호가의 한 사람으로 다행스럽게 여기고 있어요. 이런 분위기에 편승하여 김연아 선수가 자신의 연기에 사용한 두 곡의 클래식 음악을 감상해 보는 것도 흥미로운 순서가 되지 않을까 싶군요.

은반 위에 되살아난 전설
「죽음의 무도」 샤를르 카미유 생-상스

차선생 먼저 김연아 선수의 쇼트 프로그램에 사용되어 우리에게 몹시 친숙해진 샤를르 카미유 생-상스Charles Camille Saint-Säens(1853~ 1921)의 「죽음의 무도」로 시작해 볼까요.

생-상스는 모두 4곡의 교향시를 작곡했는데 「죽음의 무도」는 세 번째에 해당하는 곡이지요. 이 작품은 원래 앙리 카잘리라는 프랑스 시인이 쓴 그로테스크한 내용의 시에 곡을 붙인 가곡이었다고 해요. 시의 일부를 소개하면 이런 것이에요.

지그 지그 지그, 뒤꿈치로 박자를 취하며
죽음은 묘석을 두드린다
죽음이 깊은 밤에 타는 춤의 가락

        ……

류수연   이 곡은 어떤 내용을 담고 있나요?

차선생   '죽음의 무도'는 생-상스가 곡을 작곡하기 훨씬 전부터 전해
        오던 예술적 주제예요. 그 기원은 15세기경인 서양의 중세로 거슬
        러 올라간다고 해요. 그 시대는 오랜 전쟁과 질병으로 죽음에 대한
        공포가 늘 주위에 상존해 있었기 때문에, 음악 말고도 문학, 연극,
        그림의 소재로 '죽음'이 사용되었죠. 특히 '죽음의 무도'를 묘사한
        그림에는 교황이나 왕처럼 보이는 사람도 등장해요. 이 그림은 신
        과 다름없는 절대 권력을 누렸던 그들조차 결코 죽음을 피해갈 수
        없다는 것을 상징한다고 하니, 당시 사람들이 얼마나 죽음을 두려
        워했는지 짐작할 수 있을 것 같아요.
        그럼 수연이가 궁금해 하는 곡의 내용을 요약해 볼까요.

11월 1일, 그리스도 성령제 전야에
자정을 알리는 교회 종소리가 울리
면 무덤 속에서 죽음의 신이 나타나 묘석(바이올린이 담
당)을 두드리며 송장을 깨운다. 이어 많은 해골
이 나타나 한바탕 기괴한 춤을 추는데, 분위기가
절정에 이를 무렵, 닭 우는 소리(오보에가 담당)가 들리면서 해골들이
춤을 멈추고 황급히 무덤으로 되돌아간다.

배도반 내용만 보면 러시아 작곡가 무소르그스키가 쓴 교향시 「민둥
산의 하룻밤」과 거의 유사하군요. 이 작품은 생-상스가 독창적으
로 창조한 것이 아니라 오래 전부터 전해 오던 이야기에 근거했기
때문에 다른 작곡가도 같은 소재로 곡을 쓸 수 있었겠지요. 베를렌
의 「달빛」이라는 시에 포레와 드뷔시가 각각 곡을 붙인 것처럼 말
이지요. 그건 그렇다손 치더라도 애초에 가곡으로 만들어진 곡이
관현악곡으로 바뀐 이유는 뭔가요?

차선생 "앙상한 뼈다귀만 남은 몸으로 무대에 나와 그 노래를 부르란
말이야? 싫어요!"라고 한 어느 가수의 넋두리처럼 아무도 이 노래
를 부르려고 하지 않았기 때문이라는군요. 작품의 내용을 생각해
보면 그럴 수도 있겠다는 생각이 들어요.

류수연 생-상스라는 작곡가에 대한 이야기를 해 주면 좋겠는데…….

차선생 생-상스는 프랑스 내무성 공무원인 아버지와 화가인 어머니
사이에서 태어났어요. 하지만 태어난 지 몇 개월 만에 아버지가 세
상을 떠나 어머니의 숙모 슬하에서 자랐다고 해요. 어릴 때는 모짜

르트를 능가하는 신동으로 소문이 자자했지만 워낙 다방면에 관심이 많아 음악 한 분야에만 재능을 집중하지 못한 아쉬움이 컸던 작곡가였어요. 특히 천문학에 대한 관심은 아마추어의 경지를 넘어설 정도였다는군요. 그래도 36세 때 친구 뷔신과 힘을 모아 국민음악협회를 설립해 포레·프랑크·샤브리에·드뷔시·뒤카·라벨 등의 신작을 소개하는 등 침체한 프랑스 음악을 부흥시키는 데 큰 공헌을 했다는 평가를 받고 있어요.

배도반 어느 글에서 생-상스가 우루과이 국가를 작곡했다는 이야기를 읽었어요. 프랑스 사람인 그가 어떻게 남아메리카에 있는 나라의 국가를 만들었는지 모르겠어요?

차선생 86세에 생을 마감한 생-상스는 긴 생애 동안 알제리, 베트남, 미국, 우루과이 등 많은 나라를 여행했어요. 특히 1916년 우루과이를 방문했을 때 그 나라의 국가를 작곡해 선물했다고 하는군요.

러시아의 아라비안나이트

교향 모음곡 「셰헤라자데」, Op.35 니콜라이 안드레예비치 림스키-코르사코프

차선생 생-상스의 「죽음의 무도」를 들어 봤으니, 이어 김연아 선수가 프리 스케이팅에 사용한 림스키-코르사코프의 교향 모음곡인 「셰헤라자데」를 감상할 순서로군요.

러시아 출신 작곡가 림스키-코르사코프는 음악사를 통틀어 베를리오즈나 라벨 등과 함께 관현악법을 가장 잘 구사한 작곡가로 알

려져 있어요. 그래서 이들의 작품을 접하면 음악을 떠나서 소리를 듣는 것만으로도 그 재미가 각별하지요. 그래서 그런지 림스키-코르사코프의 「셰헤라자데」는 베를리오즈의 「환상 교향곡」과 비슷한 점이 많은 것 같아요. 우선 낭만주의 음악의 특징이랄 수 있는 표제가 붙어 있다는 점, 표제에 나타난 내용을 표현하지만 그 속에 또 이야기가 나온다는 점, '연인의 선율'이나 '셰헤라자데의 주제' 처럼 고정악상이 사용되고 있다는 점이 그것이지요.

또 이들처럼 관현악법이 뛰어난 작곡가들은 곡의 흐름상 자칫 지루해지기 쉬운 부분을 다양한 악기를 등장시키면서 소리를 계속 변화시켜 나가는 방법으로 청중의 흥미를 지속시킬 수 있다는 장점이 있지요. 「셰헤라자데」를 들어 보면 이해가 되는 것 같아요.

류수연 '셰헤라자데의 주제'에 대해 좀 더 구체적으로 설명해 주세요.

차선생 「셰헤라자데」라는 제목에서 알 수 있듯 이 곡은 『아라비안나이트』를 소재로 만든 관현악곡이지요.

러시아 민족주의 음악의 기수인 '러시아 5인조' 가운데 한 사람이었던 림스키-코르사코프가 러시아 민속과는 한참 거리가 먼 「셰헤라자데」를 작곡한 것은 이례적이라고 볼 수 있어요. 물론 당시 러시아 사람들 사이에서도 『아라비안나이트』가 널리 읽혔다고 하니까, 먼 나라의 전설이 그다지 거부감을 주는 주제는 아니었을 수도 있겠죠. 그러나 이 작품은 그런 민족주의적인 측면에서 바라보기보다, 해군 장교로 세계 각지를 돌아다니며 보고 느낀 이국적인 풍물을 늘 마음속에 담고 있던 림스키-코르사코프가 어느 날 문득 머릿속에서 그려 본 상상의 이야기를 음악으로 표현했다고 보는

림스키-코르사코프

게 더 타당할 것 같아요.

셰헤라자데는 죽음을 면하려고 밤마다 왕에게 이야기를 들려주는 여인의 이름이에요. 그녀는 밤마다 '인자하신 임금님! 그러면 어젯밤의 이야기를 계속하겠습니다.' 라는 말로 시작해 '새벽이 점차 밝아 오니 여기서 이야기를 마치겠습니다.' 라는 말로 이야기를 끝내죠. 이것을 하나의 고정악상으로 만들어, 그 장면이 나올 때마다 이를 반복하여 사용하고 있어요. 마치 컴퓨터 단축키로 주제를 카피(Ctrl+C)하고 다음부터 계속 복사(Ctrl+V)만 하면 되는 셈이니 매우 효과적인 방법이라는 생각이 들지 않나요? 더욱이 '셰헤라자데의 주제' 는 지극히 아라비아적이면서 고귀한 아름다움을 지니고 있어 감상하는 재미를 더해 주는 중요한 요소라고 할 수 있어요.

배도반 어느 책에서 읽었는데, 림스키-코르사코프는 표제가 주는 선입견을 염려해 악보를 재판再版할 때 각 악장에 붙어 있던 제목을 모두 삭제했다고 해요. 그런데 지금은 그대로 사용하고 있는 건 아이러니 아닌가요?

차선생 나도 비슷한 글을 본 적이 있어요. 림스키-코르사코프는 자서전에서 「셰헤라자데」가 어떤 구체적인 이야기를 나타낸 것이 아니어서, 악보를 재판할 때 네 개 악장에 붙어 있던 제목을 모두 삭제했다는군요. 그런데 림스키-코르사코프가 고전주의 시대로 돌아갈 생각이 아니었다면 굳이 그럴 필요가 있었을까 싶거든요. 음악 애호가들에게 표제는 때로 그 이상의 의미도 있을 수 있기 때문이지요. 그렇다고 작곡자의 의도를 무시하자는 뜻은 아니고 지금도 버젓이 그 표제를 쓰고 있으니 하는 말이에요. 「셰헤라자데」는 방대한 이야기를 자랑하는 『아라비안나이트』의 첫 부분에 해당하는 것으로, 이 작품에 등장하는 셰헤라자데는 곡의 내용과는 아무런 상관없이, 단지 이야기를 풀어 나가는 역할을 맡을 뿐이지요.

류수연 「죽음의 무도」처럼 「셰헤라자데」 줄거리도 짚고 넘어가죠?

차선생 글쎄! 간단하게 요약하면 다음과 같은 내용인데, 모르는 사람은 없을 거라고 봐요.

샤리아르 왕과 동생 샤자만은 사이가 매우 좋은 형제였다. 어느 날 샤자만은 우연히 형의 아내, 왕비가 흑인 노예를 희롱하는 장면을 목격한다. 이 사실을 안 왕은 몹시 격분해 세상의 모든 여인이 부정하다고 믿는다. 그 뒤로 왕은 매일 밤 새로운 처녀와 함께 지내고 아침이 밝으면 목숨을 빼앗았다. 한 대신의 딸인 셰헤라자데도 이 비극적인 밤을 보낼 차례가 되었다. 지혜로운 처녀 셰헤라자데는 아주 많은 책을 읽고 무궁무진한 이야기를 알고 있어, 왕에게 재미난 이야기를 들려주면서 죽음을 모면할 계책을 세운다. 왕은 셰헤라자데가 들려주는 여러 나라 왕들에 얽힌 전설이나 민족의 역사에 푹 빠져 다음 이야기를 듣고 싶어 그녀를 죽일 수 없게 된다. 셰헤라자데에게 피가 마르는 듯한 상황은 천 일이나 계속된

무용 「셰헤라자데」의 한 장면

다. 『아라비안나이트』를 '천일야화千一夜話'라고 부르는 것은 바로 이런 이유 때문이다. (여기서 셰헤라자데가 샤리아르 왕에게 들려준 이야기의 순서는 「바다와 신드바드의 배」, 「칼렌더 왕자 이야기」, 「젊은 왕자와 공주」, 「바그다드의 축제」이다.) 세상의 모든 여자를 미워하고 저주하던 샤리아르 왕도 서서히 셰헤라자데를 사랑하게 되었고, 마침내 자신의 왕비로 맞아들여 훌륭한 왕으로 다시 태어난다.

배도반 요즘 다양한 클래식 DVD 음반이 출시돼 애호가들의 라이브러리를 풍요롭게 채워 주고 있어요. 다만 그 수준이 들쑥날쑥하다 보니 어떤 때는 돈이 아깝다는 생각이 들기도 하더라고요.

차선생 그러니까 미리 구입하지 않고 잠시 기다렸다, 음악감상회에서 본 것 중에서 마음에 드는 것을 고르면 좋을 것 같아요. 최소한의 검증을 거친 만큼 안심할 수 있잖아요. 이를테면 베를린 필하모닉 오케스트라의 발트뷔네 콘서트는 이미 많은 DVD가 나와서인지 전혀 낯설지 않잖아요. 게다가 최근에 발매된 것들은 가격이 비싸졌지만 화질이나 음질은 예전보다 많이 개선된 것 같아요.

특히 2006년 발트뷔네 콘서트는 〈언 오리엔탈 나이트An oriental night〉란 타이틀을 달고 있어서 색다른 느낌으로 즐길 수 있었어요. 림스키-코르사코프의 「셰헤라자데」는 표제성이 강해 인기가 높은 곡인데, 그동안 영상으로는 접하기 어려워 기대가 컸던 음반이었거든요. 여름날 밤의 발트뷔네 야외 공연장은 이 곡의 분위기를 고조시키는 데 한몫을 한 것 같아요. 콘서트 타이틀도 '밤'이고 공연하는 시간도 '밤'이잖아요.

이 영상에는 에스토니아 출신 네메 예르비Neeme Jarvi가 몸에 배인 유머와 위트 넘치는 표정으로 지휘하는 모습이 보는 재미를 더하더군요. 그의 오랜 지휘 경력이 말해 주듯 곡 전체를 꿰뚫는 듯한 여유로움도 좋았고요.

숲 속의 무대 발트뷔네

이 DVD 음반은 특이하게도 1, 2악장이 끝나면 중간에 다른 몇 곡이 삽입되어 연주되고 다시 3, 4악장이 이어지는 구성이었어요. 그러다 보니 2악장이 끝나자 관중석에서 박수가 터져 나와 보는 이를 당황스럽게 만들기도 해요.

곡이 시작될 때는 밝은 낮이었는데 시간이 흐르면서 서서히 날이 어두워지더니 끝날 무렵에는 깜깜한 밤이 되었죠. 그런 분위기에서 흘러나오는 〈셰헤라자데의 선율〉은 베를린 필하모닉이란 명성에 걸맞은 악장의 탁월한 바이올린 솔로에 실려 밤하늘에 아련히 울려 퍼지더군요. 더없이 멋지고 또 낭만적이죠.

1 교향시 「죽음의 무도Danse macabre」, Op.40 샤를르 카미유 생-상스
장 피에르 재킬라(지휘) / 파리 오케스트라

2 교향 모음곡 「셰헤라자데Sheherazade」, Op.35 니콜라이 림스키-코르사코프
Ⅰ 〈바다와 신드바드의 배The Sea and Sinbad's Ship〉| Ⅱ 〈칼렌더 왕자 이야기The Story of The Kalender Prince〉| Ⅲ 〈젊은 왕자와 공주The Young Prince and The Young Princess〉| Ⅳ 〈바그다드의 축제The Festival at Baghad-The Sea〉
네메 예르비(지휘) / 베를린 필하모닉 오케스트라

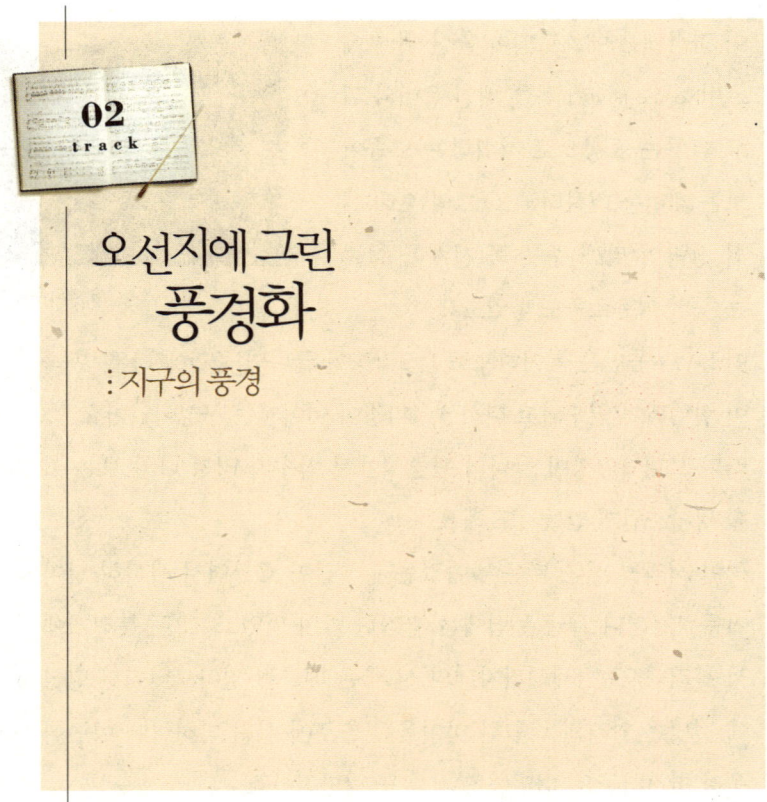

02
track

오선지에 그린
풍경화

:지구의 풍경

오디오에서 진짜 천둥이 몰아친다

「그랜드 캐년」 모음곡 페르드 그로페

차선생 수연이는 그랜드 캐년에 대해 들어 본 적 있나요?

류수연 그럼요, 그랜드 캐년을 모르는 사람이 어디 있어요. 학교 다닐
때 지리 선생님께 그곳에 대한 설명을 듣고 나중에 꼭 한 번 가 봐
야겠다는 생각도 했는데요.

차선생 그랜드 캐넌은 미국 남서부 애리조나 주에 위치하고 있는데, 길이 350km, 넓이 2,600km²에 이르는 장대한 위용을 자랑하는 세계적인 대협곡이죠. 골짜기가 얼마나 깊은지 밑바닥에 흐르는 콜로라도 강 수면에서 협곡 정상까지의 높이만도 1,500m나 될 정도예요. 이 협곡이 유명한 이유는 단지 그 규모가 어마어마해서가 아니라, 깎아 세운 듯한 양쪽 낭떠러지 측벽에 차곡차곡 포개진 암층, 그 하나하나가 품고 있는 무지갯빛 색채의 아름다움과 갖가지 기암의 모습이 실로 장관을 이루고 있기 때문이죠.

배도반 그랜드 캐넌 같은 대자연을 음악으로 묘사하는 일은 무척 어려운 일이겠지만, 한편으로 매력적인 작업일 수도 있겠어요.

차선생 자연을 음악으로 묘사한 작품이라는 면에서 그로페Ferde Grofé (1892~1972)의 「그랜드 캐넌」 모음곡은 리하르트 슈트라우스Richard Strauss의 「알프스 교향곡Eine alpensinfonie」에 필적할 만한 작품이라고 할 수 있어요.

그로페는 장엄한 이 대자연의 경관을, 새벽의 정적에 이어서 장려한 해돋이의 광경을 그린 제1곡 〈해돋이Sunrise〉, 대협곡의 남쪽 강변에 펼쳐 있는 사막을 그린 제2곡 〈채색된 사막Painted Desert〉, 눈 아래 흐르는 콜로라도 강을 구경하기 위해 울퉁불퉁 꼬불꼬불한 길(지금은 포장이 잘 되어 있지만)을 작은 노새를 타고 흔들리며 가는 모습을 유머러스하게 그린 제3곡 〈산길을 가다On the trail〉, 목동이 부는 피리 소리와 깊은 골짜기의 신비하고도 장려한 대협곡의 아름다운 황혼을 그린 제4곡 〈일몰Sunset〉, 대협곡에 몰아치는 폭풍우의 광경을 실감나게 그린 제5곡 〈호우Cloudburst〉 순으로 그리고 있어요. 웅장한 산과 협곡의 하루가 눈앞에 선하게 그려지는 매력 넘치는 작품이죠.

모음곡 중 가장 유명한 〈산길을 가다〉는 단독으로도 자주 연주되는데, 특히 터벅터벅 걸어가는 노새의 발굽 소리가 유머러스하면서도 사실적으로 잘 묘사되어 있어요. 「그랜드 캐년」을 통해 발견할 수 있는 그로페의 능력은 후세에 그의 이름을 오래도록 기억하게 만드는 데 부족함이 없다고 봐야겠지요.

류수연 그로페는 어떤 작곡가인가요?

차선생 미국이 자랑하는 작곡가 거쉬인의 출세작 「랩소디 인 블루 Rhapsodie in blue」를 관현악으로 편곡한 주인공이 바로 그로페예요. 거쉬인과 그로페는 제1차 세계대전이 끝난 뒤 재즈 요소를 도입한 새로운 음악 형태로 미국인의 사랑을 받았던 공통분모를 지녔다고 할 수 있어요.

그는 다소 불우한 어린 시절을 겪었고 사회 밑바닥을 전전하기도 했지만 이런 경험들이 그가 미국이나 미국 생활을 소재로 한 작품을 쓰는 데 좋은 토양이 될 수 있었어요. 그로페는 17세 때 미국 굴지의 교향악단인 로스앤젤레스 필하모닉 오케스트라의 비올라 주자로 활동하면서 본격적으로 음악 공부에 빠져들었고, 유명한 재즈 음악인 화이트먼 Paul Whiteman과의 만남은 그의 음악 인생에 큰 전환점이 되었지요. 거쉬인이 피아노곡으로 작곡한 「랩소디 인 블루」의 관현악 편곡을 그에게 의뢰한 장본인이 바로 화이트먼이었기 때문이죠. 공전의 히트를 기록한 「랩소디 인 블루」 덕에 그는 잘나가는 편곡자가 될 수 있었어요. 이후로도 화이트먼과의 우호적인 관계는 지속되었는데, 1931년 그의 대표작인 「그랜드 캐년」을 초연해 큰 성공을 가져다 준 게 바로 화이트먼 악단이었어요. 그로페는 「그랜드 캐년」에 대해 이렇게 회고했다고 전해요.

"내가 유명한 그랜드 캐년을 알고 또 그 장관을 음악으로 만들어 봐야겠다고 마음먹은 것은 아직 애리조나에서 떠돌이 피아니스트로 사막과 산맥 지방을 맴돌고 있을 무렵이었다. 그때부터 약 22~23년간 웅대한 그랜드 캐년의 모습이 한시도 내 마음을 떠난 적이 없었다."

마치 베토벤의 「합창」 교향곡이나 브람스의 「1번 교향곡」에 얽힌 일화를 듣고 있는 것 같지 않아요?

배도반 그렇군요. 그런데 「그랜드 캐년」은 텔락 레이블로 발매된 음반이 특히 사랑을 받고 있는데 그만한 이유라도 있습니까?

차선생 이 음반은 「그랜드 캐년」 모음곡 중 제5곡 〈호우〉에 실제로 천둥이 치는 소리를 녹음해 수록했어요. 과거에 발매된 LP음반의 경우에는 천둥치는 부분의 소리 골이 하도 깊어서 바늘이 상하는 일이 종종 일어났다고 해요. 오디오계의 전설 같은 이야기이죠. 실제로 그런 경험이 있는 사람을 만나지 못했지만 오디오 성능을 시험하는 호사가들 사이에 널리 회자되는 이야기예요. 지금은 CD로 이 음반을 만날 수 있는데 재킷 뒷면에 보면 '디지털 천둥소리에 주의! CAUTION! DIG-ITAL THUNDERSTORM' 하라는 경고 표시가 노랗게 찍혀 있어요. 음악보다 오디오에 더 관심이 많은 사람들은 항상 이 부분만 들을 만큼 이 음반에 담긴 천둥소리는 말 그대로 압권이라고 할 수 있겠지요.

사랑하는 영국에게 바치는 여행의 기억

「핑갈의 동굴」 서곡 펠릭스 멘델스존

류수연 핑갈(독일어로는 '헤브리덴')의 동굴은 실제로는 존재하지 않는 전
설 속 상상의 섬인가요?

차선생 그렇지는 않아요. 스코틀랜드 북서쪽 바다, 대서양에 있는 히브
리디스 군도 가운데의 스타파 섬에 있는 암굴을 가리켜요. 이 지방
에 전해 오는 전설 속의 왕인 '핑갈'의 이름을 따 '핑갈의 동굴'이
라고 부른다고 해요. 동굴 주변 해안은 주상절리[1]가 발달한 가파른
절벽이 장관을 이루고 있으니 전설에 나오는 상상의 섬은 아니지요.
이 곡은 동굴 부근의 색다른 풍경과 섬에 얽힌 전설을 소재로 만든
소나타 형식의 연주회용 서곡이에요. 갈매기가 끼룩거리는 섬 해
안, 푸른 바다를 향해 입을 벌린 큰 암굴, 바위에 부딪혀서 포말로
부서지는 파도의 모습을 생생하게 묘사하고 있기 때문에 내용으로
보면 전형적인 표제음악이지요.

작곡가 바그너도 이 곡을 듣고 '멘델스존은 일류 풍경화가'라는 극
찬을 아끼지 않았을 정도로 고도의 쓸쓸한 아름다움을 멋지게 그
린 훌륭한 작품이에요.

류수연 독일 사람인 멘델스존은 어떤 계기로 영국이 배경인 이 곡을
쓰게 되었나요?

차선생 영국을 매우 좋아했다는 멘델스존은, 짧은 일생이긴 했지만 평

---

1 암석 결정이 수직으로 형성되어 기둥 모습을 하고 있는 지형으로, 이 부분이 오랜 풍화를 받으면
가파른 절벽을 이루는데 서귀포의 정방 폭포도 이와 같은 형태이다. 현무암 지대에서 나타난다.

생 열 번이나 영국을 방문했다고 하는군요. 20세 때인 1829년 여름, 스코틀랜드에 있는 히브리디스의 여러 성을 돌아보던 중에 이 동굴을 보았다고 해요. 여행을 마치고 돌아온 멘델스존에게 누군가 이 동굴 풍경을 보고 온 소감을 묻자 그는 "말로 설명할 수는 없지만 음악으로 표현한다면 이런 느낌입니다."라고

스코틀랜드에 있는 핑갈의 동굴

답하면서 피아노 앞에 앉아 즉석에서 머릿속에 구상하고 있던 내용을 연주했다고 알려져 있어요. 그 후 그는 다시 이탈리아를 여행하면서 1830년에 이 곡을 완성하게 되지요.

배도반 작곡가에게 초연 무대는 더없이 중요한데 「핑갈의 동굴」은 반응이 어땠나요?

차선생 멘델스존은 누구보다 영국을 좋아했고, 또 이 곡이 그곳 풍경을 묘사해 당연히 영국에서 초연을 해야 한다고 생각했던 것 같아요. 그래서 곡이 완성되고 난 뒤 몇 차례 수정 작업을 거쳐 1832년, 런던에 있는 코벤트 가든에서 자신이 직접 지휘자로 나서 연주회를 치렀어요. 청중이 뜨거운 박수갈채를 보낼 만큼 성과가 좋았다고 알려져 있지요.

99%의 노력으로 찾아가는 항구

「기항지」 자크 이베르

배도반 프랑스 작곡가들 중 자크 이베르Jacques Ibert(1890~1962)는 어떤
위치에 있나요?

차선생 그게 궁금했었군요. 자크 이베르는 파리에서 태어나 파리음악
원에서 공부했어요. 제1차 세계대전 이후 1919년에 최초로 실시된
'로마대상'²에서 칸타타 「시인과 요정」으로 1등을 획득해 로마에
유학했을 정도니, 그만하면 실력을 인정받는 작곡가라고 봐도 되
지 않을까요.

프랑스 6인조 멤버는 아니었지만 그들과 친분을 쌓았던 이베르는
음악가가 되기 전에 배우가 되려고 했을 만큼 그 방면에 관심과 재
능을 지녔다고 해요. 전설적인 베이스 가수였던 표도르 샬리아핀
이 주연을 맡았던 「돈키호테」나 오손 웰즈가 감독한 「멕베드」 같은
영화의 음악에 손을 댄 것도 그런 이유 때문이었지요.

그의 작품 가운데 가장 널리 알려진 「기항지」는 로마에 유학 중인
1924년에 작곡한 관현악 모음곡인데, 이 곡으로 일약 세계적인 작곡
가로 이름을 날리게 되었어요. 그의 음악은 인상주의와 신고전주의
가 접목된 경향을 띠고 있는데, 예리한 감각과 자유로우면서도 독창
적인 상상력으로 해학적이고 기품이 넘친다고 평가받고 있더군요.

그는 또 "천재란 1%의 영감과 99%의 노력이다."라는 명언을 남긴

---

2 프랑스 미술 아카데미에서 해마다 회화·조각·건축·판화·음악 콩쿠르의 1등에게 주는 상. 루이
14세가 예술 보호 정책의 일환으로 제정하였다.

인물이기도 해요.

류수연 분명 항구와 관련이 있을 것 같은데, 그냥 곡
명인 「기항지」만으로는 정확하게 작품의 성격을
머리에 떠올릴 수 없어요.

차선생 3악장으로 구성된 관현악 모음곡 「기항지」는
작곡자가 1차 세계대전 때 군함을 타고 지중해의
항구들을 들렀던 인상을 스케치한 작품이에요. 악

자크 이베르

장별로 부제가 붙어 있지는 않지만 1악장은 시실리 섬에 있는 팔
레르모의 흥겨운 분위기와 밝은 햇빛, 2악장은 튀니지의 사막에서
그가 들었던 우수를 불러일으키는 노래, 3악장에서는 스페인 발렌
시아 지방에서 받은 영감을 음악으로 묘사하고 있어요. 저는 누구
라도 매혹되지 않을 수 없는 아름다우면서도 이국적인 선율을 지
닌 2악장을 즐겨 듣곤 해요.

이 곡은 인상주의 음악의 선구자인 드뷔시나 라벨의 작품과 비교
해도 손색이 없을 만큼 뛰어나다는 평가를 받았는데, 파리 오페라
극장 발레단의 예술감독 세르쥬 리파르가 안무를 맡은 발레 음악
으로 사용되기도 했어요.

액자 속에서 태어난 음악

「기쁨의 섬」 클로드 드뷔시

배도반 어떤 그림을 보면 마치 액자 속의 풍경에서 바람이 불어 나오

는 듯 음악이 들려오는 것 같은 착각에 빠지곤 해요. 러시아의 작곡가인 무소르그스키도 그랬는지 모르죠. 그가 작곡한 「전람회의 그림」 말고도 미술 작품에 영감을 받았거나, 그것을 소재로 작곡한 곡이 있나요?

차선생 드뷔시가 작곡한 「기쁨의 섬」이라는 작품을 예로 들어 볼까요? 이 작품은 루브르 미술관에 있는 18세기 프랑스 화가 와토의 명화 「시테르 섬의 승선」에서 소재를 얻었다고 하는군요. 크레타 섬 북서쪽에 위치하고 있는 시테르는 고대 그리스 때 미와 사랑의 여신인 비너스의 섬이었는데, 여인들이 그녀를 찬양하고 본받으려고 이 섬을 찾았다고 해요. 신화 속 이야기를 환상적으로 그린 게 바로 「기쁨의 섬」이에요.

드뷔시는 피아노 기교를 최대한 살려 그의 특기라 할 수 있는 다양한 표현력과 넘치는 상상력, 회화적인 색채감을 잘 묘사했는데, 원화原畵 이상이라는 평가도 받을 정도였어요.

삶의 저편으로 물결치는 음악의 배

교향시 「죽음의 섬」 세르게이 라흐마니노프

배도반 앞서 다룬 곡은 '여행을 통해 얻은 영감'과 '대자연의 장엄함'을 소재로 음악적인 풍경을 그린 음악들인데 비해, 라흐마니노프의 「죽음의 섬」은 좀 어둡고 음산한 내용을 담고 있군요?

차선생 이 교향시는 1905년, 미술에도 조예가 깊었던 라흐마니노프가

뵈클린의 그림 「죽음의 섬」

파리에서 독일계 스위스 화가 뵈클린의 명화 「죽음의 섬」에 영감을 받아 그해 가을 작곡한 것으로 기록되어 있어요. 뵈클린의 그림 「죽음의 섬」은 고요한 바다 위에 햇빛 한 점 비치지 않는 쓸쓸한 섬이 떠 있고, 한 척의 작은 배가 하얀 옷을 걸친 뱃사람을 태우고 이 괴기스러운 섬으로 향하고 있는 모습을 담고 있지요. 이렇듯 죽음이라는 무거운 주제를 화폭에 담아낸 상징주의 화가 뵈클린은 바다뱀같이 소름끼치는 그림을 그렸는데, 이 「죽음의 섬」은 그의 최대 걸작으로 꼽히고 있다고 해요.

라흐마니노프 또한 죽음을 뜻하는 이 공포의 장면을 음악으로 그렸는데, 고요한 가운데서도 그림이 보여 주는 것처럼 온몸이 오싹해질 정도로 무시무시하고 적막한 분위기를 연출하고 있어요.

류수연 그림과 관련해 이 곡이 표현하고자 하는 전반적인 줄거리를 간략하게 설명해 주면 이해하는 데 도움이 될 것 같아요.

차선생 곡의 도입부는 느리면서도 서글픈 느낌의 하프 연주로 시작되

---

3 그리스 신화에서 죽은 자를 저승으로 건네준다는 뱃사공.
4 Dies Irae, '노여움의 날'이란 뜻으로 악인들에 대한 최후의 심판을 다룬 장중하고 준엄한 곡.

는데, 이는 죽은 사람의 영혼을 섬으로 실어 나르는 카론³이 젓는 노의 움직임을 상징해요. 이어서 첼로가 이 죽음의 섬에 부딪치는 물결을 묘사하고, 그 사이에 고뇌를 의미하는 듯한 바이올린의 가녀린 선율을 배경으로 그레고리 성가인 〈디에스 이레〉⁴가 첼로에 실려 흘러나오죠. 섬에 가까워지면서 소리가 점점 커지고 움직임이 뚜렷해지면서 표면에 떠오르지 않았던 죽음의 고통이 서서히 모습을 드러내요. 곡이 점차 진행되면서 밝은 느낌의 새로운 주제가 등장해 분위기가 반전되는 듯하다가 우울하고 불안한 분위기에 다시 휩쓸리는 가운데 〈디에스 이레〉가 냉혹하고도 집요하게 흘러나오면서 카론의 배는 섬을 떠나 조용히 멀어져 간다는 줄거리예요.

류수연 섬뜩한 부분도 있지만 설명을 듣고 있으니 정말 한 폭의 그림이 그려지는 듯해요. 역시 아는 만큼 들리는 것 같아요.

1 「그랜드 캐넌」 모음곡 중 〈일출〉 페르드 그로페
에리히 쿤젤(지휘) / 신시내티 팝스 오케스트라

2 「핑갈의 동굴Fingal's Cave」 서곡 펠릭스 멘델스존
세르지우 첼리비다케(지휘) / 뮌헨 필하모닉 오케스트라

3 「기항지Escales」 자크 이베르
Ⅰ Calme │ Ⅱ Modéré, trés rythmé │ Ⅲ Animé
샤를르 뒤뚜아(지휘) / 몬트리올 심포니 오케스트라

4 「기쁨의 섬L' Isle joyeuse」 클로드 드뷔시
졸탄 코치슈(피아노)

5 「죽음의 섬Die Toteninsel」 세르게이 라흐마니노프
마리-프랑소와 부케(피아노) / 페터 뤼커(지휘) / 보후슬라프-마르티누 필하모닉 오케스트라

03
track

때로는 나도 멜로드라마의
주인공이 되고 싶다

: 사랑의 찬가

그리스여, 안녕

「**기차는 8시에 떠나고**」 미키스 테오도라키스

류수연 이 곡은 먼저 노랫말부터 음미해 보도록 해요.

차선생 그래요. 제목부터 뭔가 깊은 사연이 담겨 있을 듯한 노래이죠.

이번에는 내가 직접 읽어 보도록 할게요.

기차는 8시에 떠나갑니다

카테리니를 향해

11월은 카테리니 행 기차를 기억하지 않고서는

지나가지 않겠지요

11월이 올 때마다 카테리니 행 기차를 추억합니다

우연히 레프테리[5]에서 우조[6]를 마시고 있는 당신을

다시 발견했습니다

밤은 다른 곳에서는 찾아오지 않겠지요

당신은 비밀을 안고 그것을 아는 자를 추억합니다

밤은 다른 장소에선 찾아오지 않겠지요

---

5 아테네 번화가 타베르나에 있는 카페 이름.
6 그리스인이 즐겨 마시는 허브향이 강한 술.

기차는 8시에 떠나갔습니다
그러나 당신은 홀로 카테리니의 초소에서
보초를 서고 있었습니다.
마음을 비수처럼 찌르는 안개 속에서
당신은 홀로 보초를 서고 있습니다

배도반 뭔가 깊은 사연이 숨어 있는 듯한 알 수 없는 분위기가 느껴져요.

차선생 사랑하는 남녀 사이의 일상적인 이별을 노래한 것처럼 보이지만, 실은 다시는 돌아올 수 없는 길을 떠났을지 모를 사랑하는 사람(나치에 저항했던 그리스의 한 젊은 레지스탕스)과 한 여인의 가슴 아픈 이별을 다룬 노래이지요. 이 곡은 미키스 테오도라키스Mikis Theodorakis(1925~)의 작품으로, 마치 제3세계 음악의 상징처럼 군림하고 있어요. 그는 그리스 민주화 운동의 상징적인 인물로 이 곡을 발표한 직후 군부 독재 정권에 체포되어 국외로 추방당했어요. 이 곡의 가사를 보니 공장에서 일하는 애인 마누엘을 만나러 가는 아만다의 얘기를 노래한 「아만다의 추억」이 떠오르는군요. 누에바 칸시온의 아이콘인 빅토르 하라가 노래한 이 곡은 불공평하고 부도덕한 고용주와 맞서기 위해 먼 길을 떠난 그의 부모님의 슬픈 이별을 다루고 있지요.

배도반 테오도라키스는

빅토르 하라처럼 타고난 투사였다기보다 그를 둘러싼 환경이 그렇게 만든 게 아닐까 싶군요.

차선생 맞아요. 1963년 그리스 민주화 운동의 지도자 람브라키스 Grigoris Lambrakis(1912~1963)가 암살되자 테오도라키스가 그의 역할을 대신하게 돼요. 자연스레 그의 노래가 반체제 인사들을 중심으로 널리 애창되면서 쿠데타의 주역인 군부는 비상사태를 선포하고, 테오도라키스를 포함한 수천 명을 체포하거나 국외로 추방하기에 이르지요. 이때부터 테오도라키스의 망명 생활이 시작되었고, 그 와중에도 그는 조국의 민주화를 위한 노력을 결코 멈추지 않았어요. 우선 꾸준히 콘서트를 열었고 제3세계의 인권이나 평화를 위한 활동도 지속시켜 나갔어요.

독재 치하에서 한 경찰관이 무심코 테오도라키스의 노래를 흥얼거리다 잡혀갔다는 이야기는 당시의 분위기를 전하는 유명한 일화예요. 또 "내가 기억하는 한 그리스에서 그의 음악을 듣지 않고 지나는 날이 단 하루도 없었고, 지금도 그리스 국민은 하루에도 서너 차례 이상 그의 노래를 듣고 산다."라고 한, 영화배우이자 그리스 문화부 장관을 지낸 멜리나 메르쿠리의 말은 그를 따르고 지지하는 그리스 국민의 사랑이 얼마나 큰 것인가를 짐작하게 하는군요.

배도반 마리아 파란두리를 비롯해 테오도라키스의 노래를 애창하는 가수가 무척 많다고 들었는데, 성악가인 아그네스 발차Agnes Baltsa가 그의 노래를 부른 것은 이색적이네요.

차선생 글쎄요. 그렇게 볼 수도 있지만 아그네스 발차 역시 그리스 출신이기 때문에 민속악기 부주키가 빚어내는 애잔한 선율에 맞춰

모국의 노래를 부르는 것은 매우 자연스런 일이라고 봐요. 이 곡의
도입부에서 곧 뭔가가 몰아닥칠 것 같은 팽팽한 긴장감을 담은 부
주키의 절묘한 전주와 어둡게 내리깔리는 메조소프라노 발차의 목
소리는 곡의 분위기를 한층 더 고조시키는 것 같아요. 아그네스 발
차는 잘 알려진 대로 마리아 칼라스 이후 그리스가 배출한 세계적
인 성악가이며, 특히 비제의 오페라 「카르멘」에서 최고의 기량을
보여 준 것으로 유명하지요.

풍자를 뛰어넘는 즉흥의 연주곡
「9월의 노래」 쿠르트 바일

배도반 **쿠르트 바일**Kurt Weill(1900~1950) 하면 마치 꼬리말처럼 베르톨
트 브레히트Bertolt Brecht(1898~1956)가 떠올라요. 두 사람은 구체적
으로 어떤 관계였나요?

차선생 먼저 바일의 삶을 조명해 보는 게 순서이겠군요. 그는 열두 살
에 작곡을 시작했고, 베를린 음대에 들어갔지만 그곳의 교육 커리
큘럼이 너무 보수적이라는 이유로 학교를 그만두었어요. 분명 평
범한 음악도의 이야기는 아니지요. 이후 바일은 부조니에게 음악
을 배웠고, 20대의 젊은 나이에 독일 음악계에서 선두 주자의 한
사람으로 인정받게 돼요. 그러다 1927년 독일의 '바덴바덴 실내
음악제' 집행위원의 권유로 그의 중요한 예술적 동지라 할 수 있는
극작가 브레히트를 만나게 되지요. 바일과 브레히트와의 예술적

동반 관계는 연극에서 음악의 비중을 축소하려는 브레히트와의 갈등과 나치 정권의 등장에 의한 망명이라는 정치적 상황으로 두 사람이 더 이상 함께 작업할 수 없을 때까지 약 6년 동안 지속되었어요.

류수연 그럼 브레히트는 음악가가 아니라 연극인이었군요?

차선생 정확히 말하면 극작가였지요. 브레히트는 처음에는 의학 공부를 했지만 곧 그 길을 포기하고 연극 무대에 뛰어들었어요. 그는 연극을 관람하는 관객이 단순히 재미로 즐기는 예술 소비자가 아니라, 연극을 통해 사회를 인식한다는 의미의 생산자로 거듭남은 물론 나아가 사회 개혁의 주체가 되어야 한다고 생각했어요. 이른바 서사극The Theatre of Epic이라고 불리는 그의 주장이 작곡가 바일과의 만남을 통해 활짝 꽃을 피운 셈이지요.

두 사람의 공동 작업으로 탄생한 가장 유명한 작품이 바로 1928년 초연된 음악극 「서 푼짜리 오페라」예요. 이 작품은 옛날 바로크 시대에 활동한 영국작가 존 게이의 「거지들의 오페라」를 각색한 것으로, 브레히트는 여기에 자본주의 시민사회를 강도의 사회로 풍자해 독일 사회에서 큰 반향을 불러일으켰어요.

배도반 거기에 비하면 브레히트가 아닌 맥스웰 앤더슨Maxwell Anderson(1888~1959)과의 공동 작품인 「니커보커 홀리데이」는 크게 두드러진 작품이라고 할 수 없겠군요.

차선생 바일과 앤더슨이 함께 만든 「니커보커 홀리데이」는 물론 크게 성공한 작품은 아니지만, 그 속에 등장하는 「9월의 노래」만큼은 비할 데 없는 감미로움으로 큰 인기를 얻었어요. 이 곡은 지금까지 수많은 가수와 연주자가 앞다퉈 자신의 레퍼토리에 포함시켜 애창하고 있는 스탠더드 넘버이기도 하고요. 특히 쳇 베이커의 연주는 비브라토가 전혀 없는 트럼펫 특유의 처연함으로 감미로움을 넘어서 진한 고독감마저 느끼게 만들지요. 원곡의 가사는 이런 내용이에요.

5월부터 12월까지는 아주 긴 기간이지만 / 9월이 되면 날은 짧아진다 / 가을 날씨가 나뭇잎을 불꽃으로 바꿀 때면 / 기다릴 여유 시간이 없다 / 날은 이제 귀중한 몇 개로 줄어든다 / 9월, 11월 / 몇 안 남은 귀중한 날들을 그대와 지내겠다 / 몇 안 남은 귀중한 날들을 그대와 함께……

^{배도반} 인터넷 중고 음반 시장에서 쳇 베이커의 인기는 여타 재즈 뮤지션을 멀찌감치 따돌릴 만큼 굉장해요. '재즈계의 귀공자'라 불리는 쳇 베이커의 매력은 정말 남다른 것 같아요.

^{차선생} 일본의 유명한 소설가이자 재즈 평론가인 무라카미 하루키는 『재즈의 초상』에서 쳇 베이커에 대해 이렇게 썼더군요.

……쳇 베이커의 음악에서는 청춘의 냄새가 난다. 재즈의 역사에 이름을 남긴 뮤지션은 수없이 많지만, '청춘'의 숨결을 이토록 선명하게 느끼게 하는 연주자가 달리 있을까? 베이커가 연주하는 음악에는 이 사람의 음색과 연주가 아니고는 전달할 수 없는 가슴의 상처가 있고 내면의 풍경이 있다. 그는 이를 아주 자연스럽게 공기처럼 빨아들이고 다시 밖으로 내뿜는다. 거기에는 인위적으로 조작된

것이 거의 없다. 굳이 조작할 필요도 없이 그 자신이 '뭔가 매우 특별한 무엇'이었기 때문이다. 그러나 그가 그 특별함을 유지할 수 있었던 기간은 그리 길지 않았다. 광휘는 한여름의 아름다운 저녁노을처럼, 소리 없이 어둠에 삼켜져 버렸다. 그리고 마약 남용에 따르는 피할 수 없는 추락이 변제 기간을 넘겨 버린 빚처럼 그를 덮친다……

흔히 재즈 음악보다 더 재즈다운 삶을 살다간 뮤지션으로 쳇 베이커를 들곤 하는데, 그의 삶이 재즈의 본질이라고 할 수 있는 즉흥 Improvisation 그 자체였다는 표현이 상용어처럼 사용되더군요. 보통 사람들에겐 그런 삶이 미지의 세계와 마찬가지이다 보니 단순히 행·불행을 떠나 신비스러움으로 다가오는 게 아닐까요?

류수연 재즈 뮤지션으로서 그의 삶이 그렇듯 즉흥적이었다면, 역설적으로 무절제했다는 말같이 들리기도 하는데 어떻게 이해하면 되나요?

차선생 재즈계의 제임스 딘, 비브라토 없는 트럼펫 연주, 낭만, 고독, 여자와 마약, 마이 퍼니 밸런타인…… 쳇 베이커 하면 연상되는 것들이에요. 얼른 보기에는 굉장히 멋있고, 그렇게 살아 보고 싶은 충동도 느낄 수 있지만, 정작 본인의 삶은 고통의 연속이었어요. 물론 고통스러워 하면서도 스스로가 그런 삶을 즐겼는지, 아니면 애초에 자신의 삶을 통제할 능력이 없었는지 정확히 알 수 없지만…… 다만 그의 삶을 간단한 논리로 판단하는 것은 바람직하지 않을 것 같아요. 그러려면 음악 외적인 사항을 너무 많이 언급해야 하는데, 그게 큰 의미가 있을까 싶어요. 그에 관한 추측과는 상관없이 지금도 수많은 애호가가 쳇 베이커의 트레이드마크가 되다시피 한 비브라토 없는 트럼펫 소리를 즐기고 있고, 앞으로도 계속 그의 팬은 줄어들 것 같지 않기 때문이에요.

불꽃 같은 슬픔
「중독된 고독」 메이테 마르틴

배도반 「중독된 고독」은 그 제목만으로 멜로드라마 같은 분위기가 확 느껴지네요.

류수연 노래 가사는 어떨지 궁금해요.

차선생 노래 가사는 다음과 같아요.

네가 날 더 이상 사랑하지 않는다면
내가 널 사랑하는 것이 과연 무슨 소용이 있을까?
이미 지나간 사랑은 더 이상 기억되어서는 안 된다
나는 네 인생의 환상이었다
          ……
우리를 스쳐간 사랑은 쓸쓸히 죽어 가는 영혼의 한 조각일 뿐

인터넷에서 우연히 이 음악을 듣고 저도 모르게 "아!" 감탄사를 내뱉았어요. 이 곡은 우리가 흔히 접하기 어려운 플라멩코 곡이지요. 플라멩코는 안달루시아 지방 집시들의 삶에서 생겨난 복합적인 문

화 산물이라고 볼 수 있어요. 민속음악의 대가인 가르시아 마토스 Garcia Matos는 '플라멩코flamenco'의 어원이 '불꽃flama'이란 말에서 비롯했다고 해요. 서민들이 '화려한'이라는 뜻의 은어로 쓰면서 집시 무용에 사용했다는 주장이죠.

이 곡을 부른 메이테 마르틴은 우리에게 많이 알려진 가수는 아니에요. 하지만 스페인 바르셀로나 출신인 그녀는 고전과 현대의 음악적 감성을 가장 적절하게 살려 내는 재능을 통해 평론가들의 극찬을 받았다고 해요. 특히 「중독된 고독」이 실린 음반은 2001년 라틴 그래미 어워드에 노미네이트되며 그녀의 음악적인 천재성을 세계에 알렸어요.

「중독된 고독」은 마르틴 외에도 베보 발데스Bebo Valdes와 디에고 엘 시갈라Diego El Cigala가 함께한 「검은 눈물Lagrimas Negras」과 쿠바의 유명한 여가수 오마라 포르투온도의 음반에도 들어 있어요. 그중에서도 곡의 제목이 지닌 다소 퇴폐적인 분위기를 제대로 표현한 것은 마르틴의 노래가 단연 으뜸인 것 같아요. 플라멩코 리듬의 느린 흐느적거림이 매혹적이더군요. 베보와 시갈라는 이 곡의 오리지널 느낌을 제대로 살리는 영혼의 창법으로 불러, 마르틴과는 또 다른 분위기를 느끼게 해요.

늦게 찾아온 세상의 음악

「비밀의 정원」 하바 알버슈타인

배도반 이 세상에는 정말 많은 음악인이 세계 곳곳에서 제각기 특색 있는 음악의 색깔을 만들어 가고 있어요. 그런 음악을 빠짐없이 순례하는 게 과연 가능할까요?

차선생 불가능한 일처럼 보이지만, 방송사 음악 담당자들을 보면 그들의 감각에 혀를 내두르게 돼요. 생전 처음 들어 보는 음악을 어떤 경로로 알고, 어떻게 그리 아름다운 곡들만 쏙쏙 뽑아내는지 모르겠어요. 요즘은 시청률이 낮아 실패한 드라마도 음악만큼은 큰 인기를 누리는 경우가 종종 있죠. 그만큼 드라마에서 음악이 차지하는 비중이 높다는 뜻이겠죠. 우리에게 소개된 지 벌써 20년도 지난 아말리아 로드리게스Amalia Rodriguez의 「어두운 숙명Maldicao」 같은 파두Fado(포르투갈의 대표적인 민요) 음악도 「사랑과 야망」이라는 드라마 덕택에 알려졌지요. 하바 알버슈타인Chava Alberstein 같은 이스라엘 뮤지션도 역시 드라마에 편승해 우리 곁에 다가온 가수라고 볼 수 있어요.

배도반 쏟아져 나오는 음악 홍수 속에서 애호가들의 선택이 결코 쉽지 않은데 인터넷이 활성화되면서 좀 더 새로운 음악 정보를 얻을 수 있더라고요.

차선생 월드뮤직이 음악계의 화두가 된 사실이 그다지 새삼스러울 것 없는 요즈음에도 세계 각지의 무수한 음악이 우리에게 소개되고 있지요. 방송을 들으면 내가 늘 그 음악과 생활해 온 듯한 착각이

들 만큼 유창한 해설을 곁들이기도 해요. 아마 방송사에는 그나마 외국어를 번역하는 전문가가 잘 갖춰져 가능한 일이겠지요.

하지만 일반 음악애호가가 직접 음악을 찾아 들으려면 음반에 수록된 설명서밖에 기댈 게 없잖아요. 영어로 된 설명은 그나마 나은데, 그리스어나 러시아어, 라틴어를 원문 그대로 실어 놓고 알아서 이해하고 들으라는 식의 음반도 많더군요. 이런 점은 이웃 나라 일본에 비하면 거의 야만적인 수준이라고 봐요. 일본에서 발매된 음반에는 아예 영어라고는 찾아볼 수 없을 정도예요. 백 퍼센트 일본어로 쓰여 있어, 누구나 설명서만 있으면 최소한 어떤 음악인지 이해할 수 있겠더라고요.

희귀한 음반을 구입하는 입장에서 가격 문제는 그런대로 이해하고 넘어갈 수 있지만, 값이 비싼 만큼 최소한 제대로 된 번역이라도 실어 주었으면 하는 바람이에요. 이익만 챙기고 소비자를 위한 배려에는 전혀 관심이 없는 듯한 음반사의 자세는 분명 문제가 있다고 봐요. 그나마 인터넷 자료도 음반에 실린 우리말 해설을 그대로 옮겨 한계가 있을 수밖에 없어요.

류수연 그 점에서 알버슈타인의 음반은 어떤가요?

차선생 다행히 비교적 우리말로 소개가 잘 되어 있더군요. 아울러 이스라엘 음악은 유럽이나 남미 음악에 비해 비교적 늦게 알려진 감이 있지만, 하바 알버슈타인이라는 훌륭한 가수가 있어 다소나마 갈증을 해소해 주는 것 같아요. 이제 나이 오십을 갓 넘은 하바 알버슈타인은 이스라엘을 대표하는 가수로, 감미로운 러브 송과 인간의 아름다움, 상실과 풍요, 고독을 주제로 한 노래는 물론, 월드

뮤지션 대부분 그러하듯 정치색 짙은 저항 가요도 부르는 모양이에요. 이스라엘의 한 유력 일간지는 이스라엘 역사상 가장 중요한 여성 음악가 중 한 명인 그녀에 대해 이렇게 소개하고 있어요. "만약 우리에게 진정한 포크가수가 있다면 그것은 하바 알버슈타인이다." 이만하면 괜찮은 평가라고 봐도 되겠지요?

류수연 앞서 소개한 「중독된 고독」처럼 이 곡의 제목도 가사에 대한 궁금증이 생겨요.

차선생 알버슈타인이 부른 「비밀의 정원」은 레이첼 사피라Rachel Shapira 의 히브리어 시에 곡을 붙인 것인데, 떠나버린 연인에 대한 슬픔과 그리움을 표현하고 있어요. 그런데 알버슈타인은 이 노래가 우정과 믿음에 관한 내용이며, 연인과 그들의 열정이 피어오르는 은밀한 세계를 그린 한 폭의 그림이라고 소개하고 있더군요.

해야 하는 일도 없어요
가야 하는 곳도 없어요
답해 줄 그 누구도 없어요
내 삶 속엔…… 나밖에는
더 이상은 촛불도, 진홍 하늘도
함께할 그 누구도 없어요
내 마음은 점점 죽어 가고 있어요

한 번만 더 당신과 함께할 수 있다면

당신 곁에 있던 그 날들처럼

당신을 바라볼 텐데

내 눈이 멀 때까지

그래서 당신이 머물도록 기도해 줄 텐데……

언제나 웃음짓게 달래어 줄 텐데……

요람 속의 아기처럼

이 세상을 멈추게 할 텐데

당신과 함께할 수만 있다면

······

1 「기차는 8시에 떠나고To treno fevgi stis okto」 미키스 테오도라키스
아그네스 발차(메조소프라노) / 코스타스 파파도포울로스(부주키)
스타브로스 크사르하코스(지휘) / 아테네 익스페리멘탈 오케스트라

2 「9월의 노래September song」 쿠르트 바일
쳇 베이커(트럼펫)

3 「중독된 고독Veinte Anos」 메이테 마르틴

4 「비밀의 정원Secret Garden」 하바 알버슈타인

04
track

가장 통속적인
멜로드라마의
미스터리
: 라트라비아타

동백꽃을 사랑한 거리의 여인

차선생 멜로드라마의 위력은 새삼 이러쿵저러쿵 설명하지 않더라도 잘 알고 있을 것 같아요. 대부분 뻔한 이야기이고 예상대로 결말을 맞는 경우가 많은데도, 많은 사람이 거기에 빠져드는 현상은 선뜻 이해하기 힘들더군요. 특히 TV 주말드라마는 별로 새로울 것 없는 이야기가 반복되는데도 수많은 시청자를 TV 앞에 묶어 두잖아요.

그런데 어차피 멜로드라마의 형식을 띠고 있으면 어설프게 작품의 수준을 높이려는 시도보다는 차라리 화끈하게 통속적으로 만드는 게 빠른 승부를 내는 지름길이 아닌가 싶어요.

TV 드라마뿐만 아니라 고전음악 속에서도 여전히 멜로드라마는 위력을 떨치고 있어요. 비제의 「카르멘」이나 푸치니의 「토스카」 같은 인기 오페라의 대본도 역시 통속적이기는 마찬가지지요. 그러나 멜로드라마를 지향하는 오페라라면 뭐니 뭐니 해도 「라 트라비아타」를 능가할 만한 작품은 없을 것 같군요.

류수연 「라 트라비아타」는 무슨 뜻인가요?

차선생 '길을 잃은 여자' 혹은 '길을 잘못 들어선 여자'라는 뜻인데, '거리의 여자'와는 좀 의미가 다르지만 결국은 창부를 의미하는 것이지요. 고상한 예술 장르라고 할 수 있는 오페라에 창부가 등장하는 것이 좀 어색할 수 있겠지만, 원래 대본상 배역이 그렇게 설정되어 있기 때문에 뭐라 말하기는 어렵죠.

배도반 그것만 가지고도 이 오페라가 탄생하기까지는 많은 사연이 있지 않았을까 싶군요.

차선생 그렇다고 할 수 있지요. 그럼 이 오페라가 탄생하기까지의 과정을 간략하게나마 소개해 볼까요.

본명은 알폰신 플레시였지만, 다른 사람에게는 마리 뒤플레시라고 자신의 이름을 말하는 여성이 있었습니다. 그녀의 출신 환경은 낙제점 그 이상이었습니다. 아버지는 그녀를 버리고 달아나 버렸고 어머니는 그녀를 팔아넘겼습니다. 그러나 그녀에게는 뛰어난 미모가 있었기 때문에 우여곡절 끝에 결국은 젊고 우아한 귀족이 그녀를 가로 챘습니다. 그의 도움으로 마리는 차츰 문학이나 음악, 그리고 미술 등 전반적인 분야에 대한 교양을 쌓게 되었습니다. 마리는 교양이라는 무기로 무장한 채 파리 사교계로 진출합니다. 긴 시간이 걸릴 필요도 없이 뛰어난 미모의 그녀 앞에 뭇 남성들이 넋을 잃게 되었고, 그녀는 그들이 바친 꽃들에 파묻혀 지낼 정도가 되었습니다. 특이하게도 그 꽃들 중에는 장미는 없었습니다. 향기가 강한 장미를 그녀가 좋아하지 않았기 때문입니다. 그녀가 좋아하는 꽃은 향기가 없는 동백꽃이었습니다.

어느새 뒤플레시는 파리에서 가장 우아한 여성으로 변해 있었는데, 그것은 미모 때문이 아니라 그녀를 돌보는 귀족들에게 전수받은 교양 때문이었고 그녀 스스로도 부족한 부분을 보충하려는 노력을 게을리 하지 않은 탓도 있었습니다.

마리는 자신에게 교양과 부를 제공해 주는 귀족들과 많은 관계를 맺었지만 그녀의 태도는 무척 당당했고 그런 마리를 향한 남성들의 집착은 도를 더하기만 했습니다.

하지만 그런 마리에게도 문제가 없었던 것은 아니었습니다. 사실 그 문제라는 것이 사소한 것이 아니라 치명적인 것이었습니다. 영화나 소설 속에서 주인공을 죽음에 이르게 하는 병이 백혈병 아니면 폐병인데, 마리가 바로 그 폐병을 앓고 있었던 것입니다.

그즈음 마리의 곁에 머무른 한 남자가 있었는데 뒤마라는 이름의 청년입니다. 물론 사교계에서 알게 되었을 테지만 그는 이러한 마리를 정성스럽게 보살폈고, 이것이 그녀를 감동시켜 두 사람은 곧 연인이 되었습니다.

그러나 두 사람의 연인 사이는 그리 오래 가지는 않았습니다. 그것은 경제적으로 가난했던 뒤마가 낭비벽으로 이미 전설적인 존재가 되었던 마리를 만족시킬 수 없었기 때문에 뒤마가 스스로 물러나게 된 것입니다. 그 이후로 두 사람은 다시 만나지 못했습니다.

뒤마는 마리와의 사랑을 바탕으로 『춘희 La Dame aux Camélias』라는 제목의 소설을 썼습니다. 그가 그 소설을 쓰게 된 계기는 마리가 폐병으로 죽기 전에 자신에게 보낸 여러 통의 편지를 읽게 되면서부터입니다.

소설의 내용은 뒤마와 마리가 나눈 러브 스토리와 상당 부분 일치하고 있습니다. 소설 속에서 뒤마는 아르망 뒤발로, 마리는 마르그리트 고띠에로 등장하고 있습니다.

뒤마가 쓴 소설 『춘희』는 대성공을 거두었습니다. 그는 곧 이 소설을 희곡으로 만들어 무대에 올릴 계획을 가지고 있었습니다. 하지만 그러기에는 만만찮은 난관이 그를 가로막고 있어 무대에 올리기까지는 상당한 시간이 필요했습니다. 이유는 다름 아닌 내용의 선정성 때문이었습니다. 하지만 고위직에 있는 뒤마의 친구 덕에 의외로 문제가 쉽게 풀려 공연 허가를 얻게 되었습니다. 막이 오르자 파리 시민들의 반응은 이율배반 그 자체였습니다. 작품의 선정성에는 분개하면서도 극이 지닌 드라마틱한 내용에는 즐거움을 감추지 못했습니다. 그리고 극 속의 여주인공의 가련함이 자신에게 동병상련의 아픔으로 전해질 수밖에 없었던 여성들이 파리에 흔했던 것도 이 연극이 환영받은 또 다른 이유이기도 합니다.

이 연극을 본 사람들 틈에 쥬세페 베르디가 끼어
있었던 것은 우연이자 음악사의 극적인 한 순간
이기도 할 것입니다. 바로 오페라 「라 트라비아
타」가 탄생하는 순간이기 때문입니다.

베르디는 즉석에서 이 연극을 오페라로 만들 것
을 결심합니다. 많은 파리 여성이 그랬던 것과는
또 다른 의미에서 이 연극이 베르디로 하여금 동
병상련의 아픔을 느끼게 했기 때문입니다. 당시

베르디

베르디는 부인과 사별한 후 한 쥬세피나라는 여성과 교제를 하고 있
었으며 이 일로 베르디와 쥬세피나는 세간으로부터 시쳇말로 왕따
가 되어 버린 신세였는데, 그런 자신의 처지가 연극 속의 마르그리
트와 아르망의 그것과 상당 부분 일치하는 대목이 있었기 때문인지
도 모르겠습니다.

연극에서도 그랬지만 오페라의 줄거리는 뒤마가 마리와 헤어진 현
실 상황까지만 일치하고 그 다음부터는 전혀 다른 방향으로 전개됩
니다. 실제로 마리가 뒤마를 위해 자신을 희생했다거나 그때까지의
생활에서 벗어나 한적한 시골 생활을 했다는 증거는 어디에도 없습
니다. 재미있는 사실은 뒤마와 결별한 마리가 그 뒤로 프란츠 리스
트의 연인이 되기도 했고 리스트 또한 마리를 사랑한 점을 인정했는
데, 리스트는 그녀의 아름다움에 마음을 빼앗겨 '마치 여왕 같다!'
라고 찬탄을 아끼지 않았다고 합니다.

베르디는 베네치아의 페니체 극장과 새로운 오페라에 대한 계약을
체결했습니다. 베르디는 그 오페라의 제목이 「라 트라비아타」가 될

것이라고 말했습니다. 오페라에서 마리는 다시 비올레타 발레리가, 그리고 뒤마는 알프레도 제르몽이 되어 있었습니다. 주인공의 이름을 현실-소설-오페라 순으로 다시 정리하면 여주인공은 마리 뒤플레시-마르그리트 고띠에-비올레타 발레리이고, 남자주인공은 알렉산드르 뒤마-아르망 뒤발-알프레도 제르몽인 점을 유념하면 됩니다.

이 오페라의 대본 작가는 베르디 오페라의 단골손님인 프란체스코 피아베Francesco Maria Piave였습니다. 그러나 1853년 3월 6일에 있은 대망의 「라 트라비아타」의 초연은 처참한 실패로 끝났습니다. 여러 이유가 있었겠지만 배역 선택이 잘못된 것이 결정적인 원인 중의 하나였습니다. 다음해 5월 6일 「라 트라비아타」는 베네치아의 산 베네데토 극장에서 재공연되었는데 여기서 대성공을 거두었고 이후부터의 성공은 탄탄대로였습니다.

이 오페라는 원작자인 뒤마와 마리 뒤플레시의 짧은 사랑이 낳은 이야기로부터 출발했지만, 그 사랑은 시대를 초월하여 오래도록 사람들의 기억 속에 남게 되었습니다.

이 오페라의 원작 격인 소설 『춘희』를 쓴 알렉산드르 뒤마Alexandre Dumas는 『몽테 크리스토 백작』과 『삼총사』 등으로 유명한 알렉산드르 뒤마와 이름이 같은 동명의 아들입니다.[7]

류수연 작가 이름부터 등장인물 이름까지 모두 주의해서 살피지 않으

---

[7] 『무대 뒤의 오페라』, 밀튼 브래너 지음, 김대웅 번역, 아침이슬.

면 혼동하기 쉬운 것들이 참 많군요. 정말 음악도 공부하지 않으면 제대로 즐기기 어려운 것 같아요.

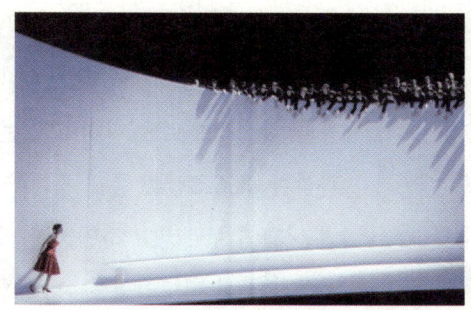

오페라 「라 트라비아타」의 한 장면

차선생 그렇죠? 그것뿐만 아니라 이번에 감상할 DVD 영상물도 그 구성이 특이해서 미리 내용을 알아 두면 많은 도움이 될 것 같아요.

류수연 그래요, 어떤 점이 특이하다는 거죠?

차선생 아마 지금까지 보아 온 오페라 영상물 중 가장 특이한 무대를 볼 수 있어요. 우선 무대가 흰 바탕의 원형으로 되어 있고 한쪽 벽에는 커다란 시계가 비스듬히 세워져 있지요. 그게 무대 장치의 전부인 셈이죠. 정말 화려한 오페라임에도 이렇듯 무대가 단조롭다면 크게 실망할 일이지만 나름의 여러 의미가 숨어 있다고 볼 수 있어요.

우선 무대가 단조롭게 제작된 것은 현재 세계 음악계가 처한 불황을 극복해 보자는 고육지책으로 보여요. 그리고 의상이 현대적으로 단순하게 바뀐 것도 같은 맥락인 듯해요.

원형으로 된 무대는 여주인공인 비올레타가 어떤 경우에도 현재의 신분에서 벗어날 수 없다는 한계를 뜻하고(비올레타를 아무리 미화한다 해도 결국 그녀는 파리의 '드미몽드demi-monde', 즉 고등 창부에 지나지 않음), 시계 역시 폐병을 앓고 있는 비올레타가 비극적인 종말을 향해 가는 시간의 흐름을 멈출 수 없음을 의미하는 것으로 볼 수 있어요.

무대의 한쪽 구석에는 아무 말 없이 비올레타를 지켜보고만 있는 한 의사가 등장하는데, 일종의 방관자로 비올레타가 숨을 곳이 없음을 상징적으로 표현하고 있는 것이 아닌가 싶군요. 결론적으로 과감한 구조조정을 통해 큰돈을 안 들이고도 고부가가치를 창출해낸 신개념 무대라고 하면 어떨까요? 아니면 오페라 무대의 미니멀리즘화의 한 시도라고 해야 할까요?

배도반 오페라는 어떤 작품인가 못지않게 출연하는 성악가가 누구냐 하는 것도 중요하잖아요. 그런 점에서 현재 세계무대를 석권하고 있는 오페라 커플이 등장한다는 점도 그냥 지나칠 수 없는 점 아닐까요?

차선생 옳은 얘기지요. 특히 배도반은 연주자에 대한 관심이 많으니까 당연하겠죠.

최고의 커플로 인정받던 마리아 칼라스와 쥬세페 디 스테파노가 다 가고 없는 지금, 롤란도 빌라존Rolando Villazón과 안나 네트레브코Anna Netrebko를 능가하는 오페라 커플은 당분간 나타나기 힘들 것 같다는 전망이 있을 정도로 그들의 실력과 인기는 두말할 필요가 없어요.

이 두 사람은 세계의 오페라 무대를 누비며 전성기를 구가하고 있는데, 이들이 이루어 낸 「라 트라비아타」는 마리아 칼라스 이후 작품으로는 가히 최고라고 해도 손색이 없을 정도이죠.

이 공연은 2005년 잘츠부르크 페스티벌의 최대 화제작이었는데, 두 성악가의 인기를 반증하듯 티켓은 일찌감치 매진 상태였고, 암표 가격도 천정부지로 치솟았다고 해요.

류수연 이 오페라를 두고 '가장 통속적인 멜로드라마의 미스터리' 라고 한 뜻은 무엇인가요?

차선생 뻔히 아는 통속적인 스토리인데도 이 오페라를 다 보고 나면 눈물을 흘리게 된다는 점이 미스터리라는 거지요. 물론 주역을 맡은 두 성악가의 온몸을 던진 연기가 큰 몫을 했다고 볼 수 있지만 그것만 가지고는 설명이 충분하지 않아 보여요. 그렇다면 그 다음 생각해 볼 만한 것이 음악의 힘이겠지요. 그리고 치밀한 연출을 바탕으로 한 멋진 무대와 극적인 스토리 전개도 있겠고……. 이 모든 것이 하나로 합쳐질 때 비로소 관객들은 주머니에서 손수건을 꺼내게 되고, 자리를 빠져나오면서 '음악은 참 대단한 힘을 가졌구나.' 라는 독백을 내뱉게 되지요.

손수건을 꺼내게 만드는 아리아의 힘

배도반 이제 오페라의 줄거리부터 시작해서 음미할 만한 아리아까지 훑어봐야죠.

차선생 그렇군요.「라 트라비아타」의 전체 이야기는 너무 많이 알려졌기 때문에 언급하기에 낯 뜨거운 점도 있으니 간략하게 줄여서 줄거리 정도로 소개하도록 하죠.

돈 많은 귀족의 정부로 화려한 사교계를 주름잡고 있던 비올레타는 애초에 사랑 따위는 관심 밖입니다. 그러나 시골에서 올라온 순박하고 솔직한 청년 알프레도의 지순한 사랑에 감동을 받아 마음을 바꾸어 시골에서 두 사람만의 오붓한 생활을 누리게 됩니다. 두 사람의 행복한 시간도 잠깐, 그곳에 알프레도의 아버지인 제르몽이 찾아와서 두 사람과의 관계가 곧 치르게 될 딸의 행복한 결혼에 걸림돌이 되니 아들과 헤어져 달라고 간절하게 부탁합니다. 결국 비올레타는 이를 받아들이기로 결심하고 알프레도에게 이별을 고하는 편지를 씁니다. 이를 오해하여 잔뜩 화가 난 알프레도는 많은 사람 앞에서 그녀에게 심한 모욕을 줍니다. 그러나 사태의 진실을 알게 된 알프레도는 비올레타에게 달려가 변치 않을 사랑을 맹세하고, 제르몽도 아들을 향한 비올레타의 지극한 사랑에 감동하여 마음을 돌리지만 폐병이 깊을 대로 깊어진 비올레타는 회한에 잠긴 채 지난날을 생각하며 알프레도의 팔에 안겨서 숨을 거둡니다.

류수연 스토리만 놓고 보면 정말 새로울 게 하나도 없다는 말이 맞네요.

차선생 그런데도 이 오페라를 세계적인 인기 작품으로 만든 것은 분명 베르디라는 최고의 오페라 작곡가가 지닌 능력이라고 볼 수 있겠지요.

류수연 동감이에요. 그러면 이번에는 오페라의 꽃이라 할 수 있는 아리아에 대해 알아보도록 해요.

차선생 아름답기로 유명한 오페라이다 보니 아리아 역시 더없이 아름다운 곡들로 이루어져 있는데, 그중 대표적인 아리아 몇 곡을 순서대로 살펴볼게요.

먼저 제1막에서 알프레도와 비올레타가 펼치는 이중창 「건배의 노래Limbiano ne' lieti calici」예요. 지금도 어떤 축제에서든 반드시 불리는 아주 유명한 노래죠. "행복의 잔을 들어 건배하자. 그 잔에서 아름다움이 꽃 피고 잠시 동안 일락 속에 취하게 만든다. 달콤하게 두근거리는 가슴을 안고 잔을 들자……"라고 시작하는 이 노래는 모두의 가슴을 들뜨게 만들어요.

그리고 "이상하다! 이상해! 그의 말이 마음속에 깊은 자국을 남겼어! 진짜 사랑 따위는 내게는 귀찮은 것일까? 망설이고 있는 내 마음이여, 어쩔 셈인가? ……"라고 알프레도를 향해 속절없이 흔들리는 이해 못할 자신의 마음을 노래하는 비올레타의 아리아 「이상하다! 이상해! …… 아, 그 사람인가 …… 언제나 자유롭게 E strano! e strano! …… Ah, fors'e lui ……Sempre libera」(제1막)가 다시금 사랑의 신비로움을 확인시켜 주는 듯해요.

이어서 "그녀와 멀리 떨어져 있으면 무슨 일이든 재미가 없다! 벌써 석 달이 지났구나. 비올레타가 나를 위해 모두 버렸다. 사치도 명성도 화려한 파티도……"라고 비올레타와 함께하는 만족스러운 시골 생활의 즐거움을 노래하는 알프레도의 아리아 「그녀와 멀리 떨어져 있으면 …… 내 끓어오르는 마음Lunge da lei per mi …… De' miei bollenti spiriti」(제2막)으로 사랑에 넘치는 분위기의 정점을 찍고, "프로방스의 하늘과 육지를 누가 네 마음에서 지워 버렸느냐? 누가 네 마음에서 지워 버렸느냐, 프로방스의 하늘과 땅을? 태어난 고향의 눈부신 태양을 어떤 운명이 빼앗았느냐, 태어난 고향의 눈부신 태양을? ……"이라며, 비올레타가 보낸 이별의 편지를 읽고 분노하며 괴로워하는 알프레도를 달래는 정감에 넘치는 아버지 제르몽의 아리아 「프로방스의 바다와 육지Di Provenza il mar, il suol」(제2막)로 비극적이지만 훈훈한 아버지의 정을 느끼게 만들어요.

"지난날의 아름답고 즐거웠던 꿈이여, 안녕! 장밋빛 얼굴도 완연히 창백해지고, 알프레도의 사랑조차 내게는 없다. 지쳐 버린 영혼을 뒷받침해 주었으련만. 아, 이 가련한 한 창부의 소원에 미소를 보여 주세요……"라며 모든 희망도 다 사라지고 죽음이 머지않았음을 느끼는 절망적인 마음을 노래한 비올레타의 마지막 아리아 「지난날의 아름답고 즐거웠던 꿈이여, 안녕Addio, del passato bei sogni ridenti」(제3막)으로 비극은 클라이맥스를 향해 치닫고, 이 비련의 여인을 지켜보는 관객은 자신도 모르게 흘러내리는 눈물을 감추려고 주머니에서 몰래 손수건을 꺼내들지요.

오페라 「라 트라비아타La Traviata」 쥬세페 베르디
비올레타 안나 네트레브코(소프라노)
알프레도 롤란도 빌라존(테너)
제르몽 토마스 햄슨(바리톤)
카를로 리치(지휘) / 빈 필하모닉 오케스트라

05
track

사랑의 이중주

: 클라라와 슈만

실내악, 우울증을 이겨 낸 사랑의 열매

「오보에와 피아노를 위한 3개의 로망스」, Op.94 슈만

배도반 이 곡은 슈만의 실내악곡 가운데 널리 알려진 작품이라고 하는
데, 사실 곡의 제목부터 무척 낯설더군요. 차 선생님 같으면 모르겠
지만 이 곡의 존재를 아는 애호가가 그렇게 많을 것 같지는 않아요.

차선생 사실은 저도 배도반과 크게 다를 게 없지요. 다만 한동안 음반을 열심히 모을 때 이 곡을 수록한 음반이 같이 쓸려 들어왔나 본데, 마이너 레이블에 대한 흥미가 멀어지면서 이 음반이 오랫동안 한쪽 구석으로 밀려나 있었어요. 그러다 실내악곡에 조금씩 눈을 떠 가던 중에 우연히 알게 된 곡이지요.

류수연 실내악곡은 어렵다고 해야 할까요, 재미가 없다고 해야 할까요? 한번씩 마음먹고 들어 보려고 해도 좀처럼 친해지기 어려워요.

차선생 그것은 수연이의 음악적 감각이나 이해가 부족해서 그런 것은 아닐 것 같아요. 사람에 따라 조금씩 차이가 있지만, 저를 포함한 보통 음악애호가가 실내악곡과 친해지는 데 많은 시간이 걸리는 것 같더군요. 때문에 수연이도 지금처럼 음악에 관심을 가지고 꾸준히 듣다 보면 언젠가는 실내악곡도 스스로 찾아서 듣게 될 때가 있을 거예요.

류수연 선생님의 말을 들으니 좀 안도가 되긴 해요. 사실은 라디오로 음악을 듣다가도 실내악곡이 나오면 주파수를 돌려 버렸거든요.

차선생 그 말을 듣고 보니 이번에 슈만의 「오보에와 피아노를 위한 3개의 로망스」를 선곡하기 잘한 것 같군요. 곡의 길이도 크게 부담스럽지 않고 선율도 귀에 쏙쏙 들어오는 아름다운 곡이거든요.

류수연 무척 아름다운 곡이라는 선생님의 설명을 들으니, 슈만의 많은 다른 곡처럼 이것도 아내인 클라라와의 사랑이 이루어 낸 결실이 아닐까 싶네요.

차선생 오보에가 들어 있는 실내악 작품은 그 수가 많지 않기 때문에 희소성도 높지만, 음악적 가치로도 슈만의 「오보에와 피아노를 위한 3개의 로망스」는 매우 의미 있는 작품으로 평가받고 있어요.

이 곡은 우울증으로 고통받던 슈만이 다소 상태가 호전되면서 새로운 의욕을 가지고 쓴 작품인데, 작곡년도는 1848년이었어요. 이는 시기적으로 장인과의 힘든 투쟁 끝에 클라라와 결혼에 성공하면서 이에 대한 만족감으로 명곡을 쏟아 내던 시기와 조금 차이가 있긴 해요. 하지만 따뜻하고 정겨움이 느껴지는 작품의 분위기에서 클라라와의 애틋한 사랑이 눈앞에 그려질 정도로 섬세하고 낭만적인 느낌을 안겨 주고 있어요.

슈만이 세상을 떠난 후에도 클라라는 남편의 작품을 세상에 알리기 위해 많은 노력을 기울였다는 사실로 미루어, 생전에 클라라를 향한 슈만의 사랑이 얼마나 깊은 것이었나를 간접적으로나마 알 수 있을 것 같아요.

아내의 피아노를 위한 4년의 기다림
「피아노 협주곡」 a단조, Op.54 슈만

차선생 음악사에 길이 남을 피아노 협주곡은 결코 적은 양이 아니어서 음악애호가들의 영혼을 살찌우게 하지요. 사람은 가고 없지만 그 음악은 그대로 남아서 후세의 많은 사람을 행복의 세계로 이끌어 주니, 그들에 대한 감사의 마음을 무엇으로 보답할 수 있을지 모르겠군요. 하지만 사람마다 취향이 달라서 한 곡씩 고르라고 하면 중복되는 곡이 얼마나 될지 모르겠는데, 혹시 수연이가 가장 좋아하는 피아노 협주곡이 뭔지 물어봐도 될까요?

류수연 저는 모짜르트의 「피아노 협주곡 제21번」을 제일 좋아해요. 그 중에서도 특히 2악장이 좋아요.

차선생 그랬군요. 그 이유를 물어봐도 괜찮겠지요?

류수연 특별한 이유가 있어서라기보다는 많이 알려져 있고 또 그만큼 아름다운 곡이기 때문이에요. 자주 듣지는 못해도 가끔 생각날 때 듣곤 하지요. 혹시 너무 평범한 대답이라 실망하지는 않았나요?

차선생 실망이라니……. 오히려 대답을 잘해 줘서 고마워요. 사실은 수연이에게 한 질문은 매우 어리석은 것인지도 모르지요. '무슨 곡을 제일 좋아하느냐, 어떤 음악가를 제일 좋아하느냐.' 라는 식의 질문을 받으면 제 자신도 무척 대답하기 곤란하더군요.

배도반 그래도 차 선생님에게 질문을 드리고 싶어요. 제일 좋아하는 피아노 협주곡이 뭐냐고 말이지요?

차선생 결국은 부메랑이 되어 다시 돌아오는군요. 수연이도 그랬으니 저도 대답을 해야겠지요. 우선 수연이처럼 모짜르트의 「피아노 협주곡 제21번」을 저도 좋아해요. 그 외에 모짜르트의 다른 피아노 협주곡들과 베토벤의 협주곡들, 쇼팽, 그리그, 슈만, 차이코프스키, 라흐마니노프의 협주곡 등 다른 사람들이 좋아하는 곡들을 대부분 좋아하는 편이에요. 물론 막연하게 그렇다는 뜻은 아니고, 작품마다 제각기 좋아할 만한 한두 가지 이유는 분명히 있어요. 하지만 한 곡을 꼽기는 사실상 불가능하니 이해해 줬으면 해요.
그럼 다시 순서대로 돌아와 슈만의 「피아노 협주곡」을 감상할 차례인데, 이번 기회가 이 작품을 이해하는 데 조금이나마 도움이 되었으면 좋겠어요.

배도반 슈만의 작품은 어떻게든 아내인 클라라와의 연관성을 생각해 보게 되는군요. 클라라가 당대의 뛰어난 피아니스트였던 만큼 그의 「피아노 협주곡」도 이러한 점을 충분히 염두에 두고 작곡에 임하지 않았을까 싶어요.

차선생 너무 무리한 연습으로 손가락을 다치면서 자신의 꿈을 접긴 했지만, 슈만도 한때는 피아니스트를 지망했다는 사실은 잘 알려진 이야기이에요. 더군다나 사랑하는 아내가 천재적인 피아니스트였으니 그의 「피아노 협주곡」은 클라라와 무관할 수는 없겠죠. 결과론적인 이야기 같지만, 만일 '슈만이 클라라와 결혼하지 않았더라면 그의 피아노 명곡들이 탄생할 수 있었을까?' 라는 의문을 가져보기도 하지요.

알려진 바에 의하면 평소 클라라는 슈만이 자신을 위해 피아노 협주곡을 작곡해 주기를 소원했다고 해요. 슈만은 클라라와 결혼한 이듬해에 「피아노와 오케스트라를 위한 환상곡」을 작곡해 출판할 계획이었으나, 멘델스존이 작곡한 피아노 협주곡을 듣고 이를 능가하는 곡을 쓸 욕심으로 생각을 바꾸었다고 하는군요. 그래서 「피아노와 오케스트라를 위한 환상곡」을 1

클라라와 슈만

악장으로 삼고 이어 2, 3악장을 새롭게 추가하여 협주곡을 완성하게 되었지요. 여기에서 제1악장과 제2, 3악장과의 사이에는 4년이라는 공백이 있지만, 그 시차에 따른 위화감을 느끼기 못할 정도로 정서적인 연속성을 유지하고 있다는 점을 높이 평가하고 있어요. 낭만주의 피아노 협주곡 중 최고의 명곡 가운데 하나로 손꼽히는 슈만의 「피아노 협주곡」은 그렇게 탄생한 곡이지요.

배도반 차 선생님은 특히 어떤 부분에서 이 곡의 매력을 느끼시나요?

차선생 1악장이 시작되면 오케스트라에 의한 짧은 투티가 나오고 이어 피아노가 격렬한 서주를 연주해요. 그러고 나서 오보에가 제1주제를 연주하고 피아노가 같은 선율을 이어받아 한 번 더 반복하지요. 그런데 이 선율이 정말 아름다워서 이 곡을 처음 들은 이후로 줄곧 머리에서 떠나지를 않더군요. 슈만의 「피아노 협주곡」은 꼭 이론적으로 배우지 않아도 '낭만주의적이라는 말은 바로 이런 것을 두고 하는 말이구나.' 라고 저절로 깨닫게 만들어 주는 그런 곡인 것 같아요.

이 곡은 1845년 12월에 드레스덴에서 초연되었고, 이어 1846년 1월 1일 라이프치히에서 클라라의 피아노와 이 곡의 탄생에 일조를 한 멘델스존의 지휘로 연주되었는데 결과는 대성공이었다고 해요. 그리고 이러한 곡을 기다리고 있던 클라라는 비로소 소원을 이룬 듯 감격했다고 전하더군요. 이 곡이 더욱 아름다운 것은 작곡자가 밝혔듯이 피아노의 비르투오소적인 기교를 돋보이게 할 목적이 아니라 피아노와 오케스트라와의 조화에 무게를 두고 작곡했다는 점이에요. 사랑이 곧 두 사람 간의 조화에서 싹틀 수 있는 것처럼 말이지요.

우연의 일치인지는 모르겠지만
DVD로 보는 슈만의 a단조 협주곡
의 연주장이 클라라가 연주했던 라
이프치히의 게반트하우스여서 그
의미가 남다른 것 같아요. 유서 깊
은 오케스트라만큼이나 게반트하

피아노의 여제 마르타 아르헤리치

우스 콘서트홀의 모습에서도 남다른 품격이 느껴지더군요. 여기에
남성을 능가하는 에너지와 파워를 지녔다고 평가받는 여제 마르타
아르헤리치가 피아노를 연주하고 정상급 지휘자인 리카르도 샤이
가 지휘를 맡고 있으니 무엇을 더 바랄 수 있을까요. 특히 기대하
지 않았던 아르헤리치의 섬세한 연주가 이 명곡을 한층 더 빛내 준
것 같아 여러모로 매우 흡족한 연주였어요.
이 영상을 보자마자 단숨에 매장으로 달려가 음반을 구입하는 애
호가들도 있더군요. 이런 분들이 많아야 음반계도 숨통을 틀 수 있
을 텐데…….

1 「오보에와 피아노를 위한 3개의 로망스 3Romances for Oboe and Piano」, Op.94 슈만
　1) Nicht schnell │ 2) Einfach, innig │ 3) Nicht schnell
　존 앤더슨(오보에) / 고든 백(피아노)

2 「피아노 협주곡」 a단조, Op.54 슈만
　Ⅰ 알레그로 │ Ⅱ 스케르쪼. 아싸이 비바체 │ Ⅲ 아다지오 소스테누토
　마르타 아르헤리치(피아노) / 리카르도 샤이(지휘) / 라이프치히 게반트하우스 오케스트라

06 track

'시대'와 '지역'과 '주제'를 초월한 탄식의 노래

: 시대의 아픔

왕의 아들에게 바치는 국화

「크리산테미」 자코모 푸치니

차선생 오페라를 제외하고 푸치니를 논하기란 거의 불가능하다는 사실은 누구나 알고 있지요.

그래서 오페라 작곡가가 쓴 기악곡은 작품의 완성도를 떠나 관심의 대상이 되기에 충분한 것 같아요. 푸치니가 피아노 협주곡을 작곡

했다는군요!', '베르디가 두 번째 교
향곡을 완성했답니다!' 라는 소식은
그 자체만으로 해외 토픽이 될 수 있
었을 거라는 뜻이지요.

반드시 교향곡이나 협주곡은 아니지
만 도니제티, 벨리니, 베르디, 푸치니
같은 위대한 오페라 작곡가들은 몇

푸치니

곡의 실내악 작품을 남겼어요. 물론 모차르트나 로시니처럼 오페
라 작곡가라고 해서 오페라만 쓰라는 법은 없지만, 오페라의 나라
이탈리아에서 태어나 그것도 오페라 전성기에 당당히 세계 최고의
오페라 작곡가라는 칭호를 부여받은 이들이 다른 분야에도 눈을
돌렸다는 사실은 분명 재미난 일이지요. 그것이 작곡 초창기에 쓴
습작 정도에 불과하다고 해도 말이에요. 그런 의미에서 푸치니가
현악4중주곡으로 쓴「크리산테미」는 제가 음반에서 이 제목을 발
견할 때부터 관심을 끌었던 곡이에요.

류수연 음악감상회에 나오니 정말 생소한 음악이 많다는 것을 알게
되는군요. '크리산테미' 란 말은 음악을 떠나서도 전혀 들어 본 적
없는 말 같아요. 이 말이 무슨 뜻인가요?

차선생 '크리산테미' 는 '국화' 라는 뜻이에요. 평범한 꽃 이름에 지나
지 않는 것 같지만, 이 곡을 들어 보면 결코 예사롭지 않은 내용을
담고 있다는 느낌을 받게 돼요. 이 곡은 비록 현악4중주라는 악곡
형식을 취하고 있지만, 푸치니의 작품인 만큼 곡 흐름이 마치 드라
마틱한 오페라에 등장하는 비탄에 빠진 주인공이 어깨를 들썩이며

흐느끼는 듯한 모습을 연상하게 만들어요. 이런 곡을 들으면 음악은 역시 아무나 하는 게 아니라는 생각을 하게 돼요.

실제로 「크리산테미」는 푸치니가 1880년 비토리오 에마누엘레 2세[8]의 아들인 아메데오 디 사보이아를 위해 쓴 비가悲歌인데, 아마 이 인물이 어떤 비극의 주인공이었던 모양이에요. 푸치니는 이 곡을 마치 오페라 주역 가수가 노래하는 듯한 성악적인 감성으로 연주하도록 요구했다고 하니, 무늬만 기악곡이지 결국 오페라의 연장선상에 있는 작품으로 봐야 하지 않을까 싶어요. 이 작품은 3년 뒤 오페라 「마농 레스코Manon Lescaut」로 개작되었다는 기록이 그것을 뒷받침하고 있지요.

루마니아의 스물아홉 영웅

「바이올린과 오케스트라를 위한 발라드」 치프리안 포룸베스쿠

차선생 루마니아는 유럽에 속한 국가이면서도 항상 변방이란 이미지를 가지게 되는 것 같아요. 실제로 발칸반도의 한쪽 구석에 자리한 것도 그렇고, 주변국이 대부분 슬라브족 국가임에도 이 나라만큼은 라틴족이 원주민이어서 민족의 섬을 이루고 있다는 점도 그런 이미지를 더해 주는 것 같아요. 게다가 구소련의 위성국이었다는 과거사 또한 이 나라 경제의 발목을 잡는 부정적 요인이 되고 있지요.

---

8 이탈리아 도시국가 중 하나인 사보이 왕국의 왕으로, 1870년에 가리발디 장군과 함께 이탈리아 반도를 통일했다고 한다.

음악이 꼭 국력에 비례하는 것은 아니지만, 결코 무시할 수는 없는 요소이다 보니, 루마니아는 음악사에 큰 족적을 남긴 음악가를 많이 배출하지 못한 것 같아요. 그나마 디누 리파티Dinu Lipatti(1917~1950)나 클라라 하스킬Clara Haskil(1895~1960), 세르주 첼리비다케Sergiu Celibidache(1912~1996) 같은 사람이 있어 어느 정도 위안거리는 되겠지만 말이죠.

배도반 선생님께서 괜스레 뜸을 들이는 것을 보니 비장의 카드를 하나 내놓을 것 같은 예감이 드는데요?

차선생 밑천이 짧다 보니 벌써 수를 다 읽혀 버렸군요. 배도반이 말한 대로 좀 새로운 음악을 한 곡 소개하고 싶어서죠. 먼저 작곡가 치프리안 포룸베스쿠Ciprian Porumbescu(1853~1883)를 간단히 소개할게요. 그는 몰도바 북부 지방에서 태어난 루마니아 작곡가예요. 동향의 게오르게 에네스쿠George Enescu(1881~1955)보다 한 세대 앞선 음악가라고 보면 될 것 같아요. 어린 시절 아버지로부터 음악 교육을 받았던 그는 열심히 노력하여 오스트리아의 빈 음악원에 유학했는데, 이곳에서 안톤 브루크너와 함께 공부하기도 했다는군요.

류수연 짧은 소견으로는 포룸베스쿠가 음악 활동을 한 시기로 미루어 주로 국민주의 성향을 지닌 작품을 썼을 것 같아요.

차선생 수연이의 말이 옳아요. 포룸베스쿠는 루마니아 국민주의 음악가의 한 사람으로 '민족 오페라의 창시자'라는 평을 들을 만큼 당시로서는 전도유망한 작곡가였다고 해요. 하지만 루마니아의 독립운동 기간 동안 민족 음악 부활에 힘쓰는 등

포룸베스쿠가 새겨진 은화

적극적으로 활동했다는 명목으로 체포되어 옥고를 치러야만 했어요. 그 와중에도 포룸베스쿠는 괄목할 만한 성악 작품을 쓰는 등 정력적인 작곡 활동을 이어 나갔지만, 불행히도 병을 얻어 29세라는 젊은 나이에 세상을 떠났어요.

그 짧은 생애 동안 250여 곡의 작품을 남긴 포룸베스쿠는 그의 초상이 각인된 동전과 루마니아 부쿠레슈티 국립 음대에 그의 이름을 딴 치프리안 포룸베스쿠 아카데미가 있을 정도로 루마니아 사람들에게는 국민적인 영웅으로 대접받았어요. 아울러 그의 다음 세대 작곡가들이 루마니아 국민악파의 질적인 도약을 이루어 내는 데 밑거름이 되었다는 평가를 받고 있어요. 한 가지 특이한 점은 포룸베스쿠가 이웃 나라인 알바니아의 국가를 작곡했다고 하는데, 무척 이채로운 것 같아요.

배도반 200곡이 훨씬 넘는 곡이라면 결코 적은 양이 아닌데, 이런 작곡가가 어떻게 거의 알려지지 않고 지금까지 묻혀 있었는지 모르겠군요. 그의 작품은 어떤 특징을 지니고 있나요.

차선생 자세한 내용은 알 수 없고, 다만 합창과 오페레타 같은 성악곡을 많이 쓴 작곡가라고 알려져 있어요. 그의 작품 중 가장 사랑을 받는 곡은 이번에 감상할 「바이올린과 피아노를 위한 발라드」[9]인데, 일명 '망향의 발라드'로 불린다고 해요. 이 곡은 그가 옥중에서 고향을 그리워하면서 쓴 우수에 찬 곡으로, 루마니아를 대표하는 바이올린 명곡으로 꼽히고 있어요. 전체적으로 느린 선율로 이

---

9 훗날 로갈스키 T. Rogalski(1901~1954)에 의해 오케스트라 반주로 편곡된다.

루어져 있는데, 중간에 빠른 부분이 몇 차례 짧게 등장해요. 마치 헝가리 집시의 민속음악인 차르다시가 그렇듯 말이지요. 그래서 이 곡이 집시 무곡과 먼 친척뻘이 아닐까 생각해 보기도 했어요. 이 곡을 연주한 바이올리니스트 스테판 루하는 루마니아 출신으로 제1회 차이코프스키 콩쿠르에서 3위에 입상한 경력을 가지고 있더군요.

시대를 뒤흔든 아우슈비츠의 기도
교향곡 제3번 「슬픔의 노래」 헨릭 구레츠키

헨릭 구레츠키

배도반 1976에 발표된 구레츠키 Henryk Mikolaj Go'recki (1933~)의 「슬픔의 노래」는 교향곡인데도, 8개월 가까이 100만 장 넘게 음반을 팔아 치우며 차트 정상에 머물렀다는 사실이 정말 믿기 힘드네요.

차선생 당시 음악잡지에도 이 곡이 워낙 화젯거리로 다루어져 저도 한번 들어 볼 욕심에 음반 매장에 들렀지만, 남아 있는 음반이 없어 헛걸음쳤을 정도였으니까요. 적절한 비유일지 모르지만, 2002년 한·일 월드컵 때 보여 준 길거리 응원처럼 이성이나 논리로는 설명하기 어려운 일종의 현상이었다는 말이 차라리 설득력 있을 것 같아요.

류수연 요즘처럼 음반 시장이 불황인 걸 감안하면 정말 그런 시절이 있었나 싶은데, 어떤 음악이기에 그랬을까요?

차선생 「슬픔의 노래」는 2차 세계대전 중 악명 높은 아우슈비츠 수용
소에서 죽임을 당한 영혼을 위로하는 내용이에요. 전 악장 모두 소
프라노의 노래가 들어 있는 특이한 구성의 교향곡이죠. 곡의 제목
이나 내용으로 보면 쇤베르크Arnold Schonberg(1874~1951)의 「바르
샤바의 생존자들A Survivor from Warsaw」과 펜데레츠키Krzysztof
Penderecki(1933~)의 「히로시마 희생자에게 바치는 애가Threnody to
the Victims of Hiroshima」와 유사한 면도 엿보이지만 작품의 분위기는
전혀 달라요.

류수연 「슬픔의 노래」라는 제목처럼 분명히 슬픈 음악일 것 같은데,
단지 슬프다는 이유로 그렇게 많은 사람이 열광할 수 있나요? 슬
픈 음악이 이 곡 하나밖에 없는 것도 아니고 말이죠.

차선생 그래서 제가 앞서 논리적으로 설명하기 어려운 면도 있다고
말한 거예요. 참고가 될 것 같아서 한국예술종합학교 홍승찬 교수
가 이 곡에 대해 쓴 글을 소개할게요.
"…… 국경을 넘고 인종을 초월해서 모든 인간의 마음을 가장 쉽
게 움직일 수 있고 또 가장 빨리 받아들일 수 있는 감정은 슬픔이
다. 그리고 그 슬픔 가운데 가장 으뜸이라면 누가 뭐래도 자식을
잃은 어머니의 슬픔일 것이다. 그래서 그렇게 많은 사람이 이 작품
에 마음을 주었던 것이다. 작곡자 구레츠키는 어느 인터뷰에서 슬
픔은 형벌이자 동시에 축복이라 했다. 어쩌면 우리가 숙명적으로
피해 갈 수 없는 그 숱한 슬픔들은 또 다른 슬픔으로 치유해야 하
는지도 모른다. ……"

배도반 조금 덧붙이면 이 곡이 우선 사람의 눈길을 끄는 제목을 가지

고 있는 데다, 현대음악치고는 선율이 비교적 단순해 듣는 데 큰 거부감이 없다는 점도 그 원인일 것 같아요. 현대음악 하면 가장 먼저 머릿속에 그려지는 것이 혼란스럽기까지 한 불협화음이잖아요. 작곡자에게는 그 음 하나하나가 다 중요한 의미를 갖겠지만, 일반 음악애호가들에게는 고통스런 소리일 수도 있잖아요. 그런 점에서 이 곡은 다른 현대음악과 궤를 달리하는 듯한 그 무엇이 있어요.

차선생 이 곡의 특이점은 우선 전체가 3악장으로 이루어져 있어 4악장 구성인 전통적인 교향곡 형식에서 벗어나 있다는 점이에요. 그리고 그 3개 악장 모두 느린 렌토로 이뤄져 있다는 점도 거의 유례를 찾기 어려운 경우죠. 그런 분위기로 봐서 이 곡에 「슬픔의 노래」라는 부제보다 어울리는 제목을 찾기는 어려울 것 같군요.

3개 악장 모두 노래가 들어 있으니 어떤 내용인지 살펴보고 가야겠죠?

먼저 1악장은 음울하고 무겁게 내리깔리는 콘트라베이스로 시작해요. 한동안 음악이 흘러나오는지도 모를 정도의 약음으로 일관하다 악기의 수가 서서히 늘어나면서 거의 변화 없는 단조로운 선율이 길게 이어져요. 드물게도 20분이 훨씬 넘는 긴 1악장의 중간부에 이르면 인간의 본성을 건드리는 듯한 소프라노의 읊조림이 나직이 흘러나오지요. 이것은 5세기경에 폴란드 성 십자가 수도원에서 불려진 「성모 마리아의 슬픔」에 바탕을 둔 노래로, 예수 그리스도가 십자가에 못 박혀 죽어 가는 모습을 지켜봐야 하는 어머니의 기막힌 심정을 노래한 것이라고 해요.

나의 아들, 내 몸에서 태어난 사랑하는 아들아
너의 상처를 나에게 나누어다오
언제나 내 마음속에 너를 품고 있었던,
진심으로 너를 돌보았던 어미에게
너의 목소리라도 들어 기쁘게 해다오

역시 느린 2악장에서도 짧은 전주가 흐른 후 다시 소프라노가 등장해 노래하는데, 듣기에 따라서는 귀곡 산장에서 머리카락을 길게 늘어뜨린 어느 한 많은 여인네의 흐느낌처럼 들려 등줄기가 오싹할 정도이지요. 이 노래 가사는 헬레나 반다 블라주시아코프나라는 열여덟 살 소녀가 아우슈비츠 벽에 새겨 넣은 기도문에 바탕을 두고 있는데, 자신이 먼저 떠나면서도 남아 있는 어머니를 걱정하는 딸의 복잡한 심정을 엿보는 것 같아 가슴이 저려 와요.

비록 내가 먼저 떠나가지만
엄마 울지 마세요
고결하신 성처녀 아베 마리아여
저를 도와주소서

소프라노가 부르는 노래는 3악장에서도 계속되지요. 이번에는 폴란드 남부 오플레 지방의 민요에 나오는, 전쟁에서 아들을 잃은 어머니의 슬픔을 가사에 담고 있어요.

어디로 갔는가

내 사랑하는 아들은?

전란이 일어났을 때

내 아들은 잔인한 적에게 죽임을 당했겠지

오, 너 몹쓸 인간아

가장 성스러운 신의 이름으로

나에게 말해다오, 왜 내 아들을 죽였는지

이제 다시는 아들의 보살핌을 받을 수 없으니

내가 울고 울어

내 늙은 눈에서 흐르는 눈물이 강을 만들어도

그들은 내 아들을 살리지 못하리라

내 아들은 차디찬 무덤 속에 누워 있건만

아무리 사람들에게 묻고 물어도

그곳을 찾을 수 없구나

　　　……

1 「크리산테미Crisantemi for String Quartet」 자코모 푸치니
　 하겐 4중주단

2 「바이올린과 오케스트라를 위한 발라드」 치프리안 포룸베스쿠
　 스테판 루하(바이올린) / 에밀 사이먼(지휘) / 클루흐–나포카 필하모닉 오케스트라

3 교향곡 제3번 「슬픔의 노래Symphony of Sorrowful Songs」 헨릭 구레츠키
　 Ⅰ 렌토 | Ⅱ 렌토 에 라르고 | Ⅲ 렌토 칸타빌레–셈플리체
　 스테파니아 보이토비츠(소프라노) / 블로드지미에르쯔 카미르스키(지휘) / 베를린 방송 교향악단

07
track

눈보라 속에서
겨울날의 **환상을** 보다

: 겨울

눈보라 속에서 길을 잃어버린 사랑

「**눈보라**」 게오르기 바실리에비치 스비리도프

류수연 뭔가 대단한 스토리가 숨어 있을 것 같은 제목이 벌써 제 감성
을 자극해요.

차선생 수연이는 책벌레라서 제목만 봐도 벌써 스토리가 머릿속에 그
려지는가 보네요. 당연한 말이지만, 상상력은 많은 독서를 통해 생

겨나는 것 같아요.

「눈보라」는 푸시킨의 소설 『벨킨 이야기』에 실린 이야기에 바탕을 두고 있어요. 19세기 러시아 단편소설의 효시이자, 그 시대의 전형적인 인물을 있는 그대로 작품에 등장시켜 전형적인 리얼리즘 문학으로 평가받는 『벨킨 이야기』는 「한발의 사격」, 「눈보라」, 「농사꾼 처녀」, 「장의사」, 「역참지기」 5개의 에피소드로 이루어져 있어요.

벨킨은 이 이야기들을 전하는 사람으로, 그는 이미 이 세상 사람은 아니며 친구에게 보낸 편지 속에 5개의 이야기를 남긴 것이죠. 벨킨은 실존 인물은 아닌 듯해요. 단지 이야기의 사실성을 높이기 위해 그를 내세워 마치 실존 인물처럼 꾸민 것 같아요. 「눈보라」는 『벨킨 이야기』의 2번째 에피소드인데, 마리아 가브릴로브나라는 여주인공의 이야기예요. 줄거리를 간략히 소개해 볼까요.

한 미망인의 딸 마리아는 우연히 자기 집에 세들어 사는 가난한 젊은 장교 블라디미르를 사랑하지만 부모의 반대가 극심해 결국 도망쳐 외딴 교회에서 몰래 결혼을 한 뒤 부모님에게 허락을 받기로 약속해요. 드디어 약속한 날 밤, 야속하게도 눈보라가 매섭게 몰아치는 가운데 마리아는 겨우 약속한 장소인 교회에 도착하지만, 궂은 날씨 때문에 교회로 향하는 도중에 길을 잃고 만 블라디미르의 모습은 끝내 보이지 않아요. 그런데 우연하게 블라디미르가 교회에 도착하기로 약속한 시각에 또 다른 청년이 교회 앞을 지나는데, 그를 마리아의 신랑으로 착각한 사람들에게 이끌려 두 사람은 결혼식을 올리고 말아요. 하지만 신랑이 자신과 결혼하려고 했던 남자가 아닌 것을 확인하는 순간 마리아는 기절을 하고 두 사람은 이내 서로 헤어져요.

한편 야속한 눈보라가 그친 후 텅 빈 교회에 도착한 블라디미르는, 그날 이후 드러누운 마리아를 위해 결혼을 승낙하기로 결심했던 부모님이 그에게 보낸 편지를 받지만, 그만 자신을 잊어 달라는 내용의 편지를 마리아에게 남기고 그곳을 떠나요. 그리고 1812년, 프랑스 군대가 모스크바로 들어오는 시기에 그가 전사했다는 소식이 마리아에게 전해져요.

블라디미르에 대한 순정을 버리지 못하는 마리아는 많은 남자들이 자신을 원하지만 좀처럼 마음을 열지 못해요. 그런데 유독 한 젊은 이가 굳게 닫힌 그녀의 마음을 움직여요. 하지만 자신에게 마음을 두고 있는 듯한 그 남자가 그런 마음을 털어놓지 않자 마리아의 마음은 타들어 가요. 우연한 기회에 두 사람은 서로의 마음을 고백하는데, 부르민이라는 그 남자는 다름 아닌 눈보라 치던 날 밤에 마리아와 잘못 결혼한 남자였음이 밝혀져요.

수연이가 소설 속의 주인공인 마리아였다면 어떤 심정이었을 것 같아요?

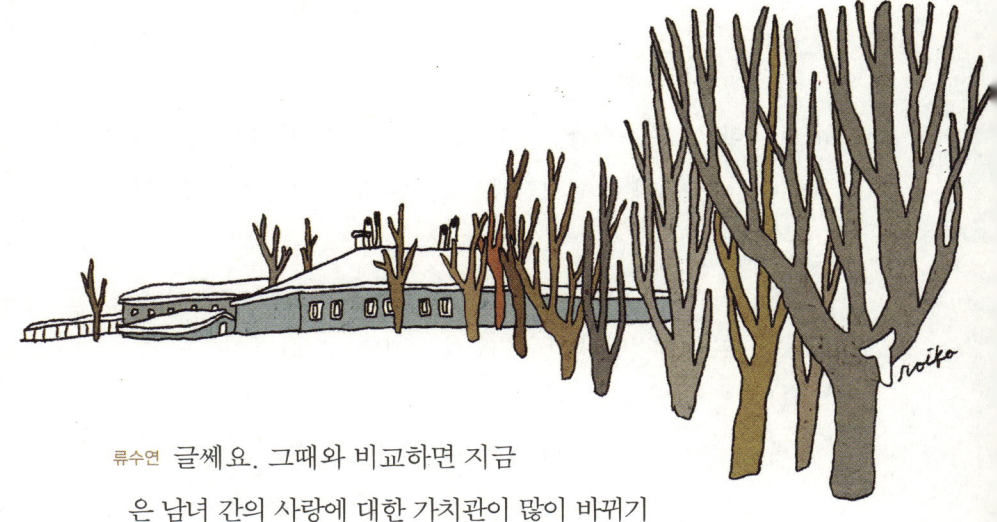

류수연 글쎄요. 그때와 비교하면 지금
은 남녀 간의 사랑에 대한 가치관이 많이 바뀌기
도 했겠지만, 아직은 제 나이가 어려서 그런지 결혼 이야기가
마음에 깊이 와 닿지가 않네요.
질문을 좀 비켜 가는 느낌이지만 스비리도프가 작곡한 「눈보라」라
는 곡이 영화에 쓰인 음악이었나 보군요.

차선생 네. 사실주의에 바탕을 두고 있지만 구성은 낭만주의적이어서
매우 아름답다고 하는데 유감스럽게도 이 영화를 보지는 못했어
요. 하지만 간접적이나마 음악을 통해 영화 속 장면이 선명하게 그
려질 정도였지요. 1974년 스비리도프Georgy Vasilyevich Sviridov
(1915~1998)는 9개의 음악을 「푸시킨의 작품을 스케치한 음악적인
삽화Musical Sketches to the story by Alexander Pushkin」란 부제로 발표
했는데 바로 이것이 「눈보라」예요. 왈츠가 곁들여지는 낭만적인 분
위기와 함께 눈 덮인 러시아의 서정이 생생하게 그려지는 한 편의
대서사시와 같은 작품으로, 그중에서도 볼쇼이 아이스 발레단의
전문 레퍼토리이기도 한 제4곡 〈로망스〉가 큰 인기를 끌면서 이 음
악도 사람들에게 널리 알려지게 되었어요.

류수연 스비리도프는 학창 시절에 배운 음악책에도 나오지 않는 작곡 가여서 대수롭지 않게 생각했는데, 생각보다 대단한 작곡가였나 봐요?

차선생 '러시아의 온화한 영웅'으로 불리는 스비리도프는 이 〈로망스〉 한 곡으로 세계적인 명성을 얻었다고 해도 과언이 아니에요. 그가 이런 영화음악에 관여한 것은 비교적 만년이 되어서죠.

스비리도프는 러시아 전통과 민족주의에 대한 관심을 음악적으로 잘 소화해 찬사를 받았고, 특히 문학에 관심이 많아 푸시킨, 파스테르나크, 예세닌 같은 러시아 작가의 작품을 바탕으로 훌륭한 성악곡을 많이 남겼어요.

그는 러시아 예술가로서는 가장 높은 칭송을 받은 사람에 속하는데, 레닌부터 옐친에 이르는 러시아 지도자로부터 많은 상을 받았으며, 러시아 작곡가 동맹의 서기를 역임하고 러시아 인민 예술가로 선정되는 등 최고의 영광이 늘 그와 함께했더군요. 러시아 민족주의자의 선봉장이자 20세기 중반 이후 러시아 음악을 되살려 낸 예술가였기에 주어진 결과로 봐야겠지요.

겨울밤처럼 길고 지쳤던 첫 번째 '산고'
교향곡 제1번 g단조, Op.13 「겨울날의 환상」 차이코프스키

차선생 차이코프스키는 겨우 여섯 곡의 교향곡만 남겼지만 그의 4, 5, 6번 교향곡은 어떤 작곡가의 작품 못지않게 인기가 높아 전혀 부족하다는 느낌이 안 들어요. 다소 과장된 표현일지 모르지만 우리나라에서는 「비창」 교향곡 한 곡만으로도 차이코프스키라는 작곡가의 존재 가치가 충분할 정도니까요. 그런 차이코프스키이지만 예상외로 그의 첫 번째 교향곡은 좀처럼 들을 기회가 없더라고요. 베토벤의 교향곡 1번 같은 곡은 「운명」이나 「영웅」 같은 두드러진 표제가 붙어 있지 않아서 그렇다고 하겠지만, 차이코프스키의 1번 교향곡은 「겨울날의 환상」이라는 멋진 제목을 달고 있는데도 말이에요.

사실 저도 이 곡을 들어 봐야겠다고 생각해 본 적이 별로 없어요. 차이코프스키 음악은 므라빈스키가 지휘하는 교향곡 4, 5번만으로도 충분하다고 생각했으니까요.

류수연 그런데 이 곡을 감상 음악으로 고른 특별한 이유라도 있나요?

차선생 블라디미르 페도세예프Vladimir Fedoseev가 모스크바 방송 교향악단을 지휘한 DVD를 손에 넣게 되면서였어요. 서방 지휘자들과 달리 러시아 지휘자들의 모습을 담은 영상은 흔치 않거든요. 더욱이 러시아 작곡가의 작품을 러시아 지휘자와 오케스트라가 연주한 것이라 반가운 마음에 구입한 거죠. 지금까지 므라빈스키 말고 러시아 지휘자의 영상을 접한 것은 손에 꼽을 정도였어요. 그중 로제스트벤스키가 지휘하는 차이코프스키 교향곡 4번 정도가 기억에 남아요.

사회주의 체제 아래에서 출범했기

모스크바의 지휘자 페도세예프

때문인지 페도세예프의 모스크바 방송 교향악단이나 로제스트벤스키의 소련 문화성 교향악단은 서방의 오케스트라보다 지휘자의 단원 장악력이 뛰어난 것 같았어요. 그래서 연주자들의 표정도 딱딱하고 세련미도 떨어지지만, 그들이 만들어 내는 음악은 일사불란하다는 느낌이 들었어요. 평소에 잘 안 듣는 곡이지만 러시아 지휘자의 연주로 같이 한번 감상해 보고 싶더군요. 이런 기회를 통해, 카라얀 등 유명한 것에만 집착하지 말고, 실력 있는 러시아나 동구권 지휘자들의 영상이 많이 발굴되었으면 좋겠어요.

배도반 이 곡은 차이코프스키의 첫 번째 교향곡인데, 음반으로 처음 들었을 때 그의 작품이라는 게 바로 느껴지던가요?

차선생 「겨울날의 환상」 1악장을 듣고 있으면 짧은 순간이지만 「비창」 교향곡과 「호두까기 인형」, 「1812년 서곡」이 얼른 머릿속에 떠오르는 것 같아요. 차이코프스키뿐만 아니라, 어떤 곡을 듣다 보면 자연스레 그 작곡가의 다른 작품이 함께 연상되잖아요. 제 주관적인 생각이지만, 이것은 작곡자의 의도라기보다, 평소 작곡자 자신의 내면에 잠재해 있던 정형화된 악구가 자신도 모르게 악보에 옮겨진 게 아닌가 싶어요. 이를테면 DNA의 유전정보나 암호처럼 작곡가의 고유한 멜로디가 지문처럼 남는 거죠. 그래서 작품은 바뀌어도, 어딘가 귀에 익다는 느낌이 들면서 '아 누구의 작품이구나!' 하는 이미지가 떠오르는 거죠. 물론 하나의 서곡을 통째로 이 작품 저 작품에 마구 써먹은 로시니의 자기표절과는 근본적으로 성질이 다른 것이에요.

류수연 제목은 다르지만 스비리도프의 「눈보라」와 차이코프스키의

「겨울날의 환상」은 어떤 면에서 비슷한 정서가 느껴져요. 「겨울날의 환상」도 「눈보라」처럼 문학 작품에 근거해 붙여진 이름인가요?

차선생 그렇지는 않아요. 차이코프스키의 교향곡 6개 중에 그가 직접 부제를 붙인 곡은 「겨울날의 환상」뿐이에요. 차이코프스키는 눈과 얼음으로 상징되는 조국 러시아의 겨울 정경을 표현하고 싶어 이 제목을 붙였다고 해요. 그래서 작품 전반에 쓸쓸하고 우수에 젖은 분위기가 물씬 배어나요. 그리고 차이코프스키의 첫 번째 '혈육'이어서인지, 마지막 교향곡 「비창」보다 훨씬 신선함이 느껴지는 것 같아요. 특히 이 곡의 4악장은 러시아 대중음악에서 취한 선율을 비중 있게 다루고 있는데, 이것은 민족주의적인 관점에서 보면 중요한 대목이라고 할 수 있어요. 실제로 차이코프스키는 이 작품을 계기로 민족주의 음악의 기수인 '러시아 5인조'와 긴밀한 교류를 갖기도 해요. 하지만 그의 작품 경향은 서서히 국민주의적인 요소로부터 벗어나 서유럽파 쪽으로 기울게 되죠.

배도반 작곡 과정에 얽힌 사연은 알려진 것이 없나요?

차선생 첫 작품을 쓴다는 것은 어떤 작곡가에게도 결코 쉽지 않은 과정이겠죠. 차이코프스키의 교향곡 1번도 예외는 아니었던 모양이에요. 의욕은 넘치지만 경험이 없었기 때문에 마음먹은 대로 작품이 풀리지 않아 한때 신경쇠약 증세까지 나타나 작곡을 중단하기도 했다는군요. 차이코프스키는 다시 용기를 내 작품을 완성해 스승 안톤 루빈슈타인에게 점검을 받지만, 돌아온 것은 엄청난 혹평과 질타뿐이었어요. 작곡자로서는 몹시 자존심이 상하는 일이었지만 대대적인 수정 작업이 불가피했죠.

천신만고 끝에 수정판을 완성해 초연을 가졌는데, 다행히 매우 호평을 받았다고 해요. 하지만 이 작품은 그것을 끝으로 16년 동안 고스란히 먼지만 덮어쓰는 운명에 내던져졌어요. 그래서 그런지 지금도 교향곡 1번이 연주되는 경우는 매우 드물어요. 하지만 이 작품을 쓰면서 얻은 여러 경험을 바탕으로 마침내 최고 걸작인 「비창」 교향곡이 탄생한 셈이니 그것만으로도 충분한 의미를 가진 곡이라고 해야겠군요.

이 곡은 차이코프스키의 작곡 의도를 담은 표제가 각 악장에 붙어 있는데, 1악장 〈겨울 여행의 몽상〉, 2악장 〈어둠의 땅, 안개의 땅〉, 3악장 〈춥고 오랜 겨울 여행에 지친 여행자의 꿈들〉이 그것이에요. 그리고 4악장에서는 1861년 카잔에서 학생운동의 노래로 불린 대중가요 「꽃망울이 열리고」의 선율이 주제로 전개되면서 「겨울날의 환상」은 막을 내리지요.

1 「눈보라 The Snowstorm」 게오르기 바실리에비치 스비리도프
Ⅰ 〈트로이카Troika〉 | Ⅱ 〈왈츠Waltz〉 | Ⅲ 〈봄과 가을Spring and Autumn〉 | Ⅳ 〈로망스 Romance〉 | Ⅴ 〈전원곡Pastorale〉 | Ⅵ 〈군대 행진곡Military March〉 | Ⅶ 〈결혼식Wedding Ceremony〉 | Ⅷ 〈왈츠의 메아리Echo of Waltz〉 | Ⅸ 〈겨울길Winter Road〉

2 교향곡 제1번 g단조, Op.13 「겨울날의 환상Winter daydream」 차이코프스키
Ⅰ 〈알레그로 트랑퀼로〉 | Ⅱ 〈아다지오 칸타빌레 마 논 탄토〉 | Ⅲ 〈스케르쪼. 알레그로 스케르잔도 지오코소〉 | Ⅳ 〈피날레. 안단테 루구브레-알레그로 마에스토소〉
블라디미르 페도세예프(지휘) / 모스크바 방송 교향악단

08
track

삶의 또 다른 이름에서
피어난 찬란한 꽃

: 죽음

삶의 고통 속에서 만난 한 편의 시

현악4중주 No.14 d단조, D.810 「죽음과 소녀」 슈베르트

차선생 슈베르트는 자신이 쓴 가곡 「송어」의 선율을 이용해 피아노 5
중주 「송어」를 탄생시켰어요. 그는 자신의 또 다른 가곡 「죽음과
소녀」의 반주 선율을 이용해 한 개의 주제와 5개의 변주, 코다로
구성하고, 이를 현악4중주 제14번의 2악장으로 쓰기도 했고요. 그

래서 웬만한 음악팬이라면 이 작품에 '죽음과 소녀'라는 표제가 붙었다는 사실을 알고 있지요.

죽음을 눈앞에 둔 한 소녀와 그녀를 데리러 온 죽음의 사자가 나누는 대화로 이루어진 클라우디우스의 시에 슈베르트가 곡을 붙인 가곡「죽음과 소녀」는 제목처럼 음울한 내용의 가사와 피아노

독일의 서정시인 클라우디우스

반주로 이루어져 있어요. 수연이가 먼저 이 시를 한번 낭송해 주면 좋겠어요. 어때, 할 수 있겠죠?

류수연 좀 쑥스럽지만 한번 해 볼게요.

가세요, 아, 멀리 비켜가세요
잔인한 죽음이여!
나는 아직 어립니다
저 멀리 내 사랑
나를 내버려 두세요

사랑스럽고 다정한 그대
손을 내게 주시오
나는 그대의 친구
벌하려는 것이 아니오

용기를 내오
나는 잔인하지 않으니
내 품에서 아늑하게
잠이 들 테니

차선생 이 시는 '소녀'와 '죽음의 사자'가 동시에 등장하기 때문에, 그 내용을 잘 파악한 후 역할에 맞게 낭송해야 하는 어려움이 있는데, 수연이가 비교적 잘해 준 것 같아요.

류수연 칭찬을 들으니 괜히 어깨가 으쓱해지네요. 그런데 슈베르트는 가곡이나 현악4중주곡 같은 악곡 형식을 떠나서, 왜 「죽음과 소녀」라는 슬픈 제목의 곡을 쓰게 되었을까요?

차선생 마치 쌍둥이 같은 「클라리넷 협주곡」과 「클라리넷 5중주곡」은 모짜르트가 만년에 쓴 곡 중 하나예요. 이 곡들은 정말 아름다워서 작곡자가 무척 행복한 시기에 만들었을 거라고 착각하기 쉽지만, 당시의 모짜르트는 자신의 삶에서 가장 힘들고 고통스러울 때였어요. 삶과 음악이 그렇게 다를 수 있냐고 반문할 수도 있는 대목이라고 생각해요.

슈베르트도 비슷한 상황에서 현악4중주곡 「죽음과 소녀」을 썼는데, 모짜르트와는 대조적으로 전 악장이 단조로 이루어져 있어 작품 전체에서 암울한 분위기가 느껴지고, 특히 가곡의 반주 선율로 되어 있는 2악장에서는 감당하기 어려운 슬픔과 절망이 절절하게 표현되어 있어 듣는 이의 마음을 아프게 만들지요.

모짜르트와 슈베르트의 표현 방법이 판이하게 다른 건 두 작곡가의 활동 시기가 고전주의와 낭만주의라는 상이한 음악 환경에서 비롯한 것이 아닐까 싶어요.

류수연 작품의 분위기와 음악 사조가 어떤 관련이 있다는 것이죠?

차선생 고전주의는 주관적인 감정의 표현보다 형식이라는 엄격한 틀을 중요시한 음악 사조였어요. 그래서 모짜르트의 슬픔과 고통은 형식이라는 틀에 가려져 그 내면에 깊숙이 잠재된 채 표현되기 때문에 그것을 쉽게 느끼기는 어려워요.

그에 반해 낭만주의 음악은 고전주의의 생명과도 같은 '형식'의 틀에 구애받지 않고 작곡가가 표현하고 싶은 그 어떤 것도 자유로운 형태로 나타낼 수 있었어요. 그래서 슈베르트는 모짜르트와는 달리 사랑과 미움, 고통과 슬픔, 죽음 같은 직설적인 주제를 음악 속에 자연스럽게 표현할 수 있었던 거예요.

배도반 '불행은 다발처럼 온다.' 라는 말을 들은 적 있는데, 이 말은 슈베르트를 두고 하는 말인 것 같아요. 현악4중주 「죽음과 소녀」를 쓸 무렵, 슈베르트는 몹쓸 병과 경제적 압박을 비롯해 여러 일들로 큰 고통을 겪은 걸로 알고 있어요. 그럴 때 클라우디우스가 지은 「죽음과 소녀」라는 한 편의 시가 마치 자신의 이야기처럼 받아들여지지 않았을까 싶어요.

차선생 그렇지만 슈베르트가 자신의 고통스러움을 자포자기의 심정으로 순순히 받아들이지는 않았을 것 같아요. 「죽음과 소녀」는 비록 슬픈 내용의 시를 바탕으로 하고 있지만, 작곡자가 결코 포기하지 않는 끈질긴 음악적 생명력을 발휘하지 않았더라면 존재할 수 없었던 곡이었을 테니까요.

어떤 이가 표현했듯 슈베르트
는 자신의 우상 베토벤처럼
위대한 '음의 건축가'가 되고
싶었는지 모르지만, 그가 가
진 재능은 베토벤과는 다른
것이었어요. 슈베르트는 샘물
처럼 쉴 새 없이 솟아나는 영

알반 베르크 4중주단의 공연 모습

감 때문에 선율을 악보에 옮기는 시간도 모자라는 사람이었어요.
하지만 베토벤은 작은 모티프를 재료 삼아 벽돌을 쌓아올리듯 점
점 발전시켜 거대한 구조물을 완성해 내는 능력을 가졌어요. 둘은
애당초 갈 길이 달랐던 사람이지요.

그래도 슈베르트의 작품 중 「죽음과 소녀」만큼은 예외적으로 구성
력이 튼튼한 작품으로 평가받고 있어요. 그에게 여러모로 의미 있
는 작품이기도 했고요. 뭔가에 쫓기는 듯한 긴박감과 초조함 그리
고 절망감이 뒤섞여 한 번 들으면 좀처럼 뇌리에서 지워지지 않는
1악장의 서두는 때로 베토벤의 「운명」 교향곡에 비유되기도 하는
데, 마치 '죽음과의 투쟁'을 연상시킨다고 하지요. 앞서 언급했지
만, 당시 슈베르트가 처한 상황에서 「죽음과 소녀」 같은 걸작을 탄
생시켰다는 사실은 베토벤과 또 다른 의미에서의 '인간 승리'라고
해도 될 것 같아요.

배도반 명곡 뒤에는 늘 명연주가 따라다니는 것이겠죠?

차선생 일반적으로 애호가들이 선호하는 음반은 부슈 4중주단과 알반
베르크 4중주단, 아마데우스 4중주단의 연주들인 것 같아요. 저는

그중에서 알반 베르크 4중주단이 연주하는 모습을 꼭 한 번 보고
싶었는데, 고맙게도 그 DVD가 EMI에서 발매되었어요. 오페라나
관현악곡에 비해 실내악곡은 화면이 단조롭기 때문에 영상도 드물
고 보는 재미도 많이 떨어지지만, 음악이 재미로 보고 듣는 것은
아니라는 점에서 충분한 가치가 있는 음반이라고 생각해요.

이 DVD에는 바리톤 디트리히 피셔 디스카우Dietrich Fischer-
Dieuskau가 그의 부인인 율리아 바라디Julia Varady의 피아노 반주자
로 나오는 매우 특이한 장면이 다큐멘터리 메뉴에 들어 있는데, 여
기에 나오는 노래가 바로 가곡 「죽음과 소녀」예요.

삶은 절망 속에서도 일어설 수 있기 때문에 미완성

교향곡 제8번 b단조, D.759 「미완성」 슈베르트

차선생 「죽음과 소녀」에 이어서 감상할 슈베르트의 또 하나의 명곡은
교향곡 제8번 「미완성」이군요. 모짜르트의 「레퀴엠」처럼 미완성된
작품이 중요하게 다뤄지는 경우가 있죠. 슈베르트의 「교향곡 제8
번」과 브루크너의 「교향곡 제9번」도 형식적으로 완성되지 못했는
데 널리 알려진 작품이에요. 공교롭게도 두 작품은 지금까지 미완
성된 그 상태로 연주되어 왔으며, 그런데도 인기가 높다는 공통점
이 있어요. 위대한 작곡가이니만큼 미완성 상태에서도 충분히 그
가치를 인정받는 것이겠죠.

슈베르트의 「미완성」 교향곡을 감상하는 재미있는 방법이 하나 있

어요. 저도 어느 음악감상회에서 들은 이야기인데, 「옹달샘」이란 동요 중 '깊은 산 속 옹달샘'이란 부분의 계명 '미솔도미솔 라 파 파 솔시레파미레도'와 똑같은 선율이 이 작품 제2장에서 여러 번 반복된다는 거예요. 몇 번이나 반복하는지 헤아리다 보면 이 음악을 지루하지 않게 들을 수 있다는 거죠. 자칫 딱딱하기 쉬운 음악을 보다 흥미롭게 들을 수 있는 재치 있는 생각이죠. 요즘 표절 시비로 곤혹을 치르는 작품이 많은데, 혹 「옹달샘」도 그런 경우가 아닌지 모르겠네요.

배도반 이 곡은 결국 '미완성의 완성'이라는 역설적인 표현도 해봄 직한 작품이 아닐까요?

차선생 흥미로운 표현이군요. 슈베르트는 베토벤으로부터 싹트기 시작한 낭만파의 흐름을 더욱 발전시킨 작곡가이며, 잘 알려진 대로 예술가곡에서 그가 이루어 낸 업적은 전례가 없을 정도로 찬란한 것이에요. 그리고 모두 아홉 곡을 작곡한 것으로 알려져 있으나, 현존하지 않는 한 곡을 빼고 모두 8곡이 남아 있는 교향곡 분야에서도 그의 공적은 크다고 볼 수 있는데, 특히 「교향곡 제8번」에서 보여 준 아름다운 선율은 오직 슈베르트의 음악에서만 맛볼 수 있는 향기가 피어나고 있지요. 하지만 1악장 서주 첫머리에서 마치 인간의 마음 저 깊은 곳을 긁어내기라도 하려는 듯한 콘트라베이스의 무거운 선율은 당시 슈베르트가 정신적으로 얼마나 힘든 상태였는가를 말해 주는 듯해 듣는 이의 가슴을 저미게 해요. 지휘자 바인가르트너는 "마치 지하 세계에서 솟아나듯이 슈베르트의 선율이 이 세상에 흘러나왔다."라는 말을 남기기도 했더군요.

「교향곡 제8번」이 전례 없이 2악장으로 끝나 버려 '미완성'이라는 상태로 남게 되었지만, 이에 대해 브람스는 "분명 미완성의 형태를 취하고 있지만 두 개의 악장 모두 그 내용 면에서 흠잡을 데 없을 정도로 충실하며, 어떤 사람이라도 감동하지 않을 수 없는 아름다운 선율을 지녔다."라고 했어요.

류수연 그렇다면 슈베르트가 이 교향곡을 끝까지 마무리하지 못한 이유는 뭔가요?

차선생 슈베르트는 하이든과 관련해 음악사에 이름을 남긴 헝가리의 귀족 에스테르하치의 딸 카롤리네의 가정교사를 맡으면서 이 가문과 인연을 맺게 돼요. 하지만 카롤리네를 향한 사랑의 감정이 들통나면서 그 집에서 쫓겨나는 신세가 되어 버리죠. 슈베르트는 그 아픔을 담아 「교향곡 제8번」을 작곡했는데, 이루지 못한 사랑처럼 작품도 미완성으로 끝났다는 설이 있어요.

한편, 슈베르트 친구 중에 마이어호프라는 시인이 있는데 그는 슈베르트의 재능을 높이 평가한 사람으로 "교향곡이야말로 음악가의 생명이므로, 모든 것을 바쳐 불후의 교향곡을 쓰라."라며 교향곡 작곡을 독려했다고 해요. 이런 친구의 조언에 힘입은 슈베르트는 위대한 교향곡을 쓰기로 작정하고 직전에 쓴 「교향곡 제7번」 악보를 태워 버릴 만큼 각오를 다져 새로운 교향곡 작곡에 몰두했어요. 하지만 뜻밖에도 마이어호프의 자살 소식에 큰 충격을 받아 이 곡을 더 이상 써 나가야 할 의미를 상실해 중단했다는 설도 있어요. 그 외에도 베토벤 「운명」 교향곡의 완벽한 구성을 모방하려다 결국 스스로의 능력에 한계를 깨닫고 중도에 포기했다는 설과 3악장의 일부 스케치가 남아 있긴 하 지만 2악장만으로도 이 곡에 서 하고 싶은 말을 다해 버렸 기 때문에 더 이상 이야기할 내용이 없어 중단했을 것이라 는 설도 회자되는 이야기 중 하나예요.

슈베르트와 친구들(가운데가 휘텐브렌너)

어찌 되었건 슈베르트가 25세 때 작곡에 착수한 이 곡은 완성되지 못한 채 방치되었어요. 그로부 터 6년 뒤에 슈베르트는 세상을 떠났는데, 그 이후 무려 38년 동안 이 작품은 그 존재조차 알려지지 않은 채 누군가의 책상 서랍 속에 서 잠자게 되었던 거예요.

류수연 영원히 묻혀 버렸을지 모를 이 곡이 어떻게 빛을 보게 되었 나요?

차선생 슈베르트의 음악이 제대로 평가받기 시작한 것은 그가 세상을 떠난 후의 일이었어요. 그의 작품들은 서서히 관심의 대상이 되기 시작하였고, 그 과정에서 완성되지 않은 채 묻혀 버린 작품의 존재 가 알려지면서 이를 추적한 끝에 마침내 세상에 그 모습을 드러내 게 되었어요. 「미완성」 교향곡의 악보는 슈베르트가 명예회원으로 있던 슈타이어마크라는 음악협회 회원인 안젤름 휘텐브렌너Anselm Hüttenbrenner(1794~1868)의 집에서 발견되었다고 전하고 있죠.

류수연 그럼 슈베르트의 악보를 휘텐브렌너라는 사람이 보관하고 있 었던 이유는 무엇이었나요?

완벽주의자로 유명한 지휘자 귄터 반트

차선생 수연이가 저를 숨차게 만드는 군요. 휘텐브렌너는 슈베르트를 음악협회 명예회원으로 추천해 준 사람이었는데, 거기에 대한 감사의 뜻으로 「교향곡 제8번」의 악보를 그에게 보냈다고 해요. 협회회원이 되면 그 기념으로 협회에 곡을 기증하는 관례가 있었나 봐요. 그런데 휘텐브렌너가 슈베르트로부터 받은 악보가 뜻밖에도 미완성 상태였기 때문에 나머지 분량도 곧 전달될 것으로 판단하고 이 악보를 협회에 접수하지 않은 채 그냥 자신의 책상 서랍 속에 넣어 두었던 모양이에요. 그럭저럭 세월이 흘렀지만 결국 휘텐브렌너가 기다리던 완성본은 끝내 전달되지 않았고, 미완성인 채 책상 서랍 속에서 잠자던 이 악보의 존재도 잊혀져 버린 것이지요. 하지만 이 부분도 여러 가지 설이 많아요.

배도반 우리가 감상할 귄터 반트Günter Want의 연주는 처음 대하는 셈인데, 그는 세속적인 성공이나 세간의 반응 따위에는 별 관심이 없고 오직 음악을 향한 순수한 열정 하나로 살아온 지휘자로 알려져 있더군요. 그래도 세상은 그런 사람을 알아보는 모양이어서, 그가 남긴 음악적 유산이 많은 사람에게 특별한 감동을 주는 것 같아요.

차선생 이 연주가 DVD로 나오면 참 좋겠다 싶은 것들이 있어요. 지휘자 귄터 반트의 영상도 그중 하나이지요. 그런 마음을 알기라도 한 듯 그의 영상이 네 장의 DVD로 발매되었어요. 브루크너 후기 교향곡에 슈베르트 「미완성」 교향곡이 덤으로 커플링되어 있는 최상의 내용을 담고서 말이죠. 설레는 마음에 서둘러 열어 본 그의 모습은 상상을 초월하는 것이었어요. 나이를 무색케 하는 날카로운 눈빛과 몸동작은 단원들을 압도하기에 한 치의 부족함도 없어 보였어요.

류수연 권터 반트라는 사람은 어떤 지휘자인가요?

차선생 그는 1989년 1월, 무려 77세의 나이로 시카고 심포니를 지휘하면서 미국 무대에 처음 데뷔했어요. 그때 미국 음악계는 '왜 이런 대가의 소리를 지금에 와서야 듣게 되었냐.' 라면서 흥분을 감추지 못했다고 해요.

그는 베토벤이나 슈베르트, 브루크너 같은 독일 음악에서 최고의 기량을 발휘하는 정통 독일 지휘자이며, 무엇보다 브루크너의 음악에 관해서는 타의 추종을 불허할 만큼 뛰어난 해석을 보여 준다는 평가를 받고 있어요. 그런 만큼 브루크너와 슈베르트의 교향곡 연주 실황을 담은 그의 영상은 의심할 나위 없이 최상의 품질임을 보증해요.

철저한 완벽주의자로도 이름이 높은 권트 반트는 엄청난 리허설을 감행하기로 악명이 자자한데, 미국 데뷔 무대인 시카고 심포니 오케스트라와의 연주에서는 무려 11시간의 리허설을 감행했다고 알려져 있어요. 그는 지휘에 대한 소신을 이렇게 피력했다고 해요. "여섯 번의 리허설보다 열두 번의 리허설로 더 나아지는 바가 없다고 생각한다면 그 지휘자는 지휘대에서 물러나야 합니다."

다소 큰 키에 구부정한 어깨를 하고 머리카락은 백발인 그의 모습은 전형적인 노인의 그것이지만, 지휘대에 선 그는 타협을 불

허할 만큼 무서운 독재자였어요. 특히 그의 눈빛은 제대로 바라
보기도 힘들 만큼 강렬했고, 나이를 의심하게 만드는 정열적인
지휘 동작은 음악을 대하는 그의 숭고한 자세를 그대로 대변해
주는 것이었죠.

귄터 반트가 지휘하는 슈베르트 「미완성」 교향곡을 DVD로 감상
한 뒤, 예순을 눈앞에 둔 초로의 한 신사는 흥분을 감추지 못했어
요. 그는 내실 있는 회사를 운영하는 경영인이었는데 IMF 경제위
기로 부도가 나는 바람에 모든 것을 날려 버리고 한동안 실의에
빠져 살았다고 해요. 우연히 참석한 음악감상회에서 백발의 노인
이 정말 정열적으로 지휘하는 모습에 깊은 감동을 받고 이를 계기
로 삶의 용기를 되찾았다는 이야기를 제게 살짝 건네주었죠. 음악
감상회가 때론 사람들에게 얼마나 큰 의미를 전해 줄 수 있는지
보여 주는 대목이기도 한 것 같아요.

1 현악4중주 No.14 d단조, D.810 「죽음과 소녀Death and the Maiden」 슈베르트
Ⅰ 알레그로 | Ⅱ 안단테 콘 모토 | Ⅲ 스케르쪼, 알레그로 몰토 | Ⅳ 프레스토
알반 베르크 4중주단

2 교향곡 제8번 b단조, D.759 「미완성Unfinished」 슈베르트
Ⅰ 알레그로 모데라토 | Ⅱ 안단테 콘 모토
귄트 반트(지휘) / 북독일 방송 교향악단

음악의 표정, 음악의 성격

형식, 악기, 장르로 듣는 음악

09
track

연극은 끝나도
음악은 남는다
: 부수음악

슈베르트도 드라마 주제곡을 만들었다?
부수음악 「로자문데」 중 〈간주곡 제3번〉 안단티노 슈베르트

차선생 배움을 통해 모르는 걸 조금씩 알아가는 즐거움만큼 각별한
것이 또 있을까요. 고전음악도 마찬가지예요. 지레 재미없다거나
어렵다고 단정 짓지 말고, 조금씩 공부하고 배워 나가다 보면, 그
동안 모르고 살았던 멋진 세계가 펼쳐질 거라고 생각해요. 무엇보

다 한 번 도전해 보는 자세가 중요해요. 그러려면 교과서에서 배운 내용도 떠올려 보고, 책을 통해 좀 더 친해지려는 노력을 먼저 해 보는 게 중요해요. 그 다음에 고전음악에 대한 판단을 해도 늦지 않아요. 물론 고전음악은 충분히 그런 노력을 기울여 볼 만한 가치가 있는 특별한 세계일 거예요.

사람마다 음악에 대한 지식이나 음악을 들은 경험, 시간이 다를 거예요. 그래서 함께 음악에 관한 이야기를 나누다 보면 서로에게 많은 도움이 되지 않을까 싶군요. 재미있고 유익한 이야기들을 많이 나누었으면 좋겠어요.

이번 감상회의 첫 순서는 슈베르트의 「로자문데」를 주제로 삼을 거예요. 먼저 수연이에게 한번 질문해 볼까요? 수연이가 알고 있는 음악가 슈베르트는 어떤 사람인가요?

류수연 슈베르트 말인가요? 그야 '가곡의 왕' 이죠. 그리고 일찍 세상을 떠났으며, 오선지를 살 돈도 없을 만큼 가난하게 살았고요. 음악 시간에 그렇게 배웠거든요.

차선생 그래 맞았어요. 그러면 슈베르트 가곡 중에 아는 곡이 있으면 말해 줄 수 있을까요?

류수연 그건 좀 창피스러운데……. 앞서 들은 「죽음과 소녀」는 솔직히 음악감상회에서 처음 알았고…… 우선 「보리수」가 생각이 나고 또 「세레나데」도 있군요. 그리고…… 글쎄 갑자기 생각하려니까 제목이 잘 떠오르질 않아요.

차선생 수연이는 그래도 잘 알고 있군요. 그럼 수준을 좀 높여서 '부수음악附隨音樂(Incidental music)'이 뭔지 물어봐도 될까요?

류수연 글쎄 그건 잘 모르겠어요. 별로 들어 본 적이 없어요. 이번 기회에 좀 자세하게 설명해 주세요.

차선생 그럼 TV 드라마를 예로 들어 볼까요? 드라마를 보면 대사뿐만 아니라 음악도 많이 삽입돼 나오잖아요. 국내외에서 선풍적인 화제를 모았던 「겨울연가」가 그렇고, '귀가시계'라고 불리기까지 했던 「모래시계」도 음악으로 유명한 드라마였어요. 그 드라마는 오래전에 끝났지만, 그 OST 음반은 지금도 음반가게에서 팔리고 있고, 사람들은 그것을 구입하고 있지요. 영화도 마찬가지죠. 줄거리는 다 기억하지 못해도 「대부」나 「미션」의 주제곡을 지금도 애청하고 있어요. 그런데 영화 속에 나오는 음악을 '사운드 트랙'이라고 부르잖아요. 그것처럼 연극에도 극의 진행상 음악이 필요한데, 그것을 바로 부수음악이라고 해요. 일반적으로 기악곡이 쓰이지만, 때론 성악곡이 사용되기도 하지요.

류수연 그럼 「로자문데」가 연극 제목이었군요?

차선생 맞아요! 바로 「로자문데」라는 연극에 사용하기 위해 작곡한 음악이 「로자문데」의 부수음악이 되는 거예요. 어때요, 어렵지 않죠?

류수연 예, 그렇게 설명을 들으니까 쉽게 이해할 수 있네요. 그런데 연극 「로자문데」는 어떤 내용인지 알고 싶어요.

차선생 그건 알 수가 없어요. 안타깝게도 연극 대본이 지금까지 남아 있지 않기 때문이에요. 그래서 「로자문데」가 어떤 내용이고, 어느 수준이었는지 구체적으로 알기 어려워요. 다만 당시 연극 상연 뒤 신문에 난 기사 평들을 토대로 다음과 같은 내용이 아닐까 추측해 볼 수는 있어요.

로자문데는 키프로스 왕국의 딸이다. 그런데 그녀가 두 살 때 왕인 아버지가 세상을 떠나자, 로자문데는 가난한 어부의 미망인 아크샤에게 맡겨졌다. 이는 왕의 유언에 따른 것으로 자신의 사후에 있을 권력투쟁으로부터 어린 딸을 보호하기 위해서이다.

아크샤는 로자문데가 열여덟 살이 될 때까지 정성껏 키우는데, 키프로스의 시장 알바누스는 이러한 사정을 아는 극소수의 사람 중 한 명이다. 그는 로자문데의 열여덟 번째 생일이 되는 날, 그녀가 키프로스의 유일한 정통 계승자임을 세상에 알린다.

하지만 그 당시 왕의 직무를 대리하고 있던 푸르겐티아스는 권력에 대한 욕심으로 로자문데와 강제로 결혼하려 한다. 하지만 그 계획이 실패로 끝나자 푸르겐티아스는 독살을 시도한다. 그때 갑자기 등장한 만프레트라는 청년이 이를 무산시킨다. 사실 그 청년은 어릴 때부터 가문으로 맺어진 로자문데의 약혼자, 칸디아 왕국의 왕자이다. 그 뒤 로자문데와 만프레트는 결혼하여 행복하게 잘 살았다.

어때요, 어디서 많이 들어 본 듯한 이야기 같지 않아요?

류수연 그게 어느 정도 사실이라면 좀 실망스러워요. 정말 참신한 건 하나도 없네요.

배도반 대본이 폐기될 정도라면 이 연극이 형편없었다는 뜻인데, 어떻게 그런 작품을 무대에 올릴 수 있었을까요?

차선생 사실 연극 「로자문데」는 단 두 번 상연되고 무대에서 강제 퇴출되었을 만큼 처참한 실패작이었다고 해요. 얼마나 재미가 없었으면 그랬는지 알 수 없지만, 하여간 그 충격 때문인지 연극 대본은 곧 폐기되어 버렸다고 하는군요. 대본을 쓴 헬미나 폰 헤찌 Helmina von Chezy는 베를린 출신 작가로, 슈베르트에 앞서 베버의 오페라 「오이뤼안테Euryanthe」의 실패에도 결정적 계기를 안겨 준 사람이기도 해요. 공교롭게 두 작품 모두 대본이 너무 부실해 실패했다고 하는데, 연거푸 실패했는데도 계속 희곡을 쓰고, 그 작품을 무대에 올릴 수 있었던 건 누가 봐도 이해하기 어려운 일이지요. 아마 그녀는 글쓰기보다 사업 수완이 더 뛰어났던 모양이에요.

류수연 연극이 실패로 끝났으면 음악도 같은 운명이었을 텐데, 그래도 지금까지 용케 남아 있군요.

차선생 그건 연극을 떠나 음악 자체가 정말 훌륭하기 때문이죠. 모든 부수음악이 다 그렇다고 볼 수 없지만, 어떤 곡을 들어 보면 무척 귀에 익은 선율이 나올 때가 있어요. 언제 어디서 들었는지 잘 기억나지 않아도 정말 아름다운 선율은 무의식 속에 남아 있을 수 있거든요. 우리가 듣는 음악 중에는 그런 곡이 참 많은 것 같아요.

배도반 부수음악에도 어떤 형식 같은 것이 있을까요?

차선생 꼭 형식이라기보다 연극도 오페라처럼 1막, 2막 형태로 되어 있으니 '1막의 합창', '2막의 아리아'와 같은 방법으로 구분할 수 있겠지요. 「로자문데」의 부수음악은 서곡과 제1막, 제2막의 〈간주곡〉, 제3막의 〈무용곡〉, 제2막, 제3막 사이의 〈간주곡〉, 제2막의 〈로만체〉와 〈요정의 합창〉, 제3막, 제4막 사이의 〈간주곡〉, 제4막 속의 〈양치기 아리아〉, 〈양치기들의 합창〉, 〈무용곡〉 등 총 11곡으로 이루어져 있어요.

모짜르트가 그의 최후 교향곡 3곡을 불과 두 달 만에 작곡했다는

칼 뮌힝거와
슈투트가르트 실내관현악단

일화도 유명하지만 슈베르트는 이 곡을 닷새 만에 완성했다고 하니 정말 대단한 일이지요. 다만 옥의 티라면 서곡이 연극 「로자문데」를 위해 특별히 작곡한 게 아니라는 점이에요. 그것은 슈베르트가 이 연극 초연 일자에 맞춰 작곡을 완성하지 못해 자신의 「마법의 하프」라는 다른 작품의 서곡을 살짝 빌려와 써먹었다는 점이죠. 요즘 같으면 자기 논문 표절 같은 사건에 휘말릴 일이지만, 당시엔 그런 일이 허다했다고 하더군요.

배도반 듣고 보니 슈베르트도 역시 대단한 천재였군요.

차선생 불가능한 일이겠지만, 모짜르트와 슈베르트의 지능지수를 비교하면 누가 더 우위에 있을지 궁금해요. 모짜르트의 아이큐는 연구 대상이 된 지 오래여서 얼마쯤 된다는 이야기가 있는데, 슈베르트에 대해선 별 말이 없더군요. 슈베르트가 모짜르트보다 10년이나 짧게 살았고, 그가 남긴 작품―단순히 작품 수뿐만 아니라 예술적 가치까지 감안해―을 생각해 본다면 슈베르트가 얼마나 대단한 작곡가인지 알 수 있지요.

류수연 대본이야 그렇다 치고, 또 아무리 슈베르트가 뛰어난 천재였대

들놀이 가는 슈베르트와 친구들

도 그렇게 번갯불에 콩 구워 먹
듯 여유 없이 「로자문데」 부수
음악을 작곡한 건 무슨 이유였
을까요?

차선생 여러 가지 이야기가 전하더
군요. 당시 빈 궁정 극장에는 요
제프 쿠벨비쳐라는 서기관이 있
었는데, 그는 슈베르트와 절친한 친구의 형이기도 했어요. 요제프
의 애인이 배우였는데, 그녀를 여주인공으로 기용하는 조건으로
그와 희곡작가 헤찌가 은밀한 거래를 했다고도 하고, 요제프가 평
소의 친분으로 작곡을 부탁했다고도 해요. 충분히 가능한 일이라
고 생각하지 않나요? 게다가 공연을 코앞에 둔 시점이라 슈베르트
도 어쩔 수 없이 벼락치기로 작곡했을 수도 있겠죠. 하지만 이런
어수선한 상황에서 슈베르트가 돌발적인 작곡 제의를 흔쾌히 받아
들였다는 게 선뜻 이해되지 않는 부분도 있어요. 그것은 당시 그가
앓고 있던 질병 치료에 따른 경제적인 부담과 부수음악에 대한 열
정이라는 다소 조화되기 힘든 이유도 있었던 것 같아요

배도반 이제 이야기 방향을 좀 바꾸어 본론으로 들어가면 어떨까요?

차선생 그렇군요. 이번 음악감상회 주제가 부수음악 「로자문데」에 나
오는 제3간주곡을 테마로 하는, 말하자면 「로자문데」 특집 같은 것
이지요. 그리 길지 않은 선율을 가지고 그의 대표적인 피아노곡집
인 즉흥곡과 현악4중주곡의 테마로 사용한 것은 슈베르트의 작품
에서 가끔 발견할 수 있는 일이긴 해요. 이 선율은 성악이 들어 있

지 않지만 '가곡의 왕' 답게 무척 감미롭고 아름다워서 슈베르트 자신도 몹시 사랑하였다고 하는군요. 그 덕택에 같은 선율을 주제로 한 여러 개의 명곡을 우리가 들을 수 있게 된 셈이지요. 이렇게 아름다운 선율을 듣고도 별다른 느낌을 갖지 못하는 사람들을 보면 참 안타깝기까지 해요.

류수연 슈베르트 외에 다른 작곡가들의 부수음악도 있나요?

차선생 물론이죠. 슈베르트의 「로자문데」 외에도 베토벤의 「에그몬트 Egmont」, 멘델스존의 「한 여름 밤의 꿈A Midsummer Night's Dream」, 그리그의 「페르 귄트Peer Gynt」를 위한 음악 등이 부수음악으로 아주 유명한 작품들이죠. 「로자문데」와는 달리 대본이 남아 있는 「페르 귄트」나 「한 여름 밤의 꿈」 같은 작품은 지금도 상연되고 있어요. 이 작품들은 극작가가 입센이나 셰익스피어 같은 세계적 대문호이기 때문에 대본이 갖는 지명도만 해도 「로자문데」와 비교하는 것은 무리죠.

배도반 이번에 감상하는 음반은 칼 뮌힝거Karl Münchinger(1915~1990)의 지휘로 빈 필하모닉이 연주한 것인데, 인터넷을 뒤적이다 보니 이 지휘자는 주로 바흐 같은 종교음악을 많이 다뤘다고 소개되어 있더군요.

차선생 칼 뮌힝거는 학구적인 지휘자로 정평이 나 있죠. 특히 바로크 음악에 많은 관심을 가졌고, 또 그 분야에 훌륭한 연주를 많이 남겼어요. 그리고 슈베르트가 빈에서 태어나 빈에서 세상을 떠난 것처럼 그도 슈투트가르트에서 태어나 슈투트가르트에서 세상을 떠났더군요. 오르간 주자 및 합창 지휘자로 이름이 높았던 칼 뮌힝거는 제2차 세계대전 직후인 1945년에는 바흐 음악 전문단체인 슈투트가르트 실내관현악단을 조직해 활발한 연주 활동을 펼쳤으며, 1976년에는 류관순 기념관에서 내한공연을 가지기도 했지요.

제멋대로 아름답게
「즉흥곡」 D.935, No.3 B♭장조, Op.142 슈베르트

차선생 수연이는 슈베르트 기악곡 중에서 특별히 좋아하는 작품이 있나요?

류수연 글쎄요. 슈베르트 음악을 그렇게 많이 들어 보지 않아서 지금 특별히 머리에 떠오르는 곡은 없네요. 언젠가 촉망받는 젊은 피아니스트 연주회를 가 본 적이 있는데 프로그램 중에 슈베르트 즉흥곡이 몇 곡 있었어요. 기억이 가물가물해서 정확히는 모르겠고, 그냥 아름다운 곡이었던 것 같아요.

차선생 그럼 '즉흥곡'이 어떤 성격의 음악인지 대답할 수 있을까요?

류수연 즉흥곡이라고 하면 아무래도 형식에 얽매이지 않고 악상이 떠오르는 대로 자유롭게 쓴 곡을 말하는 게 아닐까요? 재즈 음악의 진정한 멋이 즉흥연주에 있다는 말을 들어 본 적이 있어요.

차선생 그래, 수연이가 좋은 대답을 했군요. '피아노의 시인'이라 불리는 쇼팽은 피아노에 관한 거의 모든 종류의 곡을 작곡했고, 즉흥곡도 당연히 거기에 포함되어 있지요. 하지만 즉흥곡에 관한 한 최고 경지의 작품을 쓴 사람은 바로 슈베르트가 아닐까 하는 것이 제

생각이에요. 그럼 앞서 소개한 부수음악 「로자문데」에 나오는 제3
간주곡을 테마로 한 D.935의 3번을 들어 볼까요.

배도반 아, 이 곡은 단순히 테마만 가져다 쓴 것이 아니라 그것을 가
지고 변주곡을 만들었네요.

차선생 제대로 들었군요. 이 곡은 제3간주곡에 나오는 짧은 선율을 이
용해 다섯 번 변주를 거친 후 처음으로 돌아와 주제를 연주하고 끝
을 맺지요. 아름다운 선율에 변주곡이라는 성찬도 함께 즐길 수 있
는 정말 매력적인 곡이에요.

배도반 피아노 선율이 정말 아름답군요. 머릿속에 늘 아름다운 선율이
샘솟는 듯한 작곡가가 슈베르트라더니 어쩌면 그는 타고난 즉흥곡
작곡가가 아니었을까 싶군요.

차선생 그렇지요! 누군가 슈베르트 음악의 본질이 형식적인 제약에
구속받지 않으면서 규모가 작고 섬세한 뉘앙스가 필요한 작품을
만들어 내는 것이라고 했는데, 「즉흥곡」이라는 이름의 피아노곡들
이 좋은 본보기인 것 같아요. 그가 베토벤과 거의 같은 시대를 살
았으면서도 음악사적으로 고전주의 시대 작곡가로 분류되지 않고
낭만주의 시대 작곡가로 분류되는 것은 이러한 타고난 음악적 천
성과 결코 무관하지 않다고 할 수 있겠지요.

그러한 슈베르트의 천부적인 능력이 이루어 낸 「즉흥곡」은 피아
노를 통해 노래한 무언가無言歌라고 해도 크게 틀린 말은 아닐
듯싶어요.

「즉흥곡」은 슈베르트가 죽기 1년 전에 작곡한 것으로 추측되는데,
작곡 동기에 대해서는 뚜렷이 알려지지 않았어요. 총 8곡이 하나같

이 아름답고 화려한 선율, 감각적인 반음계를 지닌 화성, 현란한 조바꿈을 통한 입체적인 구성 등이 크게 돋보이는 명곡 중의 명곡으로 평가받고 있지요.

배도반 지금 감상하는 음악은 누가 연주했는지 궁금해지는군요.

차선생 그럼 이번엔 연주자에 대한 이야기를 해 볼까요. 낭만주의적인 피아노 연주의 모범으로 머레이 페라이어Murray Pherahia를 꼽는 사람이 많더군요. 우리나라에도 많은 팬을 거느리고 있는 거장으로 특히 그가 연주한 슈베르트「즉흥곡」은 라두 루푸Radu Lupu, 알프레드 브렌델Alfred Brendel, 크리스티안 짐머만Christian Zimermann 등의 연주와 더불어 음악애호가들의 절대적인 사랑을 받고 있지요. 다른 연주자의「즉흥곡」음반을 들어 봐야만 페라이어의 진가를 알수 있을 정도로 그의 연주는 특별하기까지 해요.

페라이어의 연주는 물 흐르듯이 자연스럽게 노래하는 듯한 느낌을 주는데, 이는 다른 연주자와 차별되는 그만의 미덕이에요. 페라이어의 연주에 대해서 어떤 음반 리뷰어는 책에 이렇게 썼더군요.

"영혼마저 정화시킬 듯한 순수함, 맑고 투명하기 그지없는 톤, 물 흘러가듯 유려하게 펼쳐지는 자연스러움, 명징한 울림 등「즉흥곡」을 통해 발산되는 페라이어의 매력은 눈이 부실 정도다."

류수연 피아니스트라면 우선 러시아나 독일 출신을 떠올리게 되는데, 이름으로 봐서는 둘 다 아닌 것 같고…… 혹 페라이어는 국적이 어디인가요?

차선생 스페인계 유대인인 부모가 미국으로 이주해 1947년 뉴욕에서 페라이어를 낳았으니 국적은 미국인 셈이죠. 그는 네 살 때 처음 피아노를 시작했으며, 1972년에는 유명한 리즈 국제 피아노 콩쿠르에서 심사위원들의 넋을 빼놓을 만큼 놀랄 만한 기량으로 우승하였고, 이후 꾸준한 성장을 거듭하면서 지금은 세계적인 피아노의 명인으로 확고한 위치에 오른 연주자예요. 그동안 활발한 연주활동과 음반 발매를 통해 그래미상을 세 번, 그라모폰상을 네 번 받을 정도로 상복도 많았어요.

그는 바흐, 모짜르트, 베토벤, 슈베르트, 쇼팽에 이르기까지 주로 고전에서 낭만에 이르는 작품들을 주 레퍼토리로 삼고 있는데, 특히 모짜르트 협주곡은 마치 유리구슬처럼 맑고 아름다운 피아니즘을 구사해 타의 추종을 불허할 만큼 최고의 모짜르트 연주자로 평가받고 있어요.

배도반 언젠가 책에서 머레이 페라이어가 손가락 수술을 받았다는 기사를 본 것 같은데 지금은 완쾌되었나요?

차선생 레온 플라이셔라는 피아니스트도 37세에 갑자기 근육긴장이상증으로 오른손 마비가 시작돼 30년 넘게 왼손만으로 연주하다 최근 오랜 병마를 딛고 극적으로 재기에 성공해 두 손으로 연주하면서 음악팬들을 감동시킨 일이 있지요. 페라이어도 그의 전성기인 1990년대 초반과 2006년에 피아니스트에게는 사형선고나 마찬가지인 엄지손가락 뼈의 이상으로 두 차례에 걸쳐 대수술을 받았지요. 하지만 불굴의 의지로 이를 극복하고 재기에 성공하였다고 하니 음악팬들에겐 더없이 다행한 일이 아닌가 싶어요.

백년을 되살리는 '보는' 음악감상
현악4중주 a단조, Op.29 「로자문데」 슈베르트

차선생 이제 부수음악 「로자문데」에 나오는 제3간주곡을 테마로 삼은 곡을 하나 더 감상해 볼 차례이군요. 이 곡은 현악4중주 「로자문데」로 슈베르트 생전에 공식연주도 있었고 악보도 출판되었다고 해요. 곡을 들어 보기 전에 현악4중주는 어떤 악기로 구성되어 있는지 수연이가 대답해 볼 수 있을까요?

류수연 현악4중주는 제1바이올린, 제2바이올린, 비올라, 첼로로 이루어진 것으로 알고 있어요.

차선생 그래, 수연이가 음악에 대해서 기본적인 지식이 제법 탄탄한 것 같아요. 현악4중주 말이 나왔으니 말인데, 피아노 3중주처럼 피아노가 들어 있는 구성에 비해 현絃이나 관管으로만 이루어진 악곡들은 연주하기가 매우 어렵다는 말을 하더군요. 그것은 전문연주자에 해당하는 부분이니까 음악애호가들 입장에서야 그저 들어서 좋으면 될 일이겠지만……

부수음악 「로자문데」가 작곡된 지 2년 후 슈베르트는 이 「로자문데」의 제3간주곡 선율을 테마로 현악4중주곡 a단조 Op.29 「로자문데」를 작곡했어요. 인간 내면의 감성을 일깨우는 듯한 1악장 서두부의 아름답고 잔잔한 선율이 듣는 이의 눈을 지그시 감게 만들고, 이어지는 2악장의 「로자문데」 주제 선율이 마치 10년 지기를 만난 것 같은 친근함을 더해 주는 것 같아요.

지금은 슈베르트 작품 중에서 「로자문데」와 함께 가장 사랑받는 현

악4중주곡인 「죽음과 소녀」가, 당시에는 오히려 너무 파격적인 난
곡으로 여겨져 연주자들이 기피했다는 이야기도 있더군요.
　음악애호가 중에는 영상에 대한 거부감을 가진 사람들이 적지 않
은 것 같은데, 평소 DVD로 클래식 연주를 자주 보는 편인가요?

배도반 음반이 별로 없어서 자주 접하기는 어려워요. 주로 음악감상
회에 참석해 영상을 보는 편이지요. 또 이를 계기로 좋아하게 되
었고요.

차선생 그랬다니 다행이군요. 사실 영상은 나름대로 매력적인 매체라
고 봐요. 여러 가지 부수적인 효과도 큰 것 같고……. 클로즈업된
연주자나 지휘자의 표정, 그리고 연주되고 있는 악기들이 음악감
상에 직·간접으로 도움이 되죠. 특히 「볼레로」 같은 곡들은 더욱
효과적인 것 같아요. 그럼 이제 음악을 감상하도록 하죠. 한 세대
전의 LD여서 그런지 요즘 발매된 DVD보다는 화질이 많이 떨어져
다소 아쉬움은 있어요.

배도반 그래도 작품 자체가 워낙 아름다워서 큰 문제가 될 것 같지는
않아요. 선생님 말씀대로 간혹 음악을 좀 듣는다는 사람들 중에는
LD나 DVD로 음악을 감상한다면, 마치 사이비 종교를 대하듯 이

Orlando Quartet

상한 눈으로 바라보는 경향이 있어요. 그건 개인 취향 문제일 뿐인데, 단정적으로 평가하는 건 바람직하지 못한 태도가 아닐까요? 무엇보다 수준 높고 다양한 연주회를 접하기 어려운 지역에서는 영상을 곁들인 음악감상이 나름 좋은 대안이 될 수 있다고 봐요. 편견에 사로잡히는 것보다 모든 사람이 만족할 수 있는 훌륭한 영상음반을 선별하는 일이 더 중요할 것 같아요.

차선생 그 의견에 전적으로 공감하게 되는군요. 영상을 통한 음악감상이라도 그 내용이 훌륭하면 객석에서 박수가 터져 나오기까지 하지요. 지금은 듣기만 하는 시대가 아니라 보고 듣는 시대이므로 그러한 시대적인 흐름을 거역할 필요는 없다고 봐요. 음질이나 화질 모두 LD보다 DVD가 우위에 있지만, 아직 DVD로 발매되지 않은 자료는 LD만으로도 훌륭한 음악감상 자료인 셈이죠.

류수연 그런데 클래식이라는 생각을 하고 본 영상 치고는 정말 감동이었어요.

차선생 그렇죠, 수연이가 그렇게 느꼈다니 무척 기쁘네요. 이 영상은 제23회 시카고 필름 페스티벌에서 최우수상을 수상할 만큼 아름다운 화면과 다른 영상음반에서는 보기 힘든 매우 독특한 포맷이 흥미를 더해 주고 있죠.

곡이 시작되면서 연주와 바이올린을 만드는 모습이 번갈아 오버랩되다가, 곡이 끝나면서 악기도 완성되는 기발한 연출을 보여 주고 있지요. 마치 그 옛날, 악기 제작의 본고장인 이탈리아에서 최고의 장인으로 꼽히던 바이올린 제작자 스트라디바리가 살아 돌아와 악기를 만드는 모습을 영상에 담은 게 아닐까 싶은 착각을 일으키게 하죠. 사실 대부분의 사람은 바이올린이나 첼로 같은 현악기를 어떤 과정을 거쳐 만드는지 잘 모르잖아요. 악기에 맞는 나무를 고르고, 하나하나 손으로 다듬고 짜 맞춘 뒤 마지막 칠을 입히는 모든 과정을 정말 사실적으로 보여 줘 교육적인 효과까지 고려한 게 아닌가 싶어요.

올랜도 현악4중주단은 널리 알려지지 않았지만, 시종일관 진지한 자세로 최선을 다해 연주하는 모습이 땀을 흘리며 최고의 악기를 만들어 내는 장인들의 모습과 자연스럽게 겹치면서 보는 사람들이 더욱 깊은 감동을 자아내게 하죠. 무엇보다 영상 속의 짙게 배어나오는 색상이 늦가을과 더없이 어울리죠. 어느 음악교사는 이 영상을 보고 이렇게 소감을 말했어요.

저는 대학에서 음악교육을 전공하였고 현재 음악교사로 근무하고 있어요. 이곳에 와서 감상회 시작 전에 틀어 놓은 슈베르트의「즉흥곡」3번을 들으면서 그냥 듣던 곡이라는 생각만 했을 뿐 그 곡이「로자문데」에서 비롯했다는 건 몰랐어요. 지금 구체적으로 이야기하긴 좀 어렵지만, 감상회 동안 해설을 들으면서 역시 전공자와 일반 음악애호가 간에 음악을 대하는 방법이 많이 다르다는 것을 느꼈어요. 제가 슈베르트의「즉흥곡」을 처음 접했던 것이 대학교 2학년 때였던 것 같아요. 연주자가 글렌 굴드였던 것 같은데, 그때도 가장 귀에 들어왔던 곡이 바로「즉흥곡」3번이었지요. 당시에는 그냥 참 멜로딕하고 아기자기하면서 예쁜 곡이라는 생각을 하고 지나쳤는데, 오늘 「로자문데」에 얽힌 사연을 듣고 나니 참 감회가 새롭군요. 그리고 영상을 통해 감상해 본 현악4중주 「로자문데」는 정말 한 편의 영화보다 더 감동적이네요.

1 부수음악 「로자문데」 중 〈간주곡 제3번〉 슈베르트
칼 뮌힝거(지휘) / 빈 필하모닉 오케스트라

2 「즉흥곡Impropmptus」 D.935, No.3 B♭장조, Op.142 슈베르트
머레이 페라이어(피아노)

3 현악4중주 a단조, Op.29 「로자문데Rosamunde」 슈베르트
Ⅰ 알레그로 마 논 트로포 | Ⅱ 안단테 | Ⅲ 메뉴에토 알레그레토 | Ⅳ 알레그로 모데라토
올랜도 현악4중주단

10
track

음악의 잔칫상을 즐겨 볼까요

: 모음곡

덴마크 시인에게 바치다

「홀베르그」 **모음곡** 에드바르트 그리그

_{류수연} 작곡가들은 사람 이름을 곡의 제목으로 사용하는 경우가 있잖아
요. 거기 등장하는 사람은 누구일지 가끔 궁금할 때가 있더라고요.
_{차선생} 전혀 예상하지 못한 질문이군요. 정말 생각해 보니 인명이 곡
의 제목으로 쓰인 경우가 적지 않은 것 같아요. 당장 머릿속에 떠

시인 홀베르그

오르는 것만 해도 「에그몬트」, 「코리올란」, 「탄호이저」, 「틸 오일렌슈피겔」, 「리엔찌」, 「페르 귄트」, 「로자문데」, 「오텔로」, 「파우스트」……. 어때요, 의외로 많지 않나요?

이들 가운데는 신화나 전설, 민담 속에 나오는 영웅도 있고, 시대를 대표하는 뛰어난 예술가도 있으며, 문학 속에 나오는 희비극의 주인공도 있네요.

류수연 그런데 우리가 이번에 감상할 음악 속의 '홀베르그' 는 어떤 사람인가요?

차선생 홀베르그Ludwig Holberg(1684~1754)는 바흐와 같은 시대인 18세기에 실존했던 덴마크의 저명한 시인이에요. 그가 작품 활동을 할 당시만 해도 노르웨이와 덴마크는 하나의 나라였어요. 홀베르그는 왕성한 저술 활동으로 문학 발전에 크게 기여해 국민들의 추앙을 받았다고 해요. 작곡가 그리그Edvard Hagerup Grieg(1843~1907)도 그를 무척 존경해, 1884년 홀베르그의 탄생 200년을 기념해 그 시대의 양식을 사용한 이 모음곡을 썼다고 해요. 처음에는 피아노곡이었으나 1885년에 그리그가 현악 합주곡으로 편곡했어요.

배도반 이 모음곡은 바흐나 헨델의 그것처럼 바로크 시대에 사용하던 형식을 그대로 사용했다는 점이 독특하군요.

차선생 곡의 형태가 바로크 시대의 옛 모음곡 형식과 비슷한 5개 부분 (제1곡 〈전주곡〉 ~ 제2곡 〈사라반드〉 ~ 제3곡 〈가보트〉-〈뮈제트〉-〈가보트〉 ~ 제4곡 〈아리아〉 ~ 제5곡 〈리고동〉)으로 구성되어 있는데, 전체적인 곡의 분위기가 밝고 산뜻해 마치 모던한 바로크 음악을 듣고 있다는 느낌을 받아요. 그래서 이 작품은 옛 무곡 형식으로 쓰이긴 했지만, 이탈리아 작곡가 레스피기Ottorino Respighi가 그랬던 것처럼 과거와 현대가 적절히 잘 조화되어 세월의 차이에 따른 위화감을 거의 느낄 수 없을 정도로 자연스럽지요.

철의 장막으로 찾아온 아메리카의 소리
「재즈 모음곡」 2번, Op.50b 드미트리 쇼스타코비치

차선생 영화나 TV 드라마에 삽입되는 음악을 종종 듣다 보면, 담당자는 어떻게 저 음악을 골라냈을까, 그 탁월한 감각에 감탄이 절로 나올 때가 많아요. 클래식을 좋아하는 사람이 점점 줄어들면서 클래식 음악의 위기설까지 제기되지만, 영화나 드라마, 각종 광고에서는 여전히 클래식 음악을 사용하고 있어요.

그중에서도 가장 상징적인 곡은 아무래도 모짜르트의 「피아노 협주곡 제21번」이 아닐까 싶어요. 이 곡은 아예 「엘비라 마디간」이라는 영화제목을 표제처럼 사용하고 있을 정도로 대중음악 이상의 지명도를 누리고 있고, 또 그 수를 헤아리기 힘들 만큼 많은 리메이크 곡을 양산하기도 했지요.

클래식 음악은 처음 영화의 사운드 트랙에 사용되었을 때만 해도 매우 이례적인 경우로 인식되었지만, 지금은 장르를 불문하고 다양한 작곡가의 작품이 폭넓게 사용되고 있더군요. 쇼스타코비치의

「재즈 모음곡」도 그중 하나에 속하지요. 그렇지 않았더라면 이 곡이 지금처럼 대중적인 인기곡이 될 수 있었을까요?

배도반 쇼스타코비치는 사회주의 혁명 이후의 스탈린 시대에 활동한 작곡가인데 서방세계 음악의 상징인 재즈가 곡의 제목으로 쓰였다는 것이 놀랍군요?

차선생 언급한 대로 쇼스타코비치는 때로 생사를 넘나든다는 표현이 적절할 만큼 어려운 시기에 음악 활동을 한 작곡가임에 틀림없어요. 창작의 자유가 보장되지 않는 사회주의 체제에서 마치 곡예를 하듯 아슬아슬하게 피해 다니며 자신의 음악적 정체성을 지켜 낸다는 건 아무나 할 수 있는 일이 아니죠. 아마 쇼스타코비치처럼 음악에 대한 소신과 실력이 뒷받침되지 않았다면 불가능한 일이었다고 봐요. 쇼스타코비치는 극적인 삶만큼이나 생전과 사후의 평가도 극명하게 달랐어요.

하지만 「재즈 모음곡」은 그가 자신의 음악적인 운명을 걸고 모험을 걸었다고 할 만큼 중요한 의미를 가졌다기보다, 작곡가로서 한때 가진 음악적인 호기심에서 쓴 작품이라고 보는 게 타당할 것 같아요.

류수연 그럼 쇼스타코비치가 가졌다는 호기심은 구체적으로 어떤 것이었나요?

차선생 그것은 쇼스타코비치가 음악적으로 다양한 욕구를 품고 있던 젊은 시절의 이야기예요. 얼음처럼 살벌한 시대에도 소련 내에서는 서방의 재즈 뮤지션들이 활동하고 있었어요. 물론 소련 내 일각에서는 이들을 바라보는 시선이 곱지 않았지만, 재즈 뮤지션들을 지지하는 사람들도 분명 존재했어요. 쇼스타코비치도 이들과 교류하면서 자연스레 재즈라는 장르에 관심을 갖게 되었죠.

배도반 생각하기에 따라 관심을 가진다는 것과 작품을 쓴다는 것은 별개의 일일 수 있는데, 결과적으로 쇼스타코비치는 「재즈 모음곡」이라는 이색적인 제목의 곡을 남겼군요. 어떤 의도에서였을까요?

차선생 당시 서방에서 들어온 뮤지션들이 구사하는 재즈

쇼스타코비치의 캐리커처

는 실제로 대중적인 연주음악instrumental music 정도의 그저 그런 수준이었나 봐요. 쇼스타코비치는 이러한 재즈를 보다 높은 차원으로 끌어올리기 위해 만들어진 재즈 경연대회에 참가하기 위해 「재즈 모음곡」 1번을 작곡하게 되지요.

이어 작곡한 「재즈 모음곡」 2번은 경연대회에 출품하려고 했던 1번과 달리 재즈 악단을 위해 만들었는데, 빅토르 크누셰비츠키 Victor Knushevitsky가 지휘하는 재즈 국립악단이 바로 그 주인공이에요.

결국 「재즈 모음곡」은 재즈라는 새로운 장르의 음악에 대한 작곡자의 관심과 이 음악을 활성화시켜 보고자 하는 시도로 탄생한 작품들이죠.

「재즈 모음곡」 1번은 〈왈츠〉-〈폴카〉-〈폭스트로트〉로 이루어진 3악장 구성이며, 2번은 그보다 훨씬 많은 8곡으로 이루어져 있는데, 〈행진곡〉-〈서정적 왈츠〉-〈댄스1〉-〈왈츠1〉-〈작은 폴카〉-〈왈츠2〉-〈댄스2〉-〈피날레〉가 그것이에요.

「재즈 모음곡」 2번에서 가장 인기가 높은 곡은 단연 〈왈츠2〉예요. 특유의 선동적인 느낌의 리듬이 섬뜩한 느낌을 준다는 사람도 있

더군요. 하지만 왈츠라는 무곡의 흥겨움 속에 멜랑콜리한 감성과 냉소의 느낌이 숨어 있어 무척 흥미롭지요. 어쨌든 이 곡은 교향곡 작곡가로서 쇼스타코비치가 가진 또 다른 음악적 재능이 멋지게 발휘된 곡이라고 생각해요.

배도반 이 곡의 연주로 추천할 만한 음반은 어떤 것이 있을까요?

차선생 인기가 높은 곡이라 편집 음반은 물론 전곡 음반까지 다양하게 접할 수 있어요. 저는 비록 러시아 출신은 아니지만 리카르도 샤이가 로열 콘세르트헤보 오케스트라와 연주한 음반을 추천하고 싶군요. 지휘자와 악단의 역량이 곡의 세세한 부분까지 미쳐 가장 안심하고 선택할 수 있을 것 같아요.

세상의 모든 새소리
모음곡 「새」 오또리노 레스피기

류수연 이번에 감상할 음악의 작곡가 레스피기는 '성악의 나라', '오페라의 나라' 이탈리아에서 태어났는데, 주로 관현악을 작곡했다는 사실이 특이하네요.

차선생 잘 알려진 대로 레스피기는 묻힌 옛 음악을 현대적으로 되살린 회고주의적인 작곡가로 알려져 있어요. 음악의 리모델링 전문가라고 하면 어떨까요? 그는 특히 1913년 로마 산타체칠리아 음악원의 교수가 되어 학교 도서관의 풍부한 문헌을 자유롭게 이용하면서 회고적이고도 향수 짙은 음악적 색채를 더욱 강하게 표출해요. 「류트를 위한 옛 아리아 와 옛 춤곡Ancient airs and dances」이 좋은 예라고 할 수 있어요.

이 곡은 레스피기가 16~17 세기의 이름도 없는 여러 작곡가의 작품에 영감을 받 아, 자기 특유의 우아한 관

부인과 함께한 레스피기

현악법으로 거듭나게 한 작품이에요. 원곡의 특징을 잘 살리면서 도, 그 이상의 아름다운 곡을 만들어 현대에 소개한 거죠.

모음곡 「새」도 그러한 작품 가운데 하나인데, 1927년 로마 산타체 칠리아 음악원의 교장으로 있을 때 작곡했어요. 그해 6월 브라질 상파울루 시립극장에서 작곡자 자신의 지휘로 초연되었어요.

류수연 5곡 모두 각각의 새 이름이 표제로 붙어 있군요. 참 재미난 발 상이네요.

차선생 그래요. 아무도 눈여겨보지 않은 것들이지만, 자신만의 아이디 어로 새롭게 포장하면 얼마든지 사람들의 사랑을 받을 수 있다는 사실을 보여 준 것 같아요. 레스피기 말고도 새에 관심이 많았던 작곡가로 올리비에 메시앙Olivier Messiaen(1908~1992)을 들 수 있는 데, 그는 특히 새소리를 음악으로 표현하는 문제에 관심이 많았다 고 해요. 결국 그는 「새의 카탈로그」라는 장장 3시간짜리 작품으로 자신이 파고들었던 관심의 결실을 거두었어요. 이처럼 자연이나 동물을 소재로 쓰인 작품들을 감상하면, 괜스레 주변의 공기가 맑

아지는 것 같은 신선함을 느껴요.

그럼 「새」의 5곡을 차례차례 살펴볼까요.

제1곡 〈전주곡〉은 파스퀴니 Bernardo Pasquini(1637~1710)의 원곡을 바탕으로, 바이올린의 가벼운 움직임 위에서 목관이 뻐꾸기 울음 소리를 흉내내고 있어요.

제2곡 〈비둘기〉는 17세기 프랑스의 유명한 류트 연주자 집안의 일원인 작곡가 갈로Jacque de Gallo(1670~?)의 「쿠랑트」라는 춤곡을 바탕으로, 레스피기의 감각적인 오케스트레이션으로 새의 아름다운 이미지를 부각시키고 있어요.

제3곡 〈암탉〉은 『화성론』으로 유명한 프랑스 작곡가 라모Jean Phillipe Rameau(1683~1764)가 1726년에 파리에서 발표한 〈암탉La Poule〉을 원곡으로, 모이를 찾아 돌아다니는 암탉의 오만한 모습을 풍자적으로 묘사하고 있어요.

제4곡 〈나이팅게일〉은 17세기 영국의 작자 불명의 곡을 원곡으로, 피콜로나 플루트가 새의 울음소리를 아름답게 묘사하고 있어요.

마지막으로 〈뻐꾸기〉는 파스퀴니의 「뻐꾹새 울음소리를 가진 토카타Toccata collo Scherzo del Cuc」를 원곡으로, 플루트가 뻐꾸기 소리를 시늉하고 있지요.

특히 마지막 코다에서 1곡의 서주가 힘차게 재현되는 점은 재미있는 시도인 것 같아요.

배도반 이제 음반 소개로 마무리하면 되겠군요?

차선생 레스피기의 「새」는 안탈 도라티가 지휘한 머큐리의 LP 음반이 가장 좋았던 것 같아요. 뱅가드와 텔라크 레이블에서 나온 CD도

갖고 있지만 전체적인 여유로움이나 악기로 표현되는 새소리의 세
밀한 뉘앙스 같은 부분에서 안탈 도라티의 관록에 찬 연주가 돋보
이는 것 같더군요. 게다가 예쁜 음반 재킷도 한몫하지요.

 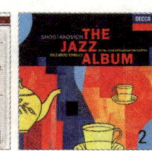 

1 「홀베르그Holberg」 모음곡 에드바르트 그리그
　제1곡 〈전주곡Prelude〉 | 제2곡 〈사라반드Sarabande〉 | 제3곡 〈가보트Gavotte〉 - 〈뮈제트
　Musette〉 - 〈가보트Gavotte〉 | 제4곡 〈아리아Aria〉 | 제5곡 〈리고동 Rigaudon〉
　레이몬드 레파드(지휘) / 잉글리쉬 챔버 오케스트라

2 「재즈 모음곡Jazz suite」 2번, Op.50b 드미트리 쇼스타코비치
　제1곡 〈행진곡March〉 | 제2곡 〈서정적인 왈츠Lylic waltz〉 | 제5곡 〈리틀 폴카Little polka〉 |
　제6곡 〈왈츠2Waltz2〉
　리카르도 샤이(지휘) / 로열 콘서트헤보 오케스트라

3 모음곡 「새Gli Uccelli」 오또리노 레스피기
　제1곡 〈전주곡Prelude〉 | 제2곡 〈비둘기La Colomba(The Dove)〉 | 제3곡 〈암탉La
　Gallina(The Hen)〉 | 제4곡 〈나이팅게일 L' Usignuolo(The Nightingale)〉 | 제5곡 〈뻐꾸기
　Il Cuc」(The Cuckoo)〉
　안탈 도라티(지휘) / 런던 심포니 오케스트라

세상을 넘나드는
줄과 관의 선율
: 악기의 향연

| '잉글리시 호른'으로 듣는 스크린의 감동 |

사슴 사냥꾼의 전쟁의 비극

「카바티나」스탠리 마이어스

차선생 수연이는 혹시 「디어 헌터」라는 영화를 알고 있나요? 1978년
에 나온 영화이니 잘 모를 수도 있겠군요. 명배우 메릴 스트립과

로버트 드 니로가 주인공으로 나왔는데, 이듬해 아카데미영화제에서 작품상, 감독상, 남우조연상, 편집상, 음향상 5개 부문을 휩쓸어 작품성을 인정받기도 했어요.

제게는 '사슴 사냥꾼Deer Hunter' 이란 제목처럼 잊히지 않는 장면이 하나 있어요. 안개가 자욱한 산 속의 이른 새벽녘에 사슴을 발견한 사냥꾼이 사냥총을 조준하고 있는데, 정작 목숨이 경각에 달린 사슴은 무심한 눈빛으로 사냥꾼을 멀거니 응시하고 있어요. 사냥꾼은 결국 방아쇠를 당기지 못하죠.

류수연 그럼 단순히 사슴 사냥꾼에 관한 영화인가요?

차선생 그렇진 않아요. 그건 영화 속 한 장면일 뿐이고, 영화 내용은 베트남전쟁에 관련된 것이에요.

미국 펜실베이니아의 작은 철강 도시 클레이튼의 노동자였던 젊은이들이 베트남전쟁에 참전하지만, 포로가 되어 온갖 비인간적인 행위에 고통받다가 끝내 정상적인 생활로 돌아오지 못한다는 줄거리예요. 특히 영화 속에는 목숨을 담보로 내기를 벌이는 러시안룰렛 게임이 등장하면서 극적인 긴장감을 조성해요. 하지만 베트남에는 이렇게 비인간적인 러시안룰렛이 존재하지 않는데, 사실을 왜곡해 그들을 철저한 악으로 묘사했다고 비판을 받기도 했어요. 전쟁이 얼마나 참혹하고 또 인간을 철저하게 망가뜨릴 수 있는지 보여 주는 영화라고 파악하면 될 것 같아요. 베트남전쟁을 다룬 영화는

영화 「디어 헌터」의 포스터

수없이 많았지만, 「디어 헌터」는 그중에서도 색다른 관점으로 접근했던 작품이죠.

류수연 이번에 들을 곡이 바로 「디어 헌터」에 나오는 테마 음악이죠. 영화 내용처럼 어둡고 무거운 분위기의 음악일 것 같은데 맞나요?

차선생 꼭 그렇지는 않아요. 「카바티나」라는 제목의 이 곡은, 수연이 말처럼 영화의 비극적인 부분을 더욱 깊게 만드는 역할도 하지만, 곡 자체만큼은 정말 아름다워요.

이 곡은 스탠리 마이어스Stanley Myers가 작곡하고 존 윌리엄스가 기타로 연주해 널리 알려졌어요. 이번에 감상할 연주는 드보르자크의 「신세계 교향곡」 2악장 서두의 유명한 선율을 담당하는 악기인 잉글리시 호른이 맡고 있어요. 잉글리시 호른 특유의 어두운 음색이 듣는 사람의 마음을 더욱 찡하게 만드는 것 같아요.

이방인이 건네는 화해의 음표
「가브리엘의 오보에」 엔니오 모리코네

차선생 1984년에 영화 「킬링필드」로 데뷔하며 세간의 주목을 받았던 롤랑 조페 감독이 연출한 「미션」은 1986년 제5회 칸영화제에서 그랑프리인 황금종려상을 받았어요.

「미션」은 1750년경 파라과이와 브라질의 국경 부근에서 일어난 실화를 토대로 만들어졌어요. 원주민들에게 선교 활동을 벌이는 두 선교사의 대조적인 모습을 통해 진정한 종교의 모습은 무엇이고,

정의는 어떤 것이어야 하는가, 메시지를 던져 준 의미 있는 영화였어요. 배도반은 이 영화를 보았나요?

배도반 물론 봤지요. 저는 이 영화를 보면서 제국주의 국가가 제3세계 국가들에 저지른 만행을 떠올렸어요. 「미션」에 나오는 남미뿐만 아니라 아프리카도 그렇잖아요. 제국주의 시대에 유럽 열강이 아프리카를 침략해 식민지로 나누는 과정에서 마치 어린 시절에 땅따먹기 하듯 자를 대고 임의로 국경선을 그었잖아요. 아프리카 지도를 펴 보면 많은 나라의 국경선이 직선으로 그어져 있다는 사실을 쉽게 확인할 수 있어요. 지금도 아프리카의 많은 지역이 내전 상태에 있거나, 인종과 종교 분쟁의 불씨를 안고 있는데, 그 근본적인 원인이 민족과 종교를 무시한 국경 분할에 있었다는 거지요. 「미션」은 남미에서도 이와 비슷한 상황이 있었다는 걸 잘 보여 주고 있더라고요.

차선생 시대적인 상황은 그렇게 정리해 볼 수 있겠군요. 이제 음악으로 다시 돌아가도록 하죠. 이 영화에 나오는 한 곡의 음악 때문에 소름이 돋을 만큼 감동받았다는 사람이 많더군요. 바로 「가브리엘의 오보에」란 곡을 두고 하는 말이에요.

영화 속에서 무거운 임무를 부여받은 가브리엘 신부는 죽음을 무릅쓰고 원주민 과라니족이 사는 곳으로 들어가기 위해 엄청난 물이 쏟아지는 이구아수 폭포를 힘겹게 기어오르지요. 간신히 폭포 위에 도착한 가브리엘 신부는 몇 발짝 내딛지도 못한 채 과라니족과 마주치고, 금방이라도 숨이 멎을 것 같은 긴박한 상황에서 그는 가지고 있던 오보에를 연주하기 시작하죠. 말보다 음악으로 먼저 대화를 시도한 것이에요. 음악이 흐르는 동안 모든 것이 정지되어 버린 듯 너나없이 아름다운 선율에 빠져들고, 이를 통해 서로 간에 마음의 벽을 허무는 소통이 자연스럽게 이루어지지요.

이 장면은 마치 형무소 내에서 모짜르트의 오페라 「피가로의 결혼」의 "저녁바람이 부드럽게……"라는 이중창이 흘러나오자, 도저히 일어날 수 없는 돌발 상황에 모두들 넋을 잃고 건물 꼭대기에 매달린 스피커만을 쳐다보던 장면을 멋지게 연출한 영화 「쇼생크 탈출」을 생각나게 해요. 마치 음악의 힘이 얼마나 위대한지 보여 주기라도 하려는 듯 말이지요. 그 짧은 순간에도 사람들은 카타르시스를 경험했을지 모르겠군요.

영화 음악의 살아 있는 전설인 엔니오 모리코네가 만든 「가브리엘의 오보에」는 이렇듯 영화음악사에 길이 빛날 명곡 중의 명곡임이 분명해요.

배도반 잉글리시 호른이라는 악기를 연주하는 솔리스트는 좀처럼 찾아보기 어려운데, 토마스 스테이시Thomas Stacy라는 연주자의 이름은 듣는 것만으로도 새삼스럽다는 느낌이에요.

차선생 옳은 얘기예요. 저도 이 음반에서 처음 만나는 연주자인데, 자료를 찾아보니 토마스 스테이시는 『뉴욕타임스』가 '잉글리시 호른의 하이페츠' 라 평가했을 정도로 최고의 지명도를 가진 실력파 연주자라는 점을 참고하면 되겠어요.

독일 여인에게 바치는 노래

「귀여운 꽃」 시드니 베쳇

배도반 「귀여운 꽃」은 한때 FM 라디오의 한 영화 음악 프로그램 시그널로 많이 들었어요. 그래서 오히려 제목이 생소하게 느껴지는군요. 클라리넷의 굵직한 저음에 실려 나오는 우수 어리면서 아름다운 선율이, 클래식 악기로만 여기던 기존의 클라리넷 연주와는 또 다른 매력을 느끼게 하네요.

차선생 이 곡의 작곡가 시드니 베쳇Sidney Bechet(1897~1959)은 재즈 발상지인 뉴올리언스 출생으로, 주로 소프라노 색소폰과 클라리넷을 연주한 재즈 음악가라고 해요. 그는 재즈 역사상 최초의 임프로비제이션Improvisation(즉흥 연주) 플레이어로 유명했다는 기록을 남겼더군요.

배도반 그랬군요! 그동안 이 곡이 재즈 음악이라고 생각하지 못했어요. 시드니 베쳇이 재즈 음악가인 것도 마찬가지이고요. 반음계가 많이 사용된 걸 보면 정말 재즈 음악이 맞나 봐요.

차선생 반음계를 사용했다고 모두 재즈라고 할 수는 없죠. 하지만 재즈 특징 중 하나이기는 하죠. 저도 시드니 베쳇은 이 곡 때문에 알게 되었어요.

류수연 곡의 분위기를 보면 사랑하는 연인과 관련된 곡 같아요.

차선생 시드니 베쳇은 말년에 파리에 거주하면서 흑백의 장벽을 극복

시드니 베쳇의 클라리넷 연주 모습

하고 엘리자베스 지글러라는 독일 여성과 결혼했어요. 「귀여운 꽃」
은 바로 그녀를 위해 만든 곡이라고 해요.

악보는 1952년에 출판되었고, 6년이 지난 1958년에 세계적인 히트
곡이 되었어요. 뒤에 수많은 사람이 이 곡을 편곡해 연주하였는데,
애커 빌크도 그중 한 명이었어요. 또 이 곡은 다양한 가사에 실려
노래로도 불리었는데, 그중 하나를 소개해 볼게요.

귀여운 사이네리아 예쁜 그 이름같이 아름다워라

귀여운 그대는 내 사랑 연한 숨결 번지면

정열에 타는 불길 새까만 눈동자가

이 좁은 가슴속을 살며시 흔들어 주네

귀여운 사이네리아 사랑스런 이 세상의 꽃이여

비둘기의 꿈 지닌 작은 이 가슴

언젠가 사랑의 움이 트겠지

귀엽고 슬기로운 그 이름 귀여운 이 세상의 꽃이여

딸의 이름으로 떠오른 감미로운 멜로디

「해변의 길손」 로버트 멜린

차선생 「해변의 길손」은 예전 팝송을 즐겨 들었다면 모르는 사람이 거의 없을 정도로 유명한 곡이에요. 앤디 윌리엄스의 감미로운 목소리도 좋지만, 무드 만점인 애커 빌크Acker Bilk의 클라리넷 연주가 단연 돋보이지요. 가끔 프랭크 시나트라의 「스트레인저 인 더 나이트Strangers in the night」와 혼동했던 기억도 나는군요.

배도반 음악을 듣는 취향만큼 세대 차이를 느끼게 하는 것도 없을 것 같아요. 하지만 명곡은 예나 지금이나 꾸준히 사랑받고 있다는 점이지요. 애커 빌크의 클라리넷 연주로 듣는 「해변의 길손」은 그 옛날의 아련한 추억을 떠오르게 해요.

차선생 애커 빌크는 중산모와 조끼 차림으로 유명한 영국의 클라리넷 주자예요. 「해변의 길손」은 그가 1961년에 발표한 음반에 수록되어 있어요. 원래 제목은 「제니 Jenny」였는데, 이 곡이 영국의 TV 드라마 「해변의 길손」 주제곡으로 쓰이면서 곡명이 바뀌었다고 해요. 이 곡은 미국과 영국에서 선풍적인 인기를 끌었는데, 클라리넷 특유의 애수에 젖은 음색이 정말 매력적이에요. 이 곡은 택시 안에서 작곡했다고 전해지는데, 「제니」라는 제목은 애커 빌크의 딸이 이 곡을 쓰는 데 영감을 주었기 때문이라는군요.

류수연 가사가 붙여진 노래도 인기를 끌었다고 했는데, 어떤 내용을 담고 있나요?

차선생 멜로디는 감미롭지만, 로버트 멜린Robert Mellin이 쓴 노랫말은

사랑하는 사람을 저 멀리 떠나보낸 쓸쓸함이 진하게 묻어나는 내
용이에요.

나만 혼자 해변에 서서
언제나 쓸쓸히 임의 꿈을 꾸네
나의 행복을 싣고 임은 가네
언제나 쓸쓸히 저 멀리 떠나네
바람 부는 날에 파도치는 밤에
언제나 애타게
그 이름 부르네
임이여!
사랑의 행복을 싣고
언제나 쓸쓸히 저 멀리 떠나네

│ '첼로', 슬픔의 깊이를 자아내는 현의 선율 │

베를린을 울린 코리아의 슬픔
「비가」 Op.3-1 신동춘 시 / 김연준 작곡

차선생 수연이는 우리 민요 「아리랑」에 대해서 진지하게 생각해 본 적
이 있나요?

류수연 솔직히 그런 적이 별로 없었던 것 같아요. 「아리랑」은 우리에

게 물이나 공기 같은 노래잖아요. 어떤 의미를 생각하고 듣기보다 몸이나 마음으로 자연스레 느끼게 되는 것 같아요. 특히 곡 자체가 좀 슬픈 곡조여서 더 그런 기분이 들겠죠.

배도반 우리가 잘 모를 뿐이지 어느 나라나 「아리랑」처럼 슬프고 애조를 띠는 음악은 있기 마련이죠. 인간의 운명이란 게 마냥 즐겁고 행복한 삶을 누릴 수만은 없잖아요. 누구라도 삶이 힘들고 고통스러운 순간이 찾아오기 마련인데, 그럴 때 사람들은 넋두리처럼 어떤 노래를 토해 내고는 하죠. 우리가 즐겨 듣는 나폴리 민요나 러시아 로망스도 그런 내용이 많잖아요. 민족과 국경을 초월해 애조 띤 음악들이 사랑받고 있는 것은, 바로 그것이 우리의 삶 자체이기 때문이겠죠.

차선생 그런 의미에서 다시 슬픈 음악을 한 곡 들어 볼까요. 「청산에 살리라」를 비롯해 평생 동안 1,600곡이 넘는 가곡을 작곡한 김연준 선생이 남긴 작품 중에 「비가」라는 곡이 있어요. 유난히 슬픈 선율로 듣는 이의 심금을 울리는 이 곡은 세계적인 첼리스트 미샤 마이스키가 편곡하여 자신의 음반에 싣기도 했고, 2002년 베를린 필하모닉의 발트뷔네 콘서트에서 마리스 얀손스의 지휘로 연주되기도 했지요. 베를린에서 열린 세계적인 야외음악회에서, 그것도 베를린 필하모닉 오케스트라에 의해 우리 가곡이 연주되었다는 사실은 매우 획기적인 일이라고 봐요. 그리고 수많은 청중이 어느 나라 음악인지도 잘 모르는 이 곡을 듣고 박수치는 장면도 예사롭지 않아 보이고요. 인터넷에서 이 동영상을 볼 수 있으니 참고삼아 한번 찾아보세요. 그런데 아쉬운 점은 이 곡에 대한 해설을 거의 찾을 수 없다는 것이에요. 제 노력이 부족한 탓도 있겠지만, 우리나라를 대표하는 가곡인데 외국 곡보다 자료를 얻기가 더 어려워요. 가곡은 가사를 싣는 것만으로 충분하다고 생각할지 모르지만, 어떤 연유로 작곡을 하게 됐는지, 어느 부분을 집중해 들으면 좋은지…… 그 의미를 나름대로 파악할 수밖에 없다는 게 안타까워요. 고인이 되신 작곡가에게 더는 여쭤 볼 수도 없는 노릇이고.

병든 천재에게 바치는 나직하고 격정적인 음악
「재클린의 눈물」 자크 오펜바흐

차선생 '애수'의 느낌을 말할 때 오펜바흐Jacques Offenbach(1819~1880)의 「재클린의 눈물」을 빼놓을 수가 없죠. 한동안 우리나라에서 큰 인기를 누린 곡인데, 첼리스트 베르너 토마스Werner Thomas가 오펜바흐의 미발표 곡 중에서 처음 발굴해 연주한 후로, 지금은 많은 첼리스트의 단골 레퍼토리가 되었어요. 첼로의 묵직하면서도 나직한 선율에 실린 끓어오르는 듯한 슬픔이 때론 애잔하게, 때론 격정적으로 흐르다 아스라이 사라지는 것이 정말 한 편의 아름다운 비가예요.

배도반 이 곡은 베르너 토마스가 첼리스트 재클린 뒤 프레Jaqueline du Pre(1945~1987)에게 바친 곡으로 알고 있어요. 재클린은 스물여섯 한창 나이에 다발성 경화증이라는 희귀병에 걸려 안타깝게도 42세에 요절한 비운의 첼리스트잖아요. 베르너 토마스가 붙인 것으로 알려진 「재클린의 눈물」이란 제목도, 다분히 재클린 뒤 프레를 의식한 것처럼 보여요.

차선생 그렇게 알고 있는 음악애호가들도 많지만 재클린 뒤 프레와는 전혀 상관이 없다고 주장하는 견해도 많아요. 우리가 그 문제의 결론을 내릴 일은 아니지만 참고해 볼 필요는 있지요.

| '해금', 두 가닥 줄의 한과 역사 |

우리만이 되살릴 수 있는 정서
「아리랑」, 「한오백년」

배도반 아까 수연이가 「아리랑」은 우리에게 물이나 공기 같은 음악이어서 그냥 자연스레 받아들인다고 말했잖아요. 그만큼 익숙한 이름이라는 뜻이기도 하겠죠.

차선생 「아리랑」은 우리 전통 민요의 상징 같은 존재이지만 평소에도 자연스럽게 접할 수 있기 때문인지 일부러 음반을 구입해서 듣게 되지는 않더군요. 그런데 요즘은 우리나라 연주자뿐만 아니라 조지 윈스턴이나 크리스 글래스필드 같은 외국의 유명한 연주자들이 이 곡을 자신의 음반에 수록한 것을 보면서 좀 더 관심을 가져야겠다고 생각하게 되었어요. 비록 이 두 사람의 「아리랑」 연주가 사랑하는 임을 떠나보내는 애절함과 안타까움을 제대로 표현하고 있지는 못하지만, 그들의 스타일대로 뉴에이지풍의 담백한 연주가 나름대로 인상적이었어요. 한편으로 우리 것에 관심을 가지는 그들이 고맙기도 했고요.

류수연 그래서 「아리랑」은 우리나라 사람이 연주해야만 우리의 정서를 제대로 담아낼 수 있다는 말로 받아들이면 되겠군요.

배도반 해금 연주자 정수년이 「아리랑」을 연주한 음반이 출시된 줄 몰랐어요.

차선생 국악을 잘 모르는 사람도 편안하게 들을 수 있는 음반이에요. 해금이라는 정통 국악기 외에도 기타나 신디사이저, 퍼커션 등이 참여하는 퓨전 음반이에요. 여기에 색소폰까지 어우러져 재즈 분위기도 연출하는 등 이제껏 들어왔던 「아리랑」과는 전혀 다른 분위기를 만들어내고 있더군요. 하지만 해금의 가장 대표적인 연주자인 정수년의 감칠맛 나는 음색은 피아노나 기타와는 비교할 수 없는 애절함으로 「아리랑」이 지닌 정서를 잘 표현하고 있어요.

류수연 그런데 해금은 어떤 악기인가요, 모양은 더러 봤지만 유래나 특징에 대해서는 아는 게 없어요.

차선생 해금은 중국 변방의 유목민족인 해족으로부터 전래되었다고 해요. 줄과 줄 사이에 말총으로 만든 활을 끼워 넣고 두 줄을 문질러 소리를 내는 찰현악기로 중국의 얼후二胡, 일본의 고큐胡弓와 유사하다고 볼 수 있어요.

배도반 우리의 대표적인 민요인 「한오백년」을 해금으로 연주하면 정말 잘 어울릴 것 같아요. 노래의 분위기와 악기 음색이 정서적으로 딱 들어맞을 것 같거든요.

차선생 「한오백년」은 「강원도아리랑」, 「정선아리랑」과 더불어 강원도를 대표하는 민요이지요. 제목은 이 노래의 후렴에서 유래했다고 전해요. 가락과 가사가 인생의 한을 읊으면서도 생생한 흥겨움을 지니고 있어서 누구에게나 친숙한 노래이기도 하고요. 그래서 국악인, 대중가수 가리지 않고 수많은 사람이 「한오백년」을 불렀어요. 해금 연주자 정수년도 캐나다 재즈 그룹 '아발론 모텔Avalon Motel'과 새로운 연주를 선보였죠.

우리의 전통악기가 우리의 음악을 새롭게 되살리는 모습을 보면서, 우리의 음악도 언젠가 나폴리 민요처럼 전세계에 알려질 그 날을 손꼽아 기대해 보게 돼요.

1 '잉글리시 호른'으로 듣는 스크린의 감동
　1) 「카바티나Cavatina」 영화 「디어 헌터」 중 스탠리 마이어스
　2) 「가브리엘의 오보에Gabriel's Oboe」 영화 「미션」 중 엔니오 모리코네
　토마스 스테이시(잉글리쉬 호른) / 케네스 햄릭(하프시코드)

2 '클라리넷'으로 듣는 재즈와 추억의 선율
　1) 「귀여운 꽃Petite Fleur」 시드니 베쳇
　2) 「해변의 길손Stranger on the shore」 로버트 멜린
　애커 빌크(클라리넷) / 레온 영 스트링

3 '첼로', 슬픔의 깊이를 자아내는 현의 선율
　1) 「비가Elegie」 Op.3-1 김연준
　미샤 마이스키(첼로) / 세르지오 티엠포(피아노)
　2) 「재클린의 눈물Les larmes du Jacqueline」 자크 오펜바흐
　베르너 토마스(첼로) / 한스 슈타틀마이어(지휘) / 뮌헨 챔버 오케스트라

4 '해금', 두 가닥 줄의 한과 역사
　「아리랑」, 「한오백년」
　정수년(해금) / 아발론 모텔

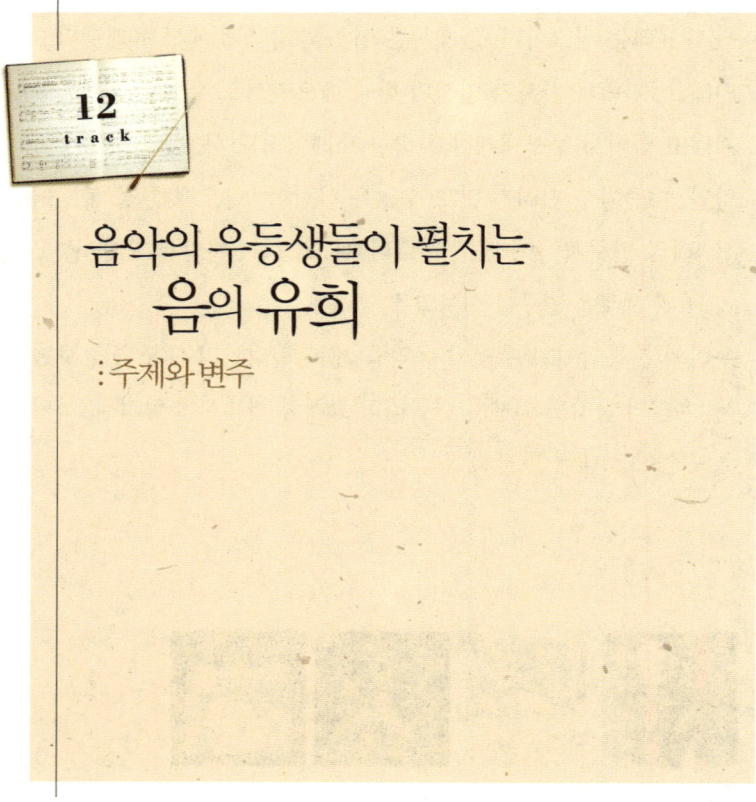

음악의 우등생들이 펼치는
음의 유희
: 주제와 변주

차선생 음악 형식 중에서 하나의 주제나 동기를 다양하게 변화시켜나 가는 것을 변주라고 해요. 이러한 방법으로 쓴 악곡을 '변주곡vari- ation'이라고 하는데, 이 변주곡이야말로 작곡과는 또 다른 새로운 창작의 세계이며, 이를 통해 작곡가가 자신의 음악 역량을 무한히 펼칠 수 있는 매력적인 분야라고 생각해요.

바흐의 「골드베르크 변주곡」, 베토벤의 「디아벨리 변주곡」과 「에로 이카 변주곡」, 모짜르트의 「어머니께 말씀 드릴게요 주제에 의한 변주곡」, 차이코프스키의 「로코코 주제에 의한 변주곡」, 엘가의 「수수께끼 변주곡」은 지금도 음악애호가의 많은 사랑을 받고 있어요.

이번에 감상할 음악은 슈베르트의 가곡 「송어」와 이 선율을 주제로 한 피아노 5중주의 4악장인 주제와 변주예요. 이번 순서를 통해 변주곡에 대한 관심을 조금이나마 높일 수 있는 계기가 마련되었으면 좋겠어요.

여행에서 만난 후원자의 부탁

「송어」 & 「피아노 5중주」 A장조, D.667 〈송어〉 4악장 주제와 변주 슈베르트

맑은 시냇물 속에

즐거운 송어가

화살처럼 빠르게

헤엄치며 지나가네

나는 물가에 서서

넋 잃고 바라보았네

작은 물고기가 맑은 물에서

경쾌하게 노니는 것을

한 어부가 강가에서

낚시를 드리우고 서서,

냉정한 마음으로 노려보네

이리저리 움직이는 물고기를,
난 생각했네, 맑은 물이
흐트러지지 않는 한,
저 어부 송어를 낚지 못할 거라고

하지만 마침 그 도둑은
오래 기다리지 못하고
심술궂게 물을 흐려 버렸네
그리고 나의 예상보다 빨리
낚싯대가 꿈틀거렸네.
낚시에 걸린 고기 버둥거리고
나는 끓는 마음으로
속은 저 물고기 바라보네[10]

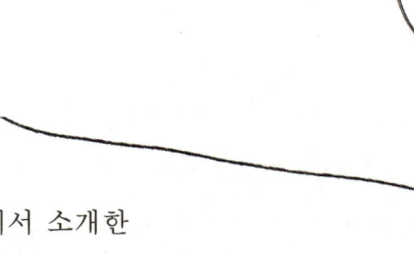

차선생 위에서 소개한

것은 낭만파 시인 크리스티안 프리드리히

다니엘 슈바르트Christian Friedrich Daniel Schubart

(1739~1791)의 시에 슈베르트가 곡을 붙인 가곡 「송

어」의 가사예요. 슈베르트가 20세 때인 1817년에 쓴 곡이지요. 슈

바르트의 시는 송어에게 낚시꾼이 낚싯대를 들고 있으니 주의하라

는 풍자적인 내용을 담고 있어요.

가곡은 크게 장절가곡과 유절가곡으로 나눌 수 있는데, 「송어」는

모두 3절로 이루어진 유절 형식을 취하고 있지요. 제1절과 제2절

은 같은 선율로 흐르고, 제3절 전반에서 변화가 주어지다, 후반에

서 다시 처음의 선율로 돌아오는 형식이에요.

제1절은 조용한 시냇물에서 송어가 노는 모습을, 제2절은 낚시꾼

이 나타나 강을 내려다보는 모습을, 이어지는 제3절은 낚시꾼이 맑

은 물을 흐리면서 송어를 잡는 모습을 손에 잡힐 듯 생동감 있게

그려 내고 있어요. 시도 그렇지만 음악 역시 더할 나위 없이 낭만

적인 것 같아요.

류수연 가곡 「송어」는 2분 정도의 짧은 곡이잖아요.

차선생 그렇죠. 그런데 슈베르트는 흥미롭게도 이 짧은 「송어」의 주

선율을 주제로 변주곡을 썼어요. 5곡의 변주곡으로 이루어진 피

10 『아름다운 독일 시와 가곡』, 피종호(편저), 자작나무.

아노 5중주 「송어」의 4악장 '주제와 변주'가 그것이죠. 슈베르트는 이 곡 말고도 부수음악 「로자문데」의 제3간주곡의 선율을 주제로 「즉흥곡」 D.935, 제3번 B♭장조 Op.142를 작곡했는데, 이 곡도 역시 변주곡으로 이루어져 있어요.

배도반 차이코프스키의 「로코코 주제에 의한 변주곡」처럼 독립된 변주곡을 쓸 수 있었을 텐데, 굳이 피아노 5중주 같은 실내악곡의 한 악장으로 쓰기 위해 작곡한 이유는 뭘까요?

차선생 혹시 '슈베르티아데'라는 말을 들어 본 적 있나요? 이것은 슈베르트의 삶과 음악을 사랑하는 일종의 후원자 모임이라고 할 수 있어요. 실제로 슈베르티아데는 슈베르트에게 물심양면으로 큰 도움을 주었는데, 그 멤버 중 한 사람이 당시의 유명 바리톤 가수인 포글Michael Vogl이었어요. 그는 슈베르트보다 25세나 연상이지만 나이를 떠나 진정한 우정을 나누었던 것으로 전해지고 있어요.

포글은 슈베르트와 함께 북 오스트리아의 작은 도시 슈타이어와 린츠로 연주 여행을 떠났는데, 자신의 고향이기도 한 슈타이어에서 포글은 성공한 사업가인 광산업자 실베스터 파움가르트너와 슈베르트의 만남을 주선해요. 사업가이면서 첼로를 연주할 줄 아는 음악애호가였던 파움가르트너는 평소 가곡 「송어」를 좋아했다며, 자신이 연주할 수 있도록 5중주곡으로 작곡해 달라고 부탁해요. 슈베르트가 이 제안을 받아들이면서 피아노 5중주 「송어」가 탄생한 것이죠.

이 5중주곡은 베토벤에게도 인정받았으며, 실내악곡으로는 슈베르트 최초의 걸작으로 자리매김할 수 있었어요.

배도반 많이 알려진 곡이지만 DVD로 감상해 재미가 더할 것 같아요. 연주자 면면을 보니 마치 별들의 전쟁이 연상될 정도군요. 일부러 만들기는 어려운 구성이 아닐까 싶을 정도예요.

차선생 연주자에게 관심이 많은 애호가에겐 눈이 번쩍 뜰 정도의 멤버들이지요. 다니엘 바렌보임, 이차크 펄만, 핀커스 주커만, 재클린 뒤 프레, 주빈 메타 등 하나같이 자기 분야에서 세계 정상급에 있는 사람들로, 이 연주를 위해 특별히 모인 이벤트성 멤버라고 보면 될 것 같아요. 이들은 서로 친분이 두텁기로 널리 알려진 사이이며, 그중에서도 지휘자인 주빈 메타가 더블베이스를 맡아 연주하는 모습은 생소하면서도 특별한 볼거리예요. 아마 이 영상이 아니고서는 그 어디에서도 찾아볼 수 없는 재미있는 광경이 아닐까요.

아리아로 유명해진 거리의 노래
「**한 떨기 장미꽃**」 아일랜드 민요 / 「**연습곡 6번 한 떨기 장미꽃**」 하인리히 빌헬름 에른스트

여름날 마지막 남은 장미 홀로 피어 남아 있네
사랑하는 동료 모두 곁에서 사라져 버렸는데
근처엔 어떤 꽃도 어떤 장미 봉오리도 없는데
뒤돌아 붉은 꽃잎 반사시키며 한숨을 쉬고 있네

난 곧 따르리라, 친구들이 떠난 곳으로
빛나는 사랑의 품에서 보석처럼 떨어지며

음악의 우등생들이 펼치는 음의 유희 : 143

시들어 버린 진실한 마음과 가 버린 친구를 따라가리

아! 그 누가 이 쓸쓸한 세상에 홀로 살고 싶겠는가?

차선생 이별의 아쉬움과 슬픔을 담은 이 노래는 아일랜드 사람들 사이에 구전되어 온 전통 선율에 시인 토마스 무어Thomas Moore (1779~1852)가 가사를 붙였어요. 원제가 「여름의 마지막 장미The last rose of summer」인데, 「한 떨기 장미꽃」이란 이름으로 널리 불리고 있지요. 선율이 아름다워 음악애호가의 많은 사랑을 받고 있는 아일랜드의 대표적인 민요예요.

류수연 저는 아일랜드 민요가 아니라 오페라 아리아로 알고 있는데요, 혹시 선생님이 잠시 착각한 게 아닌지 모르겠네요?

차선생 그렇게 알고 있을 수 있겠네요. 이 노래는 플로토Friedrich von Flotow(1812~1883)의 오페라 「마르타」에 쓰이면서 더욱 유명해졌어요. 이 작품은 주인공이자 여왕을 모시는 헨리아타라는 여성이 답답한 궁중 생활에 싫증을 느껴 평범한 서민으로 변장해 늘 동경하던 바깥세상으로 나갔다 겪는 해프닝을 그리고 있어요. 주인공이 부르는 이 노래는 테너가 부르는 「꿈과 같이 M'appari tut'amor」와 함께 이 오페라의 대표곡이라고 할 수 있어요. 그래서 많은 사람이 수연이처럼 민요가 아니라 아리아로 잘못 알고 있는 경우가 많아요. 플로토가 아일랜드 민요를 자신의 오페라에 아리아처럼 멋지게 써먹은 경우죠.

류수연 이야기가 그렇게 되는 것이군요!

배도반 이어서 「한 떨기 장미꽃」의 선율을 주제로 한 변주곡을 들어 볼 차례이군요. 에른스트Heinrich Wilhelm Ernst(1814~1865)가 쓴 곡이라고 하는데, 곡명은 '한 떨기 장미꽃 주제에 의한 변주곡'이 아니라 「연습곡 6번 한 떨기 장미꽃」으로 되어 있군요. 그 말은 이 연습곡이 변주곡 형태로 이루어져 있다는 뜻이겠죠?

하인리히 빌헬름 에른스트

차선생 그렇지요. 에른스트의 연습곡 6번은 아일랜드 민요 「한 떨기 장미꽃」을 변주한 것으로, '서주-테마-1~4변주-피날레'로 구성되어 있어요. 곡 자체가 까다롭지 않아서 4번의 변주를 거치는 동안에도 주제 선율을 놓치지 않고 잘 따라갈 수 있다는 점이 이 곡의 미덕인 것 같아요.

이 곡은 바이올리니스트 기돈 크레머Gidon Kremer의 음반 중 가장 독특한 것으로 주목 받은 「어 파가니니A Paganini」에 수록되어 있어요. 기교나 외모 모두 '이 시대의 파가니니'라고 부르기에 손색이 없는 크레머는 현재 세계적으로 가장 왕성한 활동을 펼치고 있는 연주자예요. 바로크, 고전, 낭만, 현대음악은 물론 탱고까지 경이로울 만큼 다양한 레퍼토리를 섭렵하고 있지요. 그는 또 재능 있는 젊은 연주자들로 구성된 '크레메라타 발티카Kremerata Baltica'라는 실내악단을 이끌며 앙상블 활동도 병행하고 있는 가장 바쁜 연주자이기도 해요.

거장의 오페라에 바치는 거장의 두 가지 변주

〈사랑스런 연인이나 작고 아담한 아내를〉 모짜르트
〈사랑스런 연인이나 작고 아담한 아내를〉 주제에 의한 12개의 변주곡, Op.66 베토벤

차선생 모짜르트의 가장 마지막 작품들에 속하는 오페라 「요술피리」
는 겉보기에는 아이들의 상상력을 자극하는 매우 예쁘고 동화 같
은 작품이에요. 하지만 이 오페라가 탄생하기까지 많은 문제가 얽
히고설킨 것으로 추정하고 있죠. 그 실마리를 풀기 위해 여러 분야
의 전문가가 오랫동안 연구해 왔지만, 아직까지 서로 주장이 엇갈
릴 만큼 진실은 제대로 밝혀지지 않았어요. 하지만 평생 어린아이
같은 마음을 품고 살았던 모짜르트이기에 쓸 수 있었던 작품인 것
만은 분명해요. 물론 「요술피리」는 어린이뿐만 아니라 어른에게도
큰 즐거움을 주는 오페라여서, 지금도 가장 인기 있고, 그만큼 많
이 공연되고 있어요.

류수연 선생님의 말씀을 듣고 보니 「요술피리」가 어떤 이야기로 흘러
가는지 그려 볼 수 있을 것 같아요.

차선생 「요술피리」는 동화 같은 내용을 담고 있지만, 신비함을 안겨
주는 부분도 있어요. 그것은 기원전 이집트에서 건설된 신전이 무
대이기 때문이에요. 제2막에 나오는 아리아 〈오! 이시스와 오시리
스 신이여!〉는 바로 이 신전에 사는 두 신에게 경의를 표하는 내용
으로 되어 있어요.

「요술피리」 2막에 등장하는 아리아 〈사랑스런 연인이나 작고 아담
한 아내를〉은 마법사에게 납치당한 딸을 구해 달라는 밤의 여왕의
부탁을 받은 타미노와 길을 떠난 새잡이 파파게노가 제 사랑을 나

뉘 줄 짝을 간절히 바라며 부르는 노래로, 베토벤이 작곡한「요술 피리」변주곡의 주제가 된 바로 그 선율이에요. 아리아 내용을 소개하면 다음과 같아요.

사랑스런 연인이나 작고 아담한 아내를, 파파게노는 원한다. 오, 그 유순한 비둘기 같은 연인은 내게는 더함 없는 축복이리! / 그러면 나는 즐겁게 먹고 마시고 왕자처럼 행복하리, 낙원에 사는 어진 이처럼 삶을 즐기리라! / 이 세상 수없이 많은 매력적인 아가씨들 중 나만 기쁨을 함께 나눌 여인 하나가 없는가? 꼭 필요한 아가씨를 남겨 주지 않는다면 나는 슬퍼 죽고 말 테다! / 아무도 사랑을 보장해 주지 않는다면 불길이 나를 삼키리라, 허나 한 여인의 입술이 내게 입맞춤하면 나는 다시 행복해지리라.[11]

배도반 베토벤은 이 변주곡 외에도「요술피리」에 나오는 또 다른 선율에 바탕을 둔 변주곡을 한 곡 더 작곡했다고 하더군요. 베토벤 같은 대작곡가가 하나의 오페라에서, 그 선율을 주제로 2곡의 변주곡을 썼다는 사실만으로도「요술피리」가 어떤 작품인지 그 가치를 짐작할 수 있을 것 같아요.

차선생 그렇지요. 베토벤은 배도반 말대로 오페라 1막에 나오는 파미나와 파파게노의 2중창 〈사랑을 알 만한 도련님에게는Bei Männem, welche Liebe fühlen〉을 주제로 한 변주곡을 하나 더 남겼어요. 우리

---

11 『이 한 장의 명반, 오페라』, 안동림, 현암사.

가 감상할 〈사랑스런 연인이나 작고 아담한 아내를〉 주제로 한 변주곡은 1796년쯤에 작곡한 것으로 추정하고 있으며, 1798년 빈에서 출판했다고 알려져 있어요.

이 곡은 전체 길이가 그다지 길지 않아요. 먼저 피아노로 주제를 제시하다, 변주 부분은 피아노와 첼로가 적절히 역할을 분담하고 있으며, 장난기 어린 주제 선율이 단조로 바뀌면서 갑자기 슬픈 가락으로 분위기가 반전되었다 다시 원래의 모습으로 되돌아와요. 단조로움을 극복하려는 베토벤의 뛰어난 감각이 작품에 잘 스며든 것 같아요.

추방자의 음악, 이방인의 발견

「나이팅게일」 알렉산더 니콜라이에비치 알라비에프 / **「나이팅게일 변주곡」** 앙리 비외탕

배도반 러시아 음악은 클래식이든 민요든 큰 거부감 없이 우리 정서에 깊이 와 닿는 무언가가 있는 것 같아요. 신선하다고 하기에는 통속적인 느낌이 진하게 묻어나지만, 분명 다른 나라 음악에서는 느낄 수 없는 특유의 우수와 정열이 감칠맛 나게 표현되고 있어요.

차선생 그 의견에 공감해요. 우리나라 사람들에게 차이코프스키의 교향곡이 큰 환영을 받는 것도 그런 이유겠죠. 우리에게 소개된 지 얼마 안 된 러시안 로망스도 특유의 서정으로 우리의 영혼을 살찌우는 자양분이 되고 있어요.

류수연 알라비에프Alexander Alaviev(1787~1851)라는 작곡가는 「나이팅

게일」을 통해 처음 듣는 이름인데, 그의 다른 곡도 더러 소개되고 있나요?

작곡가 알라비에프

차선생 나도 수연이랑 별로 다를 게 없어요. 사실 알라비에프의 「나이팅게일」을 듣게 된 것은 앙리 비외탕Henry Vieuxtemps (1820~1881)의 「나이팅게일 변주곡」을 통해서였는데, 프랑스 사람인 비외탕의 곡이라고 하기에는 너무 러시아적인 색채가 강해 좀 의아했어요. 다만 곡명이 「나이팅게일 변주곡」이어서, 「나이팅게일」이라는 곡이 있었나 보다 생각했어요. 그때까지만 해도 알라비에프라는 작곡가의 존재는 몰랐어요. 그의 작품이 얼마나 세상에 나와 있는지도 말이에요.

배도반 알라비에프는 이름조차 처음 듣다 보니 호기심이 발동하는군요. 그에 대한 상세한 자료가 있으면 좋겠는데…….

차선생 아쉽게도 그에 대한 정보는 매우 빈약한 편이에요. 그나마 얻을 수 있었던 내용을 소개하면, 그는 아버지가 총독으로 있던 서부 시베리아의 토볼스크에서 태어났는데, 그가 작곡한 대부분의 실내악곡이 작곡 초기에 쓰였을 만큼 어려서부터 음악적 재능이 뛰어났다고 해요. 그런데 어찌된 일인지 그는 살인 혐의로 고향에서 쫓겨나 만년을 모스크바에서 보내는데, 그곳에서 무대 음악과 오페라 작곡가로 활동하면서 비교적 성공적인 삶을 살았다는 정도예요.

류수연 저는 「나이팅게일」이 무엇에 대해 노래하고 있는지 더 궁금해요.

차선생 이 곡은 알라비에프가 고향에서 추방되기 전에 시베리아의 감옥에서 작곡한 것으로 알려져 있어요. 그런데 저도 이 곡이 구체적으로 어떤 장르에 속하는지 궁금한데, '러시아의 포퓰러한 노래 Melodie populaire russe'라고 소개한 걸 보면 나폴리 민요와 비슷한 성격의 음악이라고 볼 수 있을 것 같아요. 수연이가 궁금하게 여기는 가사는 겉보기로는 단순해 보이지만, 그 이면에는 우리가 잘 이해하지 못하는 그들만의 의미가 담겨 있는지도 모르겠어요. 그럼 가사를 한 번 살펴볼까요.

나이팅게일 나의 나이팅게일,
사랑스런 목소리로 넌 어디로 날아가니?
밤새도록 노래 부르는 곳은 어드메니?
나이팅게일 나의 나이팅게일 사랑스런 목소리로

날아라, 나이팅게일
멀리 떨어진 곳까지,
다른 나라 해안의 푸른 바다 너머까지
나이팅게일 나의 나이팅게일 사랑스런 목소리로

온 나라와 마을과 도시들을 날아다녀 보렴
어느 곳에서도 너는 나보다 더 불행한 소녀를
찾지는 못할 거야
나이팅게일 나의 나이팅게일 사랑스런 목소리로

배도반 알라비에프의 작품과 연관돼 등장하는 비외탕이라는 작곡가는 사라사테처럼 유명한 연주자이지 않나요?

차선생 그렇지요. 비외탕은 유진 이자이Eugene Ysaye(1858~1931)라는 걸출한 바이올리니스트를 제자로 둘 정도로, 한 시대를 화려하게 장식한 연주자였어요. 자신이 뛰어난 바이올리니스트였던 만큼 주로 바이올린 작품을 썼는데, 그의 최고 걸작으로 꼽히는 「바이올린 협주곡 제5번」을 포함해 여러 소품과 변주곡을 남겼어요.

비외탕은 프랑스, 독일, 미국, 러시아 등지로 연주 여행을 자주 다녔다고 해요. 그러던 중 1846년부터 1852년까지 상트페테르부르크 궁중음악 연주가로 있으면서, 그곳 음악원에서 교편을 잡기도 했더군요. 비외탕은 이렇듯 러시아에서 생활한 경험이 있어서 「나이팅게일 변주곡」을 쓸 수 있었고, 러시아의 서정을 고스란히 담을 수 있었던 것 같아요.

배도반 요즘 절정기를 구가하고 있는 소프라노 나탈리 드세이Natalie Dessay가 「나이팅게일」을 불렀군요. 아무리 찾아봐도 이 곡이 들어 있는 다른 음반은 찾을 수가 없어요.

차선생 「나이팅게일」은 알라비에프가 마치 콜로라투라 소프라노를 염두에 두고 작곡한 것처럼 웬만한 오페라 아리아 뺨칠 정도의 경묘한 기교를 요구하는 곡이에요. 그래서 요즘 콜로라투라 소프라노로 한참 성가를 높이고 있는 나탈리 드세이가 경탄할 만한 노래를 들려주고 있어요. 인기는 그냥 얻어지는 게 아니라는 걸 보여 주기라도 하려는 듯 말이지요.

그에 비해 니콜라이 칼리닌이 이끄는 오시포프 발랄라이카 오케스

트라의 「나이팅게일 변주곡」은 발랄라이카 특유의 애절함을 멋지
게 표현해 러시아 서정의 진수를 느끼게 해 주는 것 같아요. 변주
횟수가 많지 않아 곡 전체 길이가 크게 부담스럽지 않은 점도 마음
에 들고요.

1 「송어Die Forelle」
1) 「송어」 슈베르트
디트리히 피셔 – 디스카우(바리톤) / 제랄드 무어(피아노)
2) 피아노 5중주 A장조 D.667 「송어」 4악장 주제와 변주 슈베르트
다니엘 바렌보임(피아노) / 이착 펄먼(바이올린) / 핀커스 주커만(비올라) /
재클린 뒤 프레(첼로) / 쥬빈 메타(더블베이스)

2 「한 떨기 장미꽃 The last rose of summer」
1) 「한 떨기 장미꽃」 아일랜드 민요
앤 머레이(소프라노) / 그레이엄 존슨(피아노)
2) 「연습곡 6번 한 떨기 장미꽃」 하인리히 빌헬름 에른스트
기돈 크레머(바이올린)

3 〈사랑스런 연인이나 작고 아담한 아내를〉 오페라 「요술피리」 중 파파게노의 아리아
1) 「사랑스런 연인이나 작고 아담한 아내를」 주제에 의한 12개의 변주곡, Op.66 베토벤
모리스 장드롱(첼로) / 쟝 프랑세(피아노)
2) 〈사랑스런 연인이나 작고 아담한 아내를〉 모짜르트
헤르만 프라이(바리톤) / 게오르그 솔티(지휘) / 빈 필하모닉 오케스트라

4 「나이팅게일」
1) 「나이팅게일」 알렉산더 니콜라이에비치 알라비에프
나탈리 드세이(소프라노) / 마이클 쉰반트(지휘) / 베를린 심포니 오케스트라
2) 「나이팅게일 변주곡」 앙리 비외탕
니콜라이 칼리닌(지휘) / 오시포프 발랄라이카 오케스트라

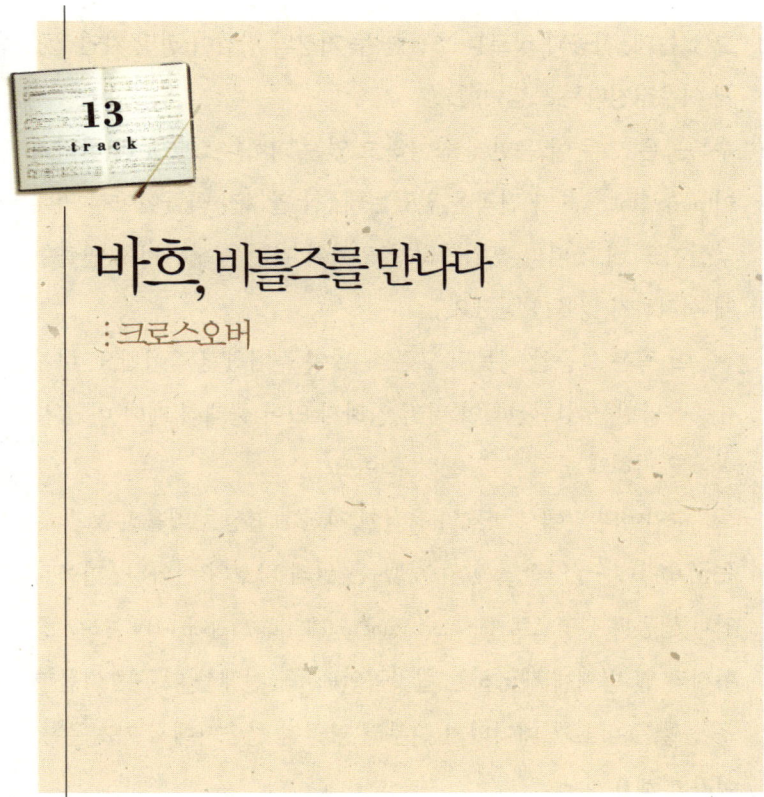

바흐, 비틀즈를 만나다
: 크로스오버

음악의 아버지, 세상에서 가장 유명한 밴드를 만나다
「바흐에서 비틀즈까지」

■ 바흐가 듣던 찬송가의 재림 「예수, 인간소망의 기쁨」 바흐

차선생   유명한 재즈 바이올리니스트 스테판 그라펠리 Stephane Grappelli

특유의 바이올린 선율이 반갑게 느껴지는 크로스오버 연주집 「바

흐에서 비틀즈까지」는 10곡의 바흐 곡과 비틀즈의 10곡을 수록하

고 있는데, 시공과 장르를 초월한 두 거장의 만남이 정말 자연스럽게 어우러진다는 느낌이에요.

수록곡은 모두 이 음반에 참여하고 있는 피아니스트 로리 할러웨이Laurie Holloway가 편곡을 맡았는데, 잘 알려진 곡들이어서 귀에 낯설지도 않고 따라 흥얼거리기도 쉬워 가벼운 분위기를 연출할 때 적절하지 않을까 싶군요.

류수연 이 곡은 그동안 제목도 모른 채 많이 들어왔던 곡이에요. 마치 대중음악만큼이나 선율이 널리 알려져 있어 클래식 팬이 아닌 사람들도 편하게 즐길 수 있을 것 같아요.

차선생 수연이의 말에서 바흐의 음악이 지닌 보편성을 떠올려 보게 되는군요. 「예수, 인간 소망의 기쁨」은 원래 바흐의 칸타타 「마음과 입과 행동과 생명으로Herz und Munt und Tat und Leben」 BWV147 중 마지막 열 번째에 해당하는 합창곡인데, 곡 전체를 이루는 아름다운 선율은 바흐가 태어나기 전부터 있었던 찬송가에서 가져온 것이라고 해요.

합창곡이지만 다양한 악기 편성으로 편곡되어 널리 연주되고 있으며, 특히 피아노 독주를 위한 편곡과 스토코프스키Leopold Stokowski (1882~1977)에 의한 관현악 편곡이 인기가 높은 것 같더군요.

■ **세상에서 가장 유명한 노래** 「예스터데이」 존 레넌, 폴 매카트니

류수연 이 곡은 수없이 들었지만 어떤 내용을 노래한 곡인지 별로 생각해 본 적이 없었던 것 같아요. 왜 그랬을까요?

차선생 너무 평범한 내용이기 때문에 관심을 갖지 않았을 수도 있겠

지요. 엄청나게 히트를 기
록한 곡들도 그 가사가 지
닌 통속성 때문에 놀라는
경우가 많은데, 비틀즈의
「예스터데이」도 비슷한 경
우인 것 같아요.
이 곡은 사랑하는 연인과
함께했던 지난날이 정말 행

세상에서 가장 유명한 그룹 비틀즈

복한 시간들이었는데, 그녀가 떠나 버린 지금은 외로움과 그리움
에 고통스러워 이미 지나가 버린 시간을 그리워한다는 내용을 노
래하고 있지요.

'예스터데이'는 '어제'라는 뜻을 지닌 단어이지만, 비틀즈의 「예스
터데이」만큼은 누구도 비틀즈의 '어제'라고 제목을 말하는 사람이
없을 정도로 거의 고유명사가 되어 버렸어요. 어느 인터넷 자료에
는 지금까지 이 곡이 방송된 횟수만 7백만 번 이상이고, 다른 연주
자들이 리메이크한 것도 최소 3천 번 이상이라고 나와 있더군요.
사정이 이렇다 보니 바흐의 「G선상의 아리아」도 「예스터데이」 앞
에서는 명함조차 못 내밀 정도인데, 아마 이 지구상에서 가장 히트
한 다섯 곡 안에 이 「예스터데이」가 반드시 들어 있을 것 같아요.
지역과 국가, 민족과 인종을 초월하여 이렇게까지 널리 사랑받을
수 있는 곡을 만들었다는 사실만으로도 비틀즈는 의심할 여지없이
위대한 음악가라고 할 수 있겠지요.

■ **내 마음을 알아 주세요** 「미셸」 존 레넌, 폴 매카트니

차선생 비틀즈는 그 시대의 수많은 음악애호가들뿐만 아니라 음악인들에게도 절대적인 영향을 미쳤던 천재들이었어요. 「예스터데이」나 「렛 잇 비」, 「헤이 주드」 같은 최고의 명곡들을 남겼고, 그들의 빼어난 발라드 곡 중 하나인 「미셸」은 감미롭기 그지없어요. 거기에 그라펠리 같은 탁월한 재능을 지닌 재즈 바이올리니스트가 함께하면 순식간에 어깨가 들썩이는 재즈 분위기로 바뀌는데, 이 연주를 듣고 있으면 그라펠리의 명성이 어디서 비롯했는지 금방 알 수 있을 것 같아요.

류수연 곡 제목이 정말 예쁘군요. 어떤 내용을 노래하고 있나요?

차선생 「미셸」은 자신의 사랑을 잘 알지 못하는 연인에게 그 마음을 알아 달라고 간절히 소망하는 내용을 담은 아름다운 노래이지요.

■ **바이올린의 가장 굵은 한 줄에 싣는 천상의 소리** 「G선상의 아리아」 바흐

류수연 앞서 감상한 바흐의 「예수, 인간 소망의 기쁨」 이상으로 많은 사람에게 사랑받고 있는 곡이 「G선상의 아리아」라면 제가 잘못 알고 있는 걸까요?

차선생 클래식을 전혀 모르는 사람조차 제목만큼은 들어 봤을 「G선상의 아리아」는 바흐의 관현악 모음곡 제3번의 두 번째에 해당하는 곡이지만, 그 선율이 정말 아름다워 단독으로 연주되는 경우가 많고, 그런 만큼 수많은 편곡이 존재하고 있지요. 크로스오버 연주집 「바흐에서 비틀즈까지」에서 바이올린과 플루트가 주고받으면서 펼치는 연주가 몹시 아름답고 멋스럽군요. 이런 음악을 듣고 있으면

마음이 편안해지는데, 휴식의 음악이 바로 이런 것 아닌가 싶어요. 최근에는 대중가수들도 이러한 편곡 대열에 합류한 것 같아요. 애니 하슬렘Annie Haslam이란 대중가수는 「G선상의 아리아」를 「스틸 라이프Still Life」란 제목으로 리메이크하기도 했더군요.

류수연 관현악 모음곡 속에 들어 있던 '에어Air'란 제목의 이 곡이 난데없이 「G선상의 아리아」가 된 까닭은 뭔가요?

차선생 바흐의 관현악 모음곡은 몇 곡의 무곡을 묶고 여기에 서곡을 붙인 형식으로 이루어져 있는데, 그중 '아리아'란 아름다운 선율을 지닌 느린 무곡을 의미하는 것이에요. 이 곡에 「G선상의 아리아」라는 새로운 이름이 붙여진 것은, 훗날 바이올린의 가장 굵은 줄인 G선 하나만으로 이 곡을 연주할 수 있도록 고쳤기 때문이라고 해요. 이 편곡의 주인공은 19세기 독일의 명 바이올리니스트 아우구스트 빌헬미August Wilhelmj라는 사람이라고 하네요.

재즈 피아니스트, 피아노의 구약성서를 연주하다
바흐의 「평균율 클라비어곡집」〈제1번 전주곡과 푸가〉 & 〈제16번 전주곡과 푸가〉 존 루이스 연주

차선생 바흐의 「평균율 클라비어곡집」을 음악학적으로 설명하면 피아노를 연주할 줄 아는 사람 말고는 무슨 말인지 이해하기 힘들 것 같아요. 저를 포함해서 말이지요.

'평균율'이란 '잘 조율된Wohl temperieren'이란 뜻인데, 이 작품을 두고 지휘자인 한스 폰 뷜로가 '피아노의 구약성서'라고 표현한 것

피아노의 구약성서라 불리는 「평균율 클라이버곡집」

은 널리 알려진 이야기지요. 서양 음악이 모두 폐기된다고 해도 이 클라비어곡집만 있으면 다시 재건할 수 있다고 할 정도의 가치를 지닌 이 곡은 바흐가 남긴 가장 위대한 음악적 유산으로 평가받고 있어요.

평생 동안 이 곡을 연습했다고 하는 '피아노의 시인' 쇼팽이 작곡한 「24개의 전주곡」과, 쇼스타코비치의 「전주곡과 푸가」는 바로 바흐의 「평균율 클라비어곡집」에서 영감을 받아 작곡했다고 해요.

류수연 그래도 이렇게 별난 제목을 가진 작품을 작곡한 데에는 그만한 이유가 있지 않았을까 싶은데요?

차선생 첫 번째 부인이 세상을 떠난 뒤에 안나 마리아 막달레나Anna Maria Magdalena라는 여성과 재혼한 바흐는 무척 행복한 삶을 살았는데, 이 시기에 「평균율 클라비어곡집」 1권이 만들어졌어요. 바흐가 이 곡을 작곡한 이유를 두 가지로 보고 있더군요. 하나는 아이들의 음악 공부를 위한 교재로 사용하기 위해서이고, 또 하나는 '평균율'이라는 새로운 피아노 조율법의 가능성을 증명해 보이기 위해서였다는 것이지요.

배도반 이 곡은 시대적으로도 그렇지만 음악적인 면에서도 고전 중의 고전에 속하는데, 어떻게 재즈 음악인이 여기에 관심을 갖게 되었을까요?

차선생 그 질문은 자연스럽게 존 루이스John Lewis라는 재즈 음악가에

대한 언급을 유도하는 것이군요. 그는 비교적 부유한 흑인 가정에
서 태어나 1950년대 당시의 재즈 음악가로는 드물게 음악석사 학
위를 가진 지성적인 피아니스트였어요. 그것은 그가 음악의 기본
교육을 제대로 이수했음을 뜻하는데, 피아니스트이자 작곡가였던
그에게 이 클라비어곡집은 한번쯤은 넘어야 할 산이기도 했겠지만
한편으론 매력적인 연구 대상이 되었을 것 같아요.

배도반 제가 재즈 음악의 문외한이라 그렇겠지만 존 루이스라는 이름
이 무척 낯설군요?

차선생 모던 재즈 퀸텟Modern Jazz Quintet이라는 지성적인 재즈 연주
단체가 있는데, 이들의 중심에서 활동한 사람이 피아니스트인 존
루이스예요. 이 단체는 항상 정장 차림으로 연주를 하며, 연주 장
소를 카페나 클럽 같은 곳에서 콘서트홀로 바꾸는 등 재즈 음악의
품격을 높이기 위한 다양한 방법을 시도하였지요. 자칫 재즈가 지
닌 고유의 분위기를 잃어버릴 수도 있지만, 퀸텟Quintet(5중주)이 지

재즈 피아니스트 존 루이스의 연주 모습

닌 음악 세계를 가장 적절히 표현할 수 있는 장소가 콘서트홀이라고 판단했던 모양이에요.

이번 감상회 순서에서는 존 루이스를 모던 재즈 퀸텟의 멤버가 아닌, 한 명의 솔리스트로 만나는 셈인데, 그가 직접 편곡한 다양한 형태의 「평균율 클라비어곡집」을 소개하고 싶더군요. 전곡을 다 들어 보면 좋겠지만 프로그램 성격상 그중의 일부만 소개할 수밖에 없다는 점이 아쉽긴 해요. 제1번과 16번의 프렐류드와 푸가를 준비해 봤는데, 프렐류드는 존 루이스가 피아노 솔로로 연주하고, 푸가는 여러 악기들이 어우러져 합주하는 형식으로 이루어져 있어요.

배도반 재즈라는 형식으로 연주된 바흐의 「평균율 클라비어곡집」이 어떤 모습일지 궁금하군요. 혹시 원곡이 훼손되었을지도 모른다는 염려 때문일까요.

차선생 사람들의 생각이 저마다 다르기 때문에 여러 각도로 이 작업을 바라볼 수 있겠지만, 적어도 제 소견으로는 바흐 음악이 지닌 형식과 재즈의 즉흥성이 교묘하게 결합되어 직접 들어 보지 않고는 상상할 수 없을 정도로 고급스러우면서 흥겹고 때론 관능적이기까지 한 대단히 매력적인 음악을 만들어 냈다고 생각해요. 바흐의 음악을 들으면서 어깨춤을 추어 대는 자신의 모습을 머릿속에 그려 보세요. 재미있을 것 같지 않나요?

합창단과 소프라노, 비틀즈를 노래하다
「오브-라-디 오브-라-다」 킹스 싱어즈 / 「렛 잇 비」 레슬리 가렛

■ **아카펠라, 그 목소리만으로 흥을 돋우다** 「오브-라-디 오브-라-다」 킹스 싱어즈
데스먼드는 시장에서 행상을 하고 몰리는 밴드에서 노래하는 가수
였지 / 데스먼드는 "아가씨는 얼굴이 예쁘군요."라고 몰리에게 말했
고, 몰리는 그의 손을 잡으며 이렇게 말했지 / 오브-라-디 오브-
라-다, 삶은 멋진 것 / 라라, 인생은 그렇게 흘러가는 것이라고

데스먼드는 끌던 손수레를 갖고 보석상에 가서 / 20캐럿짜리 금반지
를 하나 사서 그걸 가지고 문간에서 몰리를 기다렸지 / 그리고 그녀
에게 그걸 주자 그녀는 노래 부르기 시작했지 / 오브-라-디 오브-
라-다, 삶은 멋진 것 / 라라, 인생은 그렇게 흘러가는 것이라고

몇 년 후 그들은 행복한 가정을 꾸몄지 / 데스먼드와 몰리 존스 부
부의 아이들은 마당에서 뛰어놀고 / 시장에서 행복한 삶을 꾸리며
사는 동안 / 데스먼드는 아이들에게 가게를 돕도록 했고 / 몰리는
집에서 그 예쁜 얼굴에 화장을 하고선 / 저녁마다 밴드와 함께 노래
를 했네 / 재미나게 살고 싶다면 오브-라-디 오브-라-다를 외쳐
보세요

차선생 「예스터데이」도 그렇지만 비틀즈의 또 다른 히트곡 「오브-
라-디 오브-라-다」도 이렇게 평범한 내용을 노래하고 있어요. 하

긴 유명하다는 오페라 아리아의 상당수도 마찬가지지만 말이죠. 이렇듯 가사만으로 따지면 별로 새삼스러울 것도 없는 것을 세계적인 히트곡으로 만들어 내는 것이 바로 그들의 능력이 아닐까 싶군요.

이 노래는 아주 어렸을 때 처음 들었어요. 당시에는 비틀즈의 존재를 알지 못했지만 그냥 노래가 재미있기도 했고, 후렴처럼 반복되는 '오브-라-디 오브-라-다' 가 무슨 주문처럼 신기해 저도 모르게 따라했던 기억이 나요. 그리곤 한동안 이 곡을 잊고 살았어요. 한번은 음악감상회 프로그램 준비 관계로 이 음반 저 음반 듣던 중에 킹스 싱어즈가 부른 이 노래가 귀에 확 들어오더군요. 얼마나 독특하고 신선하던지……, 비틀즈의 노래가 무수한 방식으로 불

렸지만 아마 비틀즈도 예상 못
했던 사운드일 거예요.
영국 왕립 합창단 출신들이라 기본기는 튼튼
할 거라고 예상했지만 목소리만으로 된 이들
의 앙상블이 이렇게 경이로운 것인지는 미처
몰랐어요.

팝을 대표하는 비틀즈와 클래시컬한 무반주 아카펠라 그룹인 킹
스 싱어즈가 「오브-라-디 오브-라-다」에서 멋지게 만난 셈이죠.
저는 이 한 곡으로 킹스 싱어즈의 팬이 되었고, 그들이 부르는
「오브-라-디 오브-라-다」는 누구에게나 권하고 싶은 음악이 되
었어요.

류수연 그런데 '오브-라-디 오브-라-다'가 무슨 뜻이에요?

차선생 특별한 의미가 있는 말은 아니고, 우리 식으로 보면 그냥 노래
의 흥을 돋우는 추임새처럼 쓰이는 말이라고 보면 될 것 같아요.

■ **영국 최고의 소프라노의 아름다운 도전** 「렛 잇 비」 레슬리 가렛

내가 근심의 시기에 처해 있을 때 / 어머니께서 다가와 / 지혜의 말
씀을 주셨지 / 순리에 맡기라고

내가 암흑의 시간 속에 빠져 있을 때에도 / 어머니는 내 앞에 똑바
로 서서 / 지혜의 말씀을 주셨어 / 그대로 두라고

그대로 둬, 그대로 두자고 / 지혜의 말을 속삭여 봐 / 그냥 그대로

두자고

세상을 살아가며 상심한 사람들이 좌절을 할 때에도 / 현명한 대답
이 있어 / 그대로 둬 / 왜냐하면 모두 헤어진다 해도 / 다시 볼 수
있기 때문이야 / 현명한 대답이 있어 / 순리에 맡기라고.

구름이 이 밤을 덮을지라도 / 다음날이 밝을 때까지 / 날 밝혀 줄 등
불은 저기에 있어 / 그대로 두자고 / 내가 음악 소리에 잠에서 깼을
때 / 어머니가 다가와 / 지혜의 말씀을 주셨지 / 그대로 둬

순리에 맡기자, 그대로 두자고 / 그 속엔 해답이 있어 / 그대로 두라고

차선생 하나의 음악 속에서 바흐와 비틀즈를 동시에 만날 수 있다는
것은 무척 획기적인 일이지요. 문자 그대로 시공을 초월한 만남이
기 때문이에요. 이것은 지금까지 그 누구도 시도한 적이 없는 매우
창조적인 기획이 아닌가 싶어요. 말 그대로 바흐와 비틀즈이기에
가능했고, 그래서 누구나 한 번쯤은 꿈꿔 온 작업이 아니었을까 싶
어요.
이런 독특한 작업을 시도한 사람은 레슬리 가렛Lesley Garrett이에요.
그녀는 영국의 음악팬들에게 열광적인 환영을 받고 있는 소프라노
이지만, 때로 정통에서 벗어난 음악인으로 분류되기도 하더군요.
그녀 자신이 이런 점을 의식하고 있는지 알 수 없지만, 혹시 이에
대한 배도반의 생각은 어떤가요?

배도반 글쎄요! 세상의 평가에 너무 집착하는 것도 예술가로서 바람직한 자세는 아니라고 봐요. 가장 중요한 것은 본인의 생각이겠지요. 물론 사람에 따라서는 이러한 작업을 언짢은 눈길로 바라보기도 하겠지요. 하지만 평가는 몇몇 사람들의 생각만으로 결론지어지는 것은 아니잖아요. 보다 중요한 사실은 이런 창조적인 작업의 결과가 사람들에게 신선함과 즐거움을 줄 수 있다는 사실 아닐까 싶어요. 그동안 비틀즈의 음악이 수없이 리메이크되고 있지만, 그들의 음악을 이렇게 색다르고 신선한 느낌으로 들을 수 있었던 경우는 흔하지 않았지요.

류수연 제게는 좀 낯선 이름인 것 같은데, 레슬리 가렛은 어떤 사람인가요?

차선생 레슬리 가렛은 영국의 엘리자베스 여왕이 우리나라를 찾았을 때 같이 방한해 공연을 펼쳤던 성악가예요. 앞서 지적한 것처럼 영국에서는 큰 인기를 누리고 있는데, 그녀의 음악적 행보를 보면 분명 정통 클래식만을 고집하고 있는 것 같지는 않아요. 그것은 지금까지 발매된 그녀의 크로스오버 음반들을 보면 짐작할 수 있는 일이지요.

그렇다고 요즘 한창 유행하고 있는 팝페라 가수들과 같은 부류로 보기에는 무리가 있어요. 대중음악과 클래식 양쪽에 발을 들여놓고 있는 그녀의 음악 작업들은 단순히 인기를 좇는 것이라기보다 오히려 창조적인 시도로 보는 견해들이 많더군요. 특히 「렛 잇 비」 같은 곡은 그 정점에 있는 작품이 아닐까 싶어요.

무심코 이 곡을 들을 때마다 겪는 일이지만, 바흐의 곡을 듣고 있다고 생각하고 있는데 어느 순간 갑자기 소프라노의 가녀린 목소리에 실려 비틀즈의 「렛 잇 비」가 흘러나오면 당혹감으로 정신이 번쩍 들지요. 음악의 또 다른 가능성을 여는 이러한 흥미로운 시도를 긍정적으로 받아들였으면 하는 생각이 들어요.

1 「바흐에서 비틀즈까지Bach to the Beatles」
  1) 「예수, 인간 소망의 기쁨Jesu, Joy of the man's desiring」 바흐
  2) 「예스터데이Yesterday」 존 레넌, 폴 매카트니
  3) 「미셸Michelle」 존 레넌, 폴 매카트니
  4) 「G선상의 아리아Air on a G string」 바흐
  엘레나 듀란(플루트) / 스테판 그라펠리(바이올린) / 로리 할러웨이(피아노)
2 「바흐의 평균율 클라비어곡집」 존 루이스 연주
  1) 제1번 전주곡과 푸가
  2) 제16번 전주곡과 푸가
3 비틀즈
  1) 「오브-라-디 오브-라-다Ob-la-di, Ob-la-da」 킹스 싱어즈
  2) 「렛 잇 비Let it be」 레슬리 가렛

시공을 넘어
인간의 삶 속에
살아 숨 쉬는 신비

: 종소리

영혼의 거울에 울리는 딸랑딸랑 종소리

「거울 속의 거울」 아르보 패르트

배도반 선생님은 에스토니아 음악에 남다른 관심을 가지신 것 같아요. 우르마스 시사스크Urmas Sisask, 레포 수메라Lepo Sumera처럼 잘 알려지지 않는 작곡가의 음반도 있고, 아르보 패르토Arvo Pärt 같은 작곡가에게 각별한 애정을 보이시잖아요.

차선생 처음부터 관심이 있었던 건 아니고, 그냥 새로운 음악을 찾아 다니다 우연히 알게 된 것뿐이지요. 음반도 처음에는 그냥 괜찮을 것 같아서 샀지만 많이 듣지는 않았어요. 그런데 때가 되었는지 어느 순간부터 그 음반에 담긴 소리들이 귀에 들어오기 시작하더군요. 에스토니아 작곡가들의 음악은 사람의 마음을 끄는 이상한 힘을 지닌 것 같아요. 여태 한 번도 들어 본 적 없는 독특한 정서를 담고 있다는 것이 이들의 음악을 들은 사람들의 공통적인 반응이더군요.

류수연 사람의 마음을 끄는 요소는 여러 가지가 있을 수 있잖아요. 그것에 대해 좀 더 구체적으로 설명해 주시면 좋겠어요.

차선생 글쎄 뭐라고 할까, 그 느낌을 말로 표현하기는 쉽지 않은데, 종교적인 경건함과 신비적이고 명상적인 느낌이라고 해야 할까요. 분명한 점은 평소에 듣던 음악과는 정서적으로 많이 다르다는 것이죠. 현대음악 하면 금방 머릿속에 불협화음 같은 선율이 떠오르는데, 에스토니아 음악은 지극히 단조로운 느낌의 선율이 끝까지 계속 반복되고 있는데도 사람의 마음을 묘하게 움직이는 것 같아요. 이런 형태의 음악을 '미니멀리즘 음악'이라고 부르더군요.

류수연 '미니멀리즘'이라고 하니 갑자기 축소 지향적인 일본 문화가 연상되는데 그것과는 무관한 것이겠죠?

차선생 그렇죠. 미니멀리즘 음악은 복잡하고 난해한 현대음악이 청중들에게 외면을 받자 이에 대한 반발로 나타난 음악사조라고 보면 될 것 같아요. 우리말로 극소주의라고 번역할 수 있는 미니멀리즘은, 처음에는 회화, 조각 같은 미술 분야에서 먼저 표현되었고, 음악 부문에서는 1960년 후반 미국에서 시작해 1970년대에 유럽에 상륙하면서 음악의 중요한 흐름으로 자리 잡았어요.

이 음악의 특징은 최소한의 선율, 리듬, 화성의 원형이 점진적으로 조금씩 변화하

음악의 수도사 아르보 패르트와 종

면서 반복된다는 것이에요. 음악이 지각하기 어려울 정도로 매우 느리게 변하므로 관심을 두지 않으면 별다른 매력을 느끼기 어려울 수 있지만, 이는 역설적으로 관심을 기울이고 들으면 매우 흥미로운 음악이 될 수 있다는 말이기도 해요. 아울러 미니멀리즘에 바탕을 둔 음악은 소나타 형식으로 이루어진 전통적인 음악 구조와는 판이하게 다른 형태예요.

배도반 아르보 패르트의 음악 세계를 간략하게 소개하면 그의 음악을 이해하는 데 도움이 될 것 같군요.

차선생 아르보 패르트는 발트해 연안의 소국인 에스토니아 출신 작곡가로, 미니멀리즘 음악 중에서도 중세 교회의 종교적인 색채가 짙은 작품을 써 왔어요. 그의 대표작으로 알려진 「슈피겔 임 슈피겔 Spiegel Im Spiegel」은 '거울 속의 거울'이라는 뜻으로, 흰 빛은 프리즘을 통해서만 그 내부의 색을 보여 주듯이 감상자의 영혼을 통해 비추어지는 색을 찾기 위해 가장 절제되고 순수한 음악을 들려주고 있지요. 가장 단순한 세 개의 음을 감상자의 영혼에 투영시켜

명상의 세계로 인도하는 듯한 정적인 아름다움을 감상자에게 전해
주는 것 같아요.

작곡자 자신은 최소한의 세 개 화음으로 울리는 이 경건하고 신비
로운 소리의 세계를 '틴티나불리Tintinnabuli'라고 불렀다고 하는군
요. 라틴어인 이 단어는 '종이 딸랑딸랑 울린다'는 의미의 의성어
이지요. 피아노 반주는 종소리를 뜻하며, 여기에 맞추어 진행되는
느린 바이올린 선율이 신비롭고 정적인 명상의 세계를 연출하고
있어요.

인간의 시원에서부터 울린 종소리

「**범종**」 김동학

차선생 이번 시간에는 작곡자를 직접 초대하여 이야기를 들어 보는
특별한 시간을 마련했어요. '종소리'가 주제인 만큼 그에 어울리는
음악을 작곡하신 분이죠. 안녕하세요.

작곡자 이렇게 음악을 사랑하는 분들과 만나게 돼 영광입니다.

차선생 작곡자를 모시기 전, 저희는 에스토니아 작곡자 아르보 패르트
의 작품을 감상했어요. 아르보 패르트는 유별나게도 종소리에 많
은 관심을 가진 사람이었죠. 작곡자도 종을 소재로 한 작품을 썼는
데 자신의 작품에 대해 구체적으로 소개해 주시죠?

작곡자 「범종」은 2004년 독일 유학 중에 작곡한 곡이에요. 유학 생활
중 유일한 친구가 있었다면 그것은 바로 차茶였지요. 따뜻한 차를

마시면서 여러 상념을 정리하곤 했는데, 그때 즐겨 들었던 것이 예 불음악이며 특히 해인사에서 녹음한 종소리와 북소리를 많이 들었던 것 같아요.

반복해 듣다 보니 문득 종소리를 컴퓨터로 분석해 보면 어떨까, 하는 생각을 하게 되었고 곧 작업에 들어갔지요. 그래서 종소리에 기초한 스펙트럼 화음을 만들게 되었어요.

종을 한 번 '땡~' 치면 그 속에는 어떤 한 가지 음만 있는 것이 아니라 무수히 많은 소리가 담겨 있어요. 그중에 우리 귀에 들리는 특정한 소리가 바로 그 종소리입니다. '도' 음을 치면 그중에는 '도' 음 외에도 무수히 많은 음이 숨어 있는데 제일 크게 나는 소리가 '도' 음이기 때문에 그것을 '도'라고 하는 것과 같은 이치이죠.

그래서 '땡~' 하고 울려 퍼지는 많은 소리 가운데 스펙트럼으로 분석된 가장 중요한 음들만을 뽑아내어 작업을 해 나간 것이에요.

_{차선생} 작곡자가 종소리에 근거해 「범종」이라는 작품을 쓰게 된 어떤 계기 같은 것은 없었습니까?

_{작곡자} 이 곡을 쓴 모티프는 그 당시에 하나의 소리에 대한 것인데, '하나가 모든 것이고 모든 것이 하나이다.'라는 스스로의 깨달음을 얻게 되었다고 할까요. 그때부터 제 자신의 음악이 달라지기 시작했지요.

문득 '종이란 게 뭘까.' 하고 생각하게 되었어요. 불교가 우리나라에 전래된 후 각 사찰에서 수많은 종이 만들어져 지금까지 계속 울리고 있는데, 이 종소리야말로 우리나라를 꾸준히 이어 주고 있는 소리가 아닐까 싶더군요. 인간사의 모든 것들이 다 기록으로 남게

되는데, 어쩌면 이 종소리가 우리의 모든 삶들에 대한 또 다른 기록일 수 있겠다는 생각이었던 것 같아요.

매년 새해가 되면 종을 치고 그 소리를 들으며 사람들은 온갖 소원을 빌기도 하는데, 불가佛家에서는 종소리가 깨달음에 이르지 못한 모든 중생을 구제하는 의미를 지니고 있다고 합니다.

종이 한 번 울리면 그 울림이 해인사의 깊은 산골짜기와 경주 남산의 능선을 굽이굽이 타고 넘어 다니면서 '희망'이라는 메시지를 방방곡곡에 전해 주는 것 같아요. 그래서 내 삶의 영혼이기도 하지만 모든 중생들의 희망의 소리이기도 한 이 종소리를 오선지에 담게 되었지요.

차선생 곡을 쓰면서 특별히 기억에 남는 일 같은 것은 없었는지요?

작곡자 작곡은 독일에서 했지만 유학을 떠나기 전에 이미 구상은 하고 있었기 때문에, 이 곡을 쓰기 위해 여러 절을 돌아다녔어요. 물론 종소리를 듣기 위해서였지요. 그러다 보니 때로는 한 절에 며칠씩 묵을 때도 있었고요. 언제 다시 그런 시간을 갖게 될지 기약도 없는 바쁜 일상 속에서, 지나간 그때를 돌이켜보면 인생 공부도 참 많이 했다는 생각을 하게 되더군요.

악마와 거래한 천재의 땀방울 같은 작은 종소리
「바이올린 협주곡 제2번」 b단조, Op.7 파가니니

차선생 "지금 파가니니가 다시 태어난다면, 나는 이 바이올린을 영원히 선반 위에 올려놓아야 할 것이다."

이 말은 브람스의 절친한 친구이자 당대 최고의 바이올리니스트로 인정받았던 요제프 요아힘이 한 말이에요. 이것은 파가니니가 얼마나 대단한 연주자였는지 단적으로 말해 주는 것이지요.

파가니니는 베토벤보다 12년 늦은 1782년 10월 27일 이탈리아 제노바에서 태어났어요. 진정한 비르투오소Virtuoso(명인, 대가)는 바로 파가니니를 두고 하는 말이 아닌가 싶을 정도로 그는 뛰어난 연주자였죠. 낭만파 최고의 피아니스트 중 한 명인 리스트도 "나는 피아노의 파가니니가 되겠다."라고 한 것은 잘 알려진 일화이지요.

여하튼 신기에 가까운 기교로 전 유럽을 들끓게 했던 그의 바이올린 연주에 대해서 온갖 비화가 난무하는데, 가장 절정을 이룬 것은 파가니니가 악마와 계약을 맺었다는 식의 루머였어요. 그렇게 되기까지는 그의 외모도 단단히 한몫했던 것 같아요. "장신장발의 수척한 몸을 검정색 의상으로 두르고 무대에 나선 그의 모습은 귀기마저 감돌 정도였다."라고 한 시인 하이네의 이야기도 전하더군요. 이렇듯 귀신과 관련된 온갖 풍문에 휩싸여 살다 보니, 그는 죽어서도 자신의 고향땅인 제노바에 묻히지 못하고, 그의 시체가 여러 곳을 전전하는 불행을 겪기도 했지요.

배도반 파가니니는 뛰어난 연주자이기도 했지만, 작곡가이기도 했으므로, 그가 남긴 작품은 대부분 바이올린 곡이겠지요. 그리고 대부분 최고의 기교를 요구하는 난곡이었을 테고요.

차선생 이야기 그대로이군요. 그는 바이올린과 함께 기타의 명인이기도 했어요. 그래서 소나타를 포함한 기타 곡도 많이 남겼지만, 역시 그의 본령은 바이올린이었어요. 그는 모두 6곡의 바이올린 협주곡을 남겼는데, 그중 1, 2번을 제외하고는 연주되는 경우가 흔하지 않아요. 그중에서도 특히 「바이올린 협주곡 1번」은 세기의 바이올리니스트였던 하이페츠조차 연주하기를 꺼려했을 정도로 바이올린의 모든 기교가 총동원되어 있는 최고 명곡으로 손꼽히고 있지요. 파가니니도 이 곡에 가장 큰 애착을 갖고 있었다고 하더군요.

류수연 그런데 선생님은 왜 1번이 아닌 2번 협주곡을 들고 나왔나요? 혹 개인적으로 이 곡에 얽힌 사연이라도 있나 봐요.

차선생 수연이가 궁금해 하는 그럴 듯한 사연은 없어요. 그냥 내가 클래식 음악을 듣기 시작했을 때 가장 많이 들었던 곡 중 하나였다는 거죠. 그때 책을 통해서 파가니니라는 음악가를 알게 되었고, 귀신하고 거래했을지도 모른다는 이 바이올리니스트가 만든 음악이 도대체 어떤 것일까 궁금했어요. 그런데 다들 1번이 더 유명하고 훌륭한 곡이라고 했지만, 저는 2번 협주곡이 더 마음에 들었고 그래서 더 많이 들었던 것 같아요.

파가니니의 「바이올린 협주곡 2번」이 여러 면에서 1번보다 작품성이 떨어진다는 평을 받으면서도 세상에 그 존재를 널리 알린 계기가 있었어요. 그것은 다름 아닌 피아니스트 리스트가 이 협주곡의 3악장 〈라 캄파넬라〉를 주제로 사용하여 자신의 연습곡으로 만들어 연주하면서부터였지요.

류수연 '라 캄파넬라La campanella' 가 무슨 뜻이죠?

차선생 이번 음악감상회의 주제가 '종소리' 에 관한 것이잖아요. '라 캄파넬라' 는 바로 그 '종소리' 를 의미해요. 그렇다고 우리의 성덕

대왕신종 같은 거대한 종을 떠올리면 좀 곤란하고, 그냥 들고 다닐 정도의 조그만 종을 생각하면 돼요.

배도반 바이올린 연주의 계보에는 '프랑코-벨기에 악파' 나 '러시아 악파' 처럼 유명한 계파가 있는데, 그토록 뛰어난 연주자였던 파가니니는 왜 그의 연주를 계승한 악파가 없는 거죠?

차선생 그것은 파가니니가 자신의 연주 기술을 노출시키지 않으려고 제자를 키우지 않았던 이유 때문이라고 해요. 그것은 자신에 대한 신비감을 증폭시켜 몸값을 더 올리려는 계산도 깔려 있었던 것으로 보고 있어요. 그는 전설적인 인물이었지만, 어쩌면 스스로를 고의적으로 전설화시켰는지도 모르는 일이지요.

그렇지만 잊지 말아야 할 사실은 그의 신기가 하늘로부터 타고난 것이 아니라 하루에 10시간 이상의 피나는 노력을 통해 이루어졌다는 사실이에요. 당시 파가니니에게 박수갈채를 보낸 사람이 일반 청중보다 쇼팽, 슈만, 베를리오즈 같은 쟁쟁한 음악가들이었다는 사실은 시사해 주는 점이 크다고 해야겠군요.

1 「거울 속의 거울Spiegel Im Spiegel」 아르보 패르트
블라디미르 스피바코프(바이올린) / 세르게이 베즈로드니(피아노)

2 「범종梵鍾」 김동학

3 「바이올린 협주곡」 제2번 b단조, Op.7 파가니니
Ⅰ 알레그로 마에스토소 │ Ⅱ 아다지오 │ Ⅲ 론도 (라 캄파넬라)
예후디 메뉴인(바이올린) / 알베르토 에레데(지휘) / 로열 필하모닉 오케스트라

Album #3

천재의 손끝
거장의 숨결로 듣는 음악

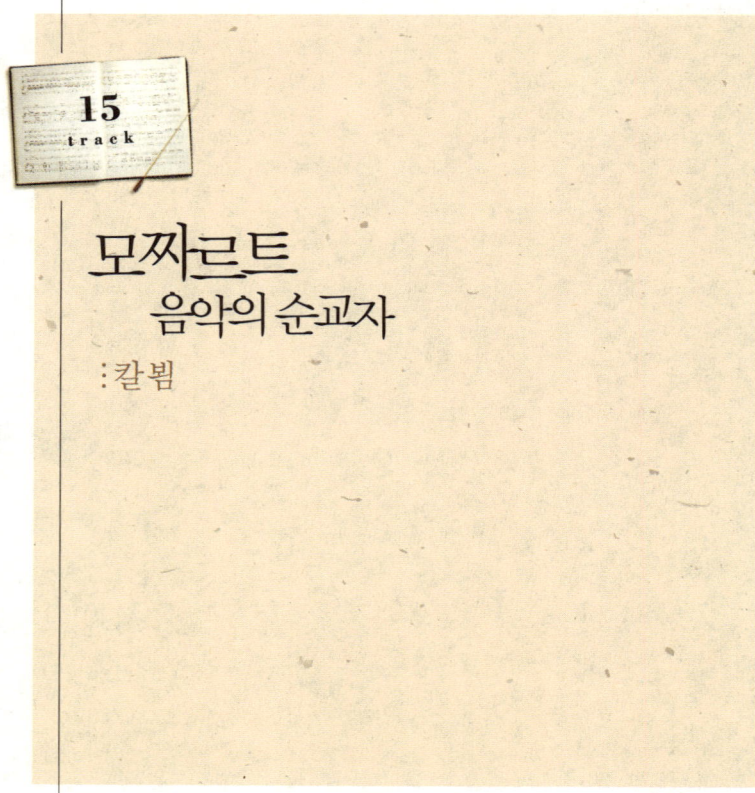

15
track

모짜르트
음악의 순교자
:칼뱅

공부하며 듣는 눈물의 순수음악

「교향곡 40번」 g단조, K.550 모짜르트

배도반 학창 시절 음악 시간으로 되돌아가 보면, 그땐 참 한심한 방법
으로 음악을 접했던 것 같아요. 바흐는 '음악의 아버지', 슈베르트
는 '가곡의 왕', 쇼팽은 '피아노의 시인'. 아니면 세계 3대 교향곡
은 베토벤의 「운명」, 드보르자크의 「신세계로부터」, 차이코프스키

의 「비창」이라는 식으로 지극히 단편적으로 암기하는 게 전부였어요. 음악도 시험을 쳤으니 그런 식으로 가르치고 또 배웠겠지요. 게다가 영어 선생님께 음악을 배우고, 미술 선생님께 한문을 배우던 시절이었으니 어련했겠어요. 그래도 그런 기억 속에 남아 있는 명곡 중 하나가 바로 모짜르트의 「교향곡 40번」이었어요.

차선생 그래도 다행한 일인 것 같은데요. 요즘은 그것조차 외고 다니는 아이를 찾아보기 어려워요. 지금 청소년들의 가장 큰 관심은 오직 '춤' 하나뿐인 것 같아요. TV를 틀면 너도나도 댄스음악을 부르고 로봇처럼 짜맞춘 춤만 보여 주지요. 가수뿐만 아니라 탤런트도 춤, 개그맨도 춤, 심지어 아나운서도 춤, 그래서 모두 춤으로 통하는 세상이니까요. 그런 환경에서 고전음악에 귀 기울일 아이가 얼마나 될까요?

류수연 그래도 나는 모짜르트의 「교향곡 40번」 정도는 알고 있는데……. 그런데 사람들은 왜 이 곡을 그토록 좋아하는지 모르겠어요. 단지 유명한 곡이어서일까요, 아니면 사람의 마음을 움직이는 그 무엇이 있어서일까요?

차선생 이 곡을 두고 오스트리아의 작곡가이자 역사가인 아우구스트 빌헬름 암브로스August Wilhelm Ambros(1816~1876)는 '순수음악으로 이처럼 완전한 것이 또 있을까, 하고 생각하는 것조차 무익한 일'이라고 찬탄했다는군요. 게다가 모짜르트를 잇는 작곡가 베토벤, 슈베르트, 멘델스존도 이 곡에 찬사를 쏟았다고 해요. 이 곡은 그 내면에 느껴지는 그윽한 슬픔으로 인해 '눈물의 교향곡'이라고도 불린다는데, 좀 당혹스런 부분도 있긴 하죠.

이 곡은 당연히 고전주의 시대에 쓴 작품이지만 형식적으로 가장 완벽하다는 그의 또 다른 「교향곡 41번」에 비해 훨씬 더 낭만적인 분위기를 지녔어요. 또 우리나라 사람들이 좋아할 만한 적당한 페이소스까지 갖추고 있어, 일반 음악애호가들에게 41번 교향곡보다 더욱 사랑받는 이유가 아닐까 싶어요. 이런 명곡이 언제 연주될지 알 수 없는 막연한 현실 속에서 샘솟듯 솟아나는 악상을 억누를 길 없어 하염없이 악보를 채워 나갔을 안타까운 상황을 떠올리면 차라리 드라마적이기까지 한 것 같아요.

류수연 모짜르트 음악이 지닌 슬픔과 차이코프스키 음악이 지닌 슬픔은 근본적으로 다른 감정 같거든요. 이를 어떻게 설명할 수 있을까요?

차선생 모짜르트는 1764년 여덟 살 어린 나이로 첫 교향곡을 작곡했어요. 훗날 그의 작품이 아닌 것으로 밝혀진 것까지 포함하면 총 41곡의 교향곡을 작곡했어요. 모짜르트는 결코 순탄치 않은 삶을 살았지만, 그의 작품은 대부분 장조로 이뤄져 있죠. 이례적으로 교향곡 25번과 40번은 단조로 되어 있어요. 그중 「교향곡 40번」 g단조는 흔히 이야기하는 모짜르트 최후의 3대 교향곡 중 가운데 위치하고 있는 곡으로, 앞뒤 두 장조곡 사이에 끼어 있어서 그런지 다른 두 곡이 지닌 밝고 화려함과는 대조적으로 그윽한 슬픔을 내비추고 있지요. 하지만 그 슬픔은 「비창」 같은 표제음악으로 상징되는, 낭만주의 작곡가들의 통속적인 느낌과는 다른, 단지 단조라는 조성으로 객관화된 슬픔이라는 점이 특별하죠.

배도반 어떤 음악평론가는 이 곡이 너무 유명해 오히려 내면적인 깊이를 보지 못하게 하는 오류를 범하게 한다고 이야기하더라고요.

그럴 수 있겠다는 생각이 들어요. 차라리 처음부터 아무 선입견 없는 백지 상태에서 들었더라면 자신만의 관점에서 이 곡을 이해할 수도 있었을 텐데, 너무 범람하는 자료를 미리 접하다 보니 이미 머릿속에 곡의 성격이 다 규정되고 정형화돼 들어 보기도 전에 벌써 다 알고 있는 것 같은 착각을 불러올 수 있으니까요.

차선생 배도반의 말에 공감하는 부분도 있지만, 충분한 자료를 읽고 난 뒤 비로소 그 음악을 듣는 사람은 그렇게 많지 않을 것 같아요. 음악애호가들은 대부분 자기 방식이나 그때 기분에 따라 음반을 골라 듣는 경우가 많아요. 베토벤의 「운명」 교향곡이 아무리 훌륭해도 들을 때마다 똑같은 감동을 안겨 주는 것은 아니라고 생각해요. 오래 기억에 남는 이야기가 하나 있는데, 음악을 굉장히 좋아하는 소설가 한 분이 한동안 인도에 머문 적이 있었대요. 찌는 듯한 더위에 시달려 음악을 듣는 일 자체가 고통스러웠는데, 유일하게 귀에 들어오는 음악이 바흐였다는군요.

올바른 감상법이 아닌지 몰라도 음악감상은 그때 기분이나 분위기에 따라 골라 듣는 재미가 있어요. 약 10년 동안 음악감상회를 진행해 온 경험으로는, 소나타 형식을 체계적으로 공부하겠다는 목표로 베토벤 피아노소나타 32곡을 1번부터 차례대로 틀면 한두 사람을 빼고는 감상회를 계속 찾을 사람이 별로 없을 거라고 봐요. 음악감상을 형이상학적인 경지까지 추구하는 애호가들에게는 체계적인 감상이 각별한 즐거움을 줄 수 있겠지만, 때로는 단순하게 음악을 들어 보는 것도 음악을 즐기는 좋은 방법이 아닐까 싶어요. 물론 공부할 필요가 없다는 말은 결코 아니에요.

배도반 선생님의 말씀은 받아들이기에 따라 논란의 소지가 될 수도 있겠군요. 주관과 객관의 갈림길에서 감상자의 선택이 중요한다는 점을 강조하였는데, 공부가 싫어도 필요하다면 억지로라도 해야 하는 것 아닌가요. 공부는 이해의 폭을 넓히는 가이드인 셈이니까요. 아는 만큼 보인다는 말처럼 아는 만큼 들리는 것이 음악이라고 생각하거든요.

차선생 옳은 말이에요. 저 역시 공부하지 않으면 이 일을 할 수 없는 거잖아요. 다만 음악감상이라는 분야가 대부분의 사람에게는 생계와 직결되는 것이 아닌 취미의 세계이기 때문에 특정 사항을 지나치게 강요하는 것은 바람직하지 않다는 뜻이지요. 그렇지만 사람들에게는 누구나 어느 정도의 지적 욕구가 있다고 보기 때문에, 공부도 곁들여 가면서 자신이 듣고 싶은 음악을 골라 듣는 일은 정말 일정 수준 이상의 취미가 될 것 같아요.

류수연 너무 어려운 이야기가 오가는 것 아닌가요. 그러다 주눅이라도 들면 어떡해요?

차선생 그렇긴 하지만 본질에 접근하는 방법론에 관한 의견 교환이니까, 수연이가 그것을 이해해 줬으면 해요.

법의학자를 음악으로 이끈 천재
「교향곡 41번」 C장조, K.551 「주피터」 모짜르트

배도반 모짜르트가 남긴 교향곡 41곡 중에서 최고의 걸작으로 손꼽히

는 또 한 곡을 감상하는 셈이로군요. 교
향곡 41번은 「주피터」라는 이름만큼이
나 당당한 작품일 것 같아요. 그런 점이
이 작품에 관심을 갖게 하는 이유이기도
하겠지요?

음악의 '제우스' 모차르트

차선생 이 작품은 자필 악보가 베를린 국립
도서관에 소장되어 있는, 모차르트 최후
의 교향곡이에요. 그의 교향곡 중에서 가
장 널리 알려지고 가장 사랑받는 또 하
나의 명곡이지요. 흔히 고통 속에서 이루어 낸 베토벤의 「운명」 교
향곡에 비유되곤 하는 이 곡은 고전주의 음악 가운데에서도 교과
서적인 구성상의 완벽함으로 모차르트 교향곡 중에서도 으뜸으로
평가받고 있더군요. 물론 이 곡은 모차르트가 어떤 연주회를 위해
쓰긴 했지만 이면에는 그의 궁핍했던 생활을 돕기 위한 목적도 있
었던 모양이에요. 일설에는, 19세기 전반에 활약한 영국의 피아니
스트이자 작곡가 요한 밥티스트 크라머Johann Baptist Cramer
(1771~1858)가 「주피터」란 제목을 붙였다고 해요. 그리스 신화에 나
오는 최고의 신 '제우스'의 로마식 명칭이 '주피터'인 것처럼, 모
짜르트의 작품 가운데 단연 최고의 위치에 있음을 강조한 것이라
고 볼 수 있겠죠.

류수연 모짜르트의 천재성을 이야기할 때 흔히 그의 마지막 3개의 교
향곡을 인용하는데, 어떤 이유에서 그런가요?

차선생 이미 40번 교향곡에서도 언급했듯, 모짜르트는 그의 마지막을

CARL BOHM

Amanhã
no TEATRO NACIONAL DE S. CARLOS
ORQUESTRA FILARMONICA DE BERLIM

CARL BOHM
Sob a direcção do maestro Karl Bohm
NUM CONCERTO QUE FICARA' MEMORAVEL
Pedidos de inscrição pelo telefone 22200

젊은 시절의 칼 뵘

장식하는 3대 교향곡 39번 E♭장조 · 40번 g단조 · 41번 C장조를 모두 같은 해인 1788년 한 해에 작곡했어요. 물론 작곡가의 능력이나 음악의 완성도를 단지 시간이라는 잣대만으로 평가하기는 어렵지만, 베토벤의 「합창」 교향곡이나 브람스의 제1번 교향곡이 20년 넘는 긴 세월에 걸쳐 완성된 것과 비교하면, 모짜르트의 천재성을 유감없이 증명할 수 있는 대목이죠.

특히 41번 교향곡은 청순하면서 풍부한 정감이 모짜르트 특유의 한 차원 높은 아름다운 멜로디로 그려지고 있어요. 모짜르트 연주의 대가인 지휘자 브루노 발터Bruno Walter(1876~1962)는 오케스트라 단원들에게 "울고 싶을 정도로 밝게 연주해야 하고, 또 밝아지지 않으면 안 된다."라고 이야기했다고 해요. 교향곡 제41번은 겨우 보름 만에 작곡했는데, 4악장으로 이뤄진, 그것도 베토벤 이전

최고의 교향곡으로 평가받는 명곡을 그토록 짧은 시간에 완성할
수 있었다는 사실은 경이롭다는 말 외에는 달리 표현할 방법이 없
을 것 같아요.

배도반 지휘자 칼 뵘을 모짜르트 음악의 스페셜리스트라고 부르는 이
유는 무엇일까요?

차선생 "Bohm dirigiert richtig(뵘은 정확하게 지휘한다)."

빈 국립가극장의 수석연출가를 지내고 음악평론가로도 유명한 마
르첼 프라비Marcel Prawy의 이 한마디가 그의 음악 스타일을 가장
함축적으로 표현했다고 봐요. 뵘의 음악은 처음에는 무덤덤하고
청각을 자극하는 개성 같은 것이 잘 보이지 않아 그저 평범한 것처
럼 느껴져요. 하지만 곡이 진행될수록 사람의 마음을 끌어들이는
이상한 힘 같은 것이 느껴진다고 하지요. 그것을 '뵘 스타일'이라
고 하는지 모르겠지만, 그를 좋아하는 사람들의 이야기를 들어 보
면 한결같이 '어느 쪽에도 치우치지 않고 연주의 기준을 만들어 주
는 지휘자가 바로 칼 뵘'이라고 해요. 이를테면 베토벤의 「교향곡
제5번」 c단조는 수많은 명연주가 존재해도, 결국 칼 뵘의 연주에
제일 마음이 간다는 사람이 많더군요.

류수연 그럼 칼 뵘에게 모짜르트는 어떤 작곡가로 비쳐졌을까요?

차선생 널리 알려진 이야기 하나를 들려줄게요.

"내가 만일 길을 걷다 베토벤을 만나면 깜짝 놀라 모자를 벗고 절
을 할 것이다. 그러다 모짜르트를 만나면 나는 아마 그 자리에서
기절하고 말 것이다."

이 말은 지휘자 칼 뵘이 모짜르트를 어느 정도 경외하는지 단적으

로 보여 주는 게 아닐까요? 모짜르트에 대한 뵘의 열정은 정말 각별했어요. 뵘은 한 번도 하기 어려운 모짜르트 교향곡 전곡 녹음을 두 번이나 시도했는데, 아쉽게도 빈 필과의 두 번째 전곡 녹음을 마무리하지 못한 채 눈을 감고 말았다고 해요. 그는 지휘자 브루노 발터에게 이어받은 모짜르트의 음악 정신을 평생토록 지켜 나갔고, 더불어 모짜르트의 고향인 잘츠부르크에서 87세를 일기로 세상을 떠남으로써 스스로 모짜르트 음악의 순교자가 된 셈이죠.

류수연 칼 뵘의 외모를 보면 다정다감한 것과는 거리가 먼, 무뚝뚝하고 재미없는 학자풍의 인물처럼 보여요.

차선생 사실 그는 법학도였고 법학박사 학위까지 받은 사람이었죠. 하지만 자신의 내부에서 끓어오르는 음악에 대한 열정을 주체하지 못하고 결국 음악가의 길을 걸었어요. 칼 뵘처럼 전공이나 직업을 바꿔 성공한 음악 천재들이 많아요. 차이코프스키는 공무원 생활을 하다 음악가가 되었고, 「전람회의 그림」으로 잘 알려진 무소르그스키는 원래 군인이었으며, 지휘자 카를로스 클라이버는 공과대학 출신이었어요. 20세기 지휘계의 제왕이라 불리는 카라얀도 기술자가 되려고 공업학교에 갔다가 음악으로 극적인 방향 전환을 했으며, 베를리오즈, 크라이슬러, 시노폴리도 의학을 전공했지만 결국에는 음악가의 삶을 살게 되었지요.

배도반 지휘자의 모습을 영상으로 보는 일도 음악감상의 또 다른 재밋거리인데 칼 뵘은 본격적인 디지털 시대가 열리기 전의 지휘자였으니 흑백 영상은 몰라도 화질이 우수한 컬러작품은 구하기 힘들 것 같은데 어떤가요?

차선생 뵘의 지휘 모습은 화려함과는 너무도 거리가 먼 매우 절제된 동작만으로 지휘봉을 움직이기 때문에 번스타인이나 클라이버처럼 지휘 자체만으로도 볼거리가 풍부한 그런 모습을 기대하면 크게 실망할 것 같아요. 게다가 최소한의 표정 변화조차 찾아보기 힘든 무미함의 극치를 달리지요. 하지만 그 속에서도 노대가로서의 위엄과 음악을 향해 타오르는 열정을 보여 주는 그만의 드높은 정신세계를 느낄 수가 있어요. 영상물이 한창 쏟아져 나오던 때에도 그의 영상은 찾아보기 힘들었는데, 최근 모짜르트의 교향곡과 레퀴엠을 지휘한 DVD가 출시되어 그에 대한 갈증이 상당 부분 해소되었다고 할 수 있지요.

1 「**교향곡 40번**」 g단조, K.550 모짜르트
　Ⅰ 몰토 알레그로 | Ⅱ 스케르쪼(알레그로) | Ⅲ 메뉴에토 알레그레토 | Ⅳ 알레그로 모데라토

2 「**교향곡 41번**」 C장조, K.551 「**주피터 Jupiter**」 모짜르트
　Ⅰ 알레그로 비바체 | | Ⅱ 안단테 | Ⅲ 메뉴에토 알레그레토 | Ⅳ 알레그로 아사이
칼 뵘(지휘) / 빈 필하모닉 오케스트라

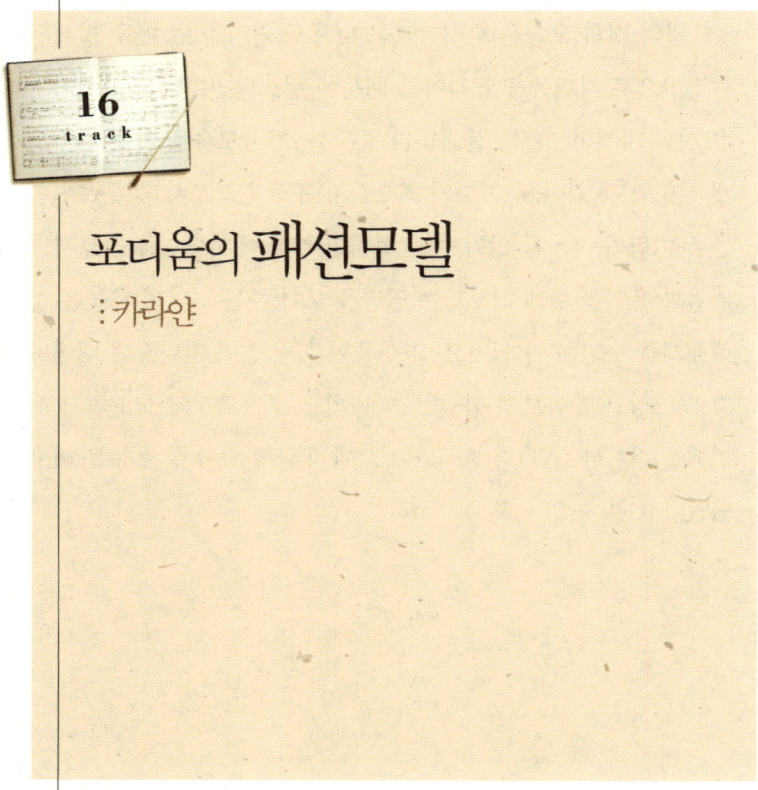

포디움의 패션모델

:카라얀

차선생 카라얀만큼 찬사와 비난을 함께 받은 지휘자가 또 있을까요? 그야말로 영욕의 삶을 함께 살았던 카라얀은 분명 보통 사람은 하나도 갖기 어려운 재능을 한꺼번에 가진 천재였는지 모르겠어요. 눈을 감고도 악보 속에 들어 있는 내용을 훤히 들여다볼 수 있는 뛰어난 음악적 재능, 앞날을 바라보는 탁월한 혜안, 천부적인 기회 포착력과 처세술, 질투를 느낄 정도의 수려한 외모와 패션 감각, 웬만한 CEO들을 뺨칠 정도의 비즈니스 능력, 자가용 비행기를 직접 몰고 다닐 정도의 경제적인 수완 등 일일이 다 열거하기 어려울 정도이지요.

오페라의 역사를 바꿨다는 마리아 칼라스가 인간적인 면에서 비난받았어도 그녀가 이룬 예술 업적만큼은 누구도 부정할 수 없는 것처럼, 카라얀 역시 아무도 넘볼 수 없을 만큼 위대한 음악 유산을 남기고 저 세상으로 사라져 버렸군요.

카라얀은 누구보다 일찍 영상의 중요성을 인식해 '텔레몬디알 파운데이션Telemondial Foundation' 이라는 영상전문회사까지 차려 자신의 모습을 기록했지요.

1965년~66년 사이의 연주를 담은 흑백 모노럴인 이 영상은 레이저 디스크라는 첨단 매체가 상업화되면서 비로소 우리 앞에 그 모습을 드러냈어요. 이 음반에는 베토벤 「교향곡 제5번」, 모짜르트 「바이올린 협주곡 제5번」, 드보르자크 「교향곡 제9번」, 슈만의 「교향곡 제4번」 등이 수록되어 있어요. 그리고 슈만 「교향곡 제4번」의 리허설 장면도 함께 들어 있어 색다른 볼거리를 제공해 주더군요. 음악감상회에서 리허설 영상만으로 하나의 프로그램을 만들어 봐도 정말 재미있겠어요.

배도반 이제 영상을 보면 알겠지만, 1965년 무렵이면 카라얀이 60세가 되기 전이겠군요. 세상의 그 누구도 부럽지 않은 자리에 올라 자신이 원하는 것을 모두 이룰 수 있었던 때였으니 여러모로 참 대단했겠어요.

차선생 아마 카라얀보다 더 많은 녹음을 남긴 지휘자는 없다고 단정해도 좋을 만큼 그의 레퍼토리는 방대하지요. 특히 그가 젊은 시절

오케스트라와 녹음 중인 카라얀

에 남긴 연주가 음악적으로 훨씬 좋은 평가를 받고 있는데, 이 연
주를 들어 보면 그 이유를 알 것 같아요. 특히 베토벤의 「교향곡 제
5번」은 굉장하죠. 베토벤 교향곡 전곡을 몇 차례나 녹음했던 그에
게 이 곡은 최상의 레퍼토리이기도 하겠지만, 처음부터 끝까지 단
한순간의 이완도 없이 몰아치는 집중력과 추진력은 훗날 그의 연
주에서는 느낄 수 없는 것이에요. 걷거나 지휘봉을 휘두르는 일에
도 힘에 부쳐 하던 만년의 모습만 본 애호가라면 반드시 봐야 할
기록물이 아닐까 싶어요.

이 영상은 녹음하는 모습을 담은 기록으로 보여요. 연주복 차림이
아니어서 보기에도 편안하지만 알려진 대로 그의 패션 감각이 웬만
한 모델 뺨칠 정도여서 굳이 지휘자가 아닌 패션모델로 나섰어도
크게 성공하지 않았을까 싶을 정도이더군요. 카라얀의 생전에 누린
인기의 상당 부분에는 수려한 그의 외모도 한몫했을 것 같아요.

음악 신동, 천재를 연주하다

「바이올린 협주곡 제5번」 A장조, K.219 모차르트

차선생 엄청난 작품 수를 자랑하는 모차르트는 모든 장르에 걸쳐 골고루 작품을 남겼지요. 협주곡 분야도 예외가 아니어서 첼로를 제외한 거의 모든 독주악기를 위한 곡을 썼어요. 그중에서 피아노 협주곡이 27곡으로 가장 많은 수를 차지하고, 그 다음이 바이올린 협주곡 5곡이에요. 사실 모차르트는 8곡의 바이올린 협주곡을 남긴 것으로 알려져 있지만, 그의 작품인지 의심되는 곡을 제외하면 5곡이 되는 셈이죠. 이 5곡은 끝없는 연주 여행으로 늘 떠돌이 생활을 해야 했던 모차르트가 19세 때, 고향인 잘츠부르크에 잠시 머무르면서 작곡했다고 해서 '잘츠부르크 협주곡'이라고 부르게 되었어요. 모차르트는 교향곡과 마찬가지로 이 5곡을 악보에 남기는 데 겨우 8개월밖에 걸리지 않았다고 해요. "역시!"라는 탄성밖에 나오지 않네요.

류수연 모차르트의 곡은 음악이 울리는 순간 "아, 모차르트구나."라는 게 느껴져요.

차선생 1775년에 작곡된 「바이올린 협주곡 제5번」은 '잘츠부르크 협주곡' 시리즈의 대미를 장식하는 것으로, 이 곡에서도 예외 없이 순백의 깨끗함과 물 흐르듯이 자연스러운 모차르트의 작풍이 그대로 느껴져요. 수연이가 "모차르트!"라고 느끼는 것도 바로 그런 이유 때문인 것 같아요.

류수연 오스트리아 사람인 모차르트의 작품에 느닷없이 왜 터키가 등

장할까요? 이 곡의 제목에 그런 부제가 붙어 있어서요.

차선생 이 곡은 비슷한 분위기로 흐르는 앞선 네 곡보다 전체적인 짜임새와 세련미가 더해졌어요. 특히 3악장 중반에 등장하는 터키 행진곡풍의 리듬으로 인해 '터키풍'이라는 부제가 따라다니게 된 것 같아요. 당시 오스트리아에는 터키 행진곡풍의 음악이 유행하고 있었기 때문에, 모짜르트가 의식적으로 자신의 작품에 사용한 것으로 추측하고 있어요. 이 곡 외에도 「피아노 소나타 제11번」 3악장은 '터키 행진곡Alla Turca'으로 이루어져 있어요.

배도반 이 연주에서 바이올린을 협연하고 있는 예후디 메뉴인Yehudi Menuhin(1916~1999)은 야사 하이페츠Jascha Heifetz(1901~1987)와 더불어 그 시대의 대표적인 음악 신동으로 유명했다고 알고 있어요. 그가 카라얀과 무대에서 만났으니 굉장했겠군요?

차선생 "어젯밤 당신이 들을 수 있었던 것은 인간 영혼의 미스터리를 더듬어 찾고 있는 당신의 숨소리였을지도 모른다."

이 말은 메뉴인이 열한 살 때 카네기 홀에서 프리츠 부쉬Fritz Busch 의 지휘로 베토벤 바이올린 협주곡을 협연한 후 보낸 매스컴의 찬사였어요.

러시아 유대계 집안에서 태어난 메뉴인은 세상을 깜짝 놀라게 한 대표적인 천재 바이올리니스트였지요. 훌륭한 스승을 두루 거치는 동안 그는 열심히 실력을 갈고 닦았으며, 유럽 무대에 진출해 그곳 음악계를 발칵 뒤집어 놓았다고 해요. 그의 연주를 지켜본 아인슈타인은 "아, 정녕 천국이 있다는 것을 실감했다."라면서 감탄해 마지않았다고 하더군요. 더 이상 어떤 찬사가 필요할까요.

인간의 영혼을 더듬는
바이올리니스트 메뉴인

메뉴인은 음악 신동이 겪는 필수 코스인 슬럼프라는 덫에 빠져 한
동안 실의의 나날을 보내기도 했지만, 음악에 대한 변함없는 사랑
과 피나는 노력으로 이를 훌륭하게 극복하였지요. 그리고 노년으
로 접어들수록 작품이 지닌 정신세계를 파고들면서 더욱 깊고 원
숙한 연주를 들려주었어요.

그는 음악가로서만이 아니라 다양한 사회 활동을 병행하면서 인권
옹호에 남다른 노력을 기울였고, 혜택받지 못하는 이들을 위해 적
극적인 연주 활동을 했어요. 런던으로 이주한 후로는 자신의 학교
를 설립, 교육자로서 음악에 재능 있는 아이들을 가르치는 일에도
힘썼다고 해요.

80세가 넘어서까지 "음악이 인간을 선하게 만들 수 있다."라는 어
린 시절의 믿음을 실현시키기 위해 마지막까지 노력한 도덕적인

인물이었던 메뉴인은, 한 시대의 귀감이 되기에 부족함이 없었던 위대한 음악가였어요.

배도반 메뉴인 음반 외에 이 작품의 매력적인 연주로 선생님이 추천하고 싶은 음반이 있다면 어떤 것일까요?

차선생 역시 가장 많이 들었던 연주가 애착이 남아요. 20여 년 전에 바이올리니스트 야샤 하이페츠가 말콤 사전트Sir Malcolm Sargent (1895~1967) 지휘로 런던 뉴 심포니 오케스트라와 협연한 것을 카세트테이프로 처음 들었는데, 약간 빠른 템포의 이 연주가 초보자였던 제 귀를 번쩍 열리게 했어요. 이 테이프는 나중에 늘어져서 더는 들을 수 없는, 추억의 음반이 되었어요. 그 다음 많은 들었던 게 어느 음반가이드에나 예외 없이 등장하는 아르투르 그뤼미오 Arthur Grumiaux(1921~1986)의 연주인데, 마치 벨벳 같은 이 고아한 연주는 이제 염가로도 발매되어 가격 대비 만점짜리 음반이라고 할 수 있어요.

모든 사람의 '운명'을 울리다
「교향곡 제5번」 c단조, Op.67 「운명」 베토벤

차선생 음악감상은 어떤 주기 같은 게 있어서 한동안 피아노곡에 빠져 지내다가, 어느 순간 성악곡만 파고들 때가 있지요. 그러다 한동안 잊고 지내던 관현악곡의 매력에 새삼 감탄하기도 해요. 하지만 베토벤 「교향곡 제5번」만큼은 예외일 것 같아요. 음악애호가라면 누구나 가장 좋아하는 음악으로 첫 손가락에 꼽는 이 곡은, 원하든 그렇지 않든 주기와 상관없이 늘 듣는 곡이니까요. 이 곡은 1악장만 듣거나 2악장만 따로 골라 듣는 성격의 곡은 아니라고 봐요. 일단 음악을 듣기 시작하면 중간에 멈출 수 없기 때문이지요. 그래서인지 이 곡을 듣기 전에는 으레 심호

베토벤

흡을 한 번 하는 버릇이 생겼어요. 마음의 준비를 해야 하기 때문이에요.

괴테는 "나는 이 교향곡을 들으면 천장이 당장이라도 와르르 무너질 듯 마구 흔들리는 느낌을 받는다."라고 말했다니 그것은 비단 제 혼자만의 느낌은 아닌가 봐요.

류수연 이 곡의 시작 부분은, 마치 운명이 문을 두드리는 소리와 비슷하다고 해서 '운명'이란 표제가 붙었다고 하더군요.

차선생 『베토벤의 전기』로 유명한 로맹 롤랑은 베토벤의 일생이 태풍이 휘몰아치는 하루와도 같았다면서 "만약 신이 인류에게 저지른 범죄가 있다면 그것은 베토벤에게서 귀를 빼앗아 간 일이다."라고 썼다고 해요. 정말 베토벤이 처한 운명은 한 인간이 자신의 의지로 감당하기에는 너무 가혹했던 것 같아요.

수연이 말대로 베토벤의 전기 작가 안톤 쉰들러가 곡의 시작과 함께 터져 나오는 '따따따 따~'라는 음형이 운명이 문을 두드리는 소리를 연상시킨다고 말하기도 했어요. 하지만 실제로 베토벤은 빈 공원의 산책길에서 새소리를 듣고 그것을 주제로 삼았다고 하

는 이야기도 있어요. "나폴레옹은 대포 소리로 세상을 놀라게 하였고, 베토벤은 새소리로 인류를 놀라게 했다!"라고 한 말은 바로 이를 두고 한 것으로 봐야겠지요.

류수연 간략하게 각 악장의 분위기를 스케치해 두면 감상에 도움이 될 것 같아요.

차선생 '운명의 동기'라는 모티프를 바탕으로 하는 제1악장은 소나타 형식이라는 틀에 맞추어 악장 전체가 한 치 빈틈 없이 유기적으로 구성되어 있어요. 마치 하나의 완벽한 건축물을 대하는 것 같아요. 단지 아름다움에 머무르지 않고 황제의 품격이 느껴질 만큼 당당하고 우아한 분위기를 지닌 제2악장은 자유로운 변주 형식으로 쓰인 평화와 휴식의 악장이라고 할 수 있지요. 돌연 3악장에서는 '운명의 동기'가 어두운 그림자로 모습을 바꾸어 나타나지만, '승리의 악장'이라고도 부르는 제4악장에 이르면 "베토벤이 드디어 운명과의 처절한 싸움에서 승리하여 감격에 찬 함성을 내지르는 것 같다."라고 로맹 롤랑이 말한 것처럼 3악장에 나타난 어둠을 일거에 물리치는 광휘에 찬 음이 폭포처럼 터져 나오죠. 특히 화려하고 열정적인 코다 부분에 이르면 어느 지휘자 할 것 없이 허공에 땀방울을 흩날리며 무아지경에 빠진 듯 지휘봉을 휘두르는데, 사람들은 이런 모습에서 어떤 카타르시스를 느끼는 모양이에요.

배도반 이 곡이 많은 사람에게 사랑받고 그들의 삶에 감동과 위안을 주는 이유는 무엇일까요?

차선생 갖은 역경을 이겨 내고 마침내 삶의 중심에 우뚝 선 사람들을 보면서 우리는 감동을 느끼고 또 그들을 통해 새로운 용기를 얻게 되지요. 「영웅」교향곡이나 「합창」교향곡이 그러하듯 베토벤의 작품에 기본적으로 깔려 있는 고난 극복을 위한 불굴의 투지가 승리의 감동으로 이어지기 때문에 사람들은 그와 그의 작품에 더 특별한 가치를 부여하고 또 애착을 느끼는 것 같아요. 더불어 이 곡은 인간이 지닌 희로애락을 있는 그대로 그려 내고 있는 가장 인간적인 음악이라고 느끼기 때문인지도 모르겠군요.

배도반 「운명」을 사랑하는 사람의 숫자는 헤아린다는 게 무의미할 만큼 많을 거예요. 아마 그들 모두 제각기 이 곡을 좋아하게 된 사연이나 이유가 한두 가지씩은 있을 것 같아요.

차선생 「운명」과 관련된 유명한 일화가 몇 가지 있죠. 괴테는 멘델스존이 지휘한 이 곡을 듣고 "그저 경탄할 수밖에 없는 위대한 음악이다."라고 평했다고 해요. 또 베토벤을 애써 외면했던 베를리오즈의 스승 르쥐외르M. Lesueur는 "연주회가 끝난 후 모자를 쓰려할 때 난 내 머리가 어디에 붙었는지 찾지 못하였네. 다시는 이런 음악은 작곡되어서는 안 될거야."라고 충격에 휩싸인 채 이야기했다고 해요. 그러자 베를리오즈마저 "걱정 마세요. 어느 누구도 이런 작품을 쓰지는 못할 테니까요."라고 말했다고 합니다.

제 주위에도 늘 이 곡을 흥얼거릴 정도로 좋아하는 직장동료가 있어요. 어느 날, 어떤 계기로 이 곡을 좋아하게 되었는지 물어봤어요. 그 친구 말로는 중학교 1학년 때 우연히 음악 선생님 댁에 놀러 갔다 선생님이 들려주는 「운명」교향곡을 태어나 처음 들었다고 해요. 이런 곡이 세상에 존재하는지도 몰랐는데, 곡이 시작하는 순

간 그만 몸이 공중으로 붕 떠오르는 듯한 느낌이 들면서 그만 중심
을 잃고 말았다고 해요. 그는 자신에게 엄청난 충격을 안겨 준 이
곡을 단숨에 외웠다면서, 그때부터 지금까지 변함없이 이 곡을 좋
아한다고 했어요.

그야말로 「운명」은 음악을 사랑하는 사람들에게 '운명' 처럼 다가
왔던 셈이죠.

1 「바이올린 협주곡 제5번」 A장조, K.219 모짜르트
　Ⅰ 알레그로 아페르토 ｜ Ⅱ 아다지오 ｜ Ⅲ 론데아우 템포 디 메뉴에토
　예후디 메뉴인(바이올린) / 헤르베르트 폰 카라얀(지휘) / 빈 심포니 오케스트라

2 「교향곡 제5번」 c단조, Op.67 「운명」 베토벤
　Ⅰ 알레그로 콘 브리오 ｜ Ⅱ 안단테 콘 모토 ｜ Ⅲ 스케르쪼 알레그로 ｜ Ⅳ 알레그로
　헤르베르트 폰 카라얀(지휘) / 베를린 필하모닉 오케스트라

음악의 요리사가 차린
프랑스 음악의 성찬
: 첼리비다케

차선생 서양의 고전음악은 그 나라마다 다양한 특징을 가지고 있어요. 특히 프랑스 음악은 이탈리아나 독일 음악에 비해 고유한 색깔이 두드러지는 것 같아요. 그래서 프랑스 음악을 들으면 왠지 모를 생소함마저 느껴져요. 그중에서도 인상주의 음악으로 분류되는 드뷔시나 라벨Maurice Joseph Ravel(1875~1937) 같은 작곡가의 작품은 곡 전체 길이가 그렇게 길지 않음에도 클라이맥스로 돌진하는 극적인 재미나 화려한 코다가 없기 때문에, 곡에 대한 이해가 부족한 경우

지루함을 호소하더군요.

하지만 드뷔시의 「목신의 오후 전주곡」은 발표될 당시 열렬한 환영을 받았고, 그 독특함으로 인해 '인상주의'라는 새로운 음악 사조로까지 불리었어요. 비록 오랜 기간 지속되지는 못했지만 인상주의 음악이 끼친 파장은 엄청났어요. 인상주의 음악은 인상주의 회화나 상징주의 문학을 마치 수채화를 그리듯 섬세하게 표현한 것이 특징인데, 이것은 독일 음악이 지닌 강하고 두터운 유화적 질감과는 대비되는 것이지요. 이것을 프랑스 사람의 독특한 예술적 감각이라고 해야 할지 모르겠군요.

우리나라에도 많은 오케스트라가 있고, 해마다 교향악 축제가 열리지만 인상주의 작곡가의 음악이 프로그램에 오르는 경우는 드물지요. 연주 자체도 어렵거니와 관객의 입맛을 사로잡을 수 있는 음악적 요소가 부족하기 때문인 것 같아요. 관객은 베토벤의 「운명」교향곡처럼 멋진 클라이맥스와 극적인 분위기에 쉽게 감동하잖아요.

배도반 선생님은 첼리비다케의 열렬한 팬이니만큼 이번 프로그램을 대하는 감회가 남다르겠군요.

차선생 부인하기 힘들군요. 프랑스인이 아닌데도 프랑스 음악을 즐겨 다루는 연주자가 많은데, 첼리비다케도 그중 한 사람이에요. 그는 곡 전체를 꿰뚫는 탁월한 분석력과 심미안으로 그 누구보다 프랑스 음악을 잘 소화했던 뛰어난 지휘자이지요. 첼리비다케는 살아생전 병적일 정도로 녹음을 싫어했어요. 그래서 사후에 쏟아져 나온 음반을 보면서 사뭇 아이러니를 느끼게 되지만, 반가운 건 어쩔수 없지요. 그 가운데 제가 특히 반가워했던 건 그의 영상물이었어요. 카라얀이나 번스타인의 영상물에 비하면 초라할 만큼 빈약한 양이지만 그것만으로도 위대한 지휘자를 만날 수 있다는 사실이 감동적이죠. 더군다나 화질이나 음질 면에서 거의 부족함이 없는 드뷔시와 라벨의 음악을 담은 영상은 제게 최고의 선물이나 다름 없지요. 첼리비다케에 관한 많은 억측이 난무하지만, 이 한 편의 영상으로 그 종지부를 찍을 수 있을지도 모르겠군요. '백문이 불여 일견'이란 말이 있잖아요. 한마디로 압도하는 그의 힘을 실감할 수 있는 연주가 아닌가 싶어요.

고흐의 그림처럼
「어릿광대의 아침 노래」 모리스 라벨

차선생 수연이는 학교에서 프랑스 음악에 대해서 어떤 걸 배웠나요?

류수연 곰곰이 생각해 봐도 프랑스 음악이라고 특별히 따로 배운 건 없는 것 같아요. 그냥 음악을 조금씩 들으면서 이 작품이 유명한 베를리오즈의 「환상 교향곡」이다, 라벨의 「볼레로」다, 비제의 오페라 「카르멘」이다 하는 정도랄까요.

차선생 그만큼이라도 알고 있다는 건 훌륭해요. 이번에 감상할 작품이 라벨과 드뷔시의 곡들이므로 이들에 대한 이야기를 주로 해야겠군요. 배도반은 평소 라벨의 음악을 즐겨 듣는 편인가요?

배도반 아뇨, 사실 그의 곡을 많이 듣지는 못했어요. 소품곡으로 인기가 있는 「죽은 공주를 위한 파반느」와 유명한 「볼레로」 정도만 들어 봤어요. 그래서 이번에 평소 잘 알지 못하는 곳을 접하게 돼 기대가 커요.

류수연 저는 「어릿광대의 아침 노래」가 라벨의 작품이라는 걸 이번에 처음 알았어요. 「스페인 광시곡」도 제목은 익숙한데, 실제로 들어 본 적은 없거든요.

차선생 그렇죠. 곡 자체를 몰랐을 수 있고, 음반을 갖고 있지 않아서 그럴 수도 있었겠죠. 그러니까 음악을 들으려면 음반도 어느 정도 갖추고 있어야 해요.

앞서 소개한 대로 라벨은 드뷔시의 뒤를 이어 인상주의 음악을 계승한 작곡가였지요. 하지만 끝까지 이 사조를 고집하지는 않았어요. 그래서 라벨의 음악은 시기에 따라 드뷔시와 비슷한 경우도 있지만, 전혀 별개의 음악처럼 들리기도 해요.

배도반 반드시 인상주의 음악이어서 그런 것보다, 모짜르트 음악을 쉽게 알아차리는 것처럼 라벨의 음악도 그만의 독특한 세계가 있어 '아, 이 곡은 라벨의 곡인가 보다!' 싶은 느낌이 있잖아요. 「볼레로」처럼 웬만한 대중음악보다 유명한 곡도 있지만, 「어릿광대의 아침 노래」도 라벨만의 개성이 강하게 느껴지는 것 같아요. 프랑스니 인상주의니 하는 것도 중요하지만, 작곡자만의 독특한 음악적 개성에서 흥미를 찾는 것도 음악을 듣는 재미가 아닌가 싶군요.

차선생 음악은 예술의 세계이다 보니 사람마다 받아들이는 느낌과 방식이 같을 수는 없겠죠. 그래서 어떤 문제를 두고 시시비비를 가린다는 건 참 어려운 일이에요. 꼭 정답을 찾으려고 노력하는 것보다 그냥 자신만의 느낌으로 음악을 즐기면 될 것 같아요. 거기에 보편적인 지식이 더해지면 보다 나은 이해가 가능하겠지만 말이죠.

류수연 이제 음악을 들어 보면 좋겠어요.

차선생 그럴까, 수연이가 음악을 듣고 싶다면 그렇게 해야죠. 「어릿광
대의 아침 노래」는 라벨의 피아노곡집 「거울 Miroirs」에 〈나방
Noctuelles〉, 〈슬픈 새 Oiseaux tristes〉, 〈바다 위의 작은 배 Une barque
sur l'ocean〉, 〈종의 골짜기 La Vallee des clothes〉 4곡과 함께 들어 있는
곡이죠. 1905년에 작곡해 파리에서 초연되었으며 지금은 라벨의
대표적인 작품으로 인정받고 있는 「거울」은 특히 4번째 곡인 「어
릿광대의 아침 노래」가 유명해 단독으로도 많이 연주된다고 해요.
원곡이 피아노곡인 무소르그스키의 「전람회의 그림」을 관현악으
로 편곡하는 등 '관현악의 마술사'라고 불리는 라벨 자신이 멋진
관현악곡으로 편곡하기도 했는데, 이제 감상할 연주가 바로 그것
이에요.

배도반 선생님은 이 곡을 들으면 어떤 매력을 느낍니까?

차선생 글쎄요, 곡 전체에서 주어지는 느낌보다 순간순간 나타나는 템
포나 음색의 미묘한 변화 같은 것이 더없이 매력적이더군요. 말 그
대로 인상주의 음악이라는 생각이 들어요. 길지 않은 곡인데도, 마
음이 들뜨고 몸을 들썩이게 하는 정열과 지그시 눈을 감게 하는 멜
랑콜리를 함께 느낄 수 있잖아요. 처음 이 곡을 듣고 난 뒤 정말 마
음에 들어, 원곡인 「거울」이 수록된 음반을 빌린 적이 있어요. 그런
데 이 곡이 생각보다는 듣기가 쉽지 않더군요.

류수연 라벨은 음악뿐만 아니라 삶도 매우 특이했다고 하던데요?

차선생 1875년에 태어난 라벨은 말년인 1921년부터 세상을 떠난

1937년까지 파리 교외의 몽프르 라모리에 작은 별장을 사서 고양이 한 마리와 함께 평생을 독신으로 살았어요. 동성애자라는 소문도 있지만 확실한 건 아니에요. 라벨 자신이 "오직 내 유일한 애인, 그것은 음악이다."라고 말한 것처럼 그는 평생을 작곡에 바친 진정한 음악가인 셈이죠.

하지만 예기치 않은 불행이 라벨의 말년을 덮쳐 버렸어요. 1932년 10월 연주 여행에서 돌아온 라벨은 자동차 사고로 뇌에 손상을 입었는데, 그 후유증으로 수족이 부자연스러워지고 기억상실과 근육마비도 일어났다는군요. 그 뒤로 더 이상은 작곡이나 피아노 연주를 할 수 없었고, 1937년에 뇌수술을 받았지만 안타깝게 회복하지 못하고 파리의 병원에서 62세로 숨을 거두고 말았지요.

오선지에 담은 그림과 시
「목신의 오후 전주곡」 클로드 드뷔시

차선생 「목신의 오후」는 드뷔시 작품 중 사람들이 가장 좋아하는 곡이에요. 1894년 12월 22일, 파리의 국립 음악협회 초연 때도 앙코르를 받을 만큼 청중의 호응이 대단했다고 해요. 그날은 서양음악사에서 가장 극적인 한 페이지가 쓰이는 순간이기도 한데, 드뷔시는 이 곡으로 하루아침에 '인상주의 음악'의 창시자가 되어 버린 거죠.

바그너 음악에 경도되어 있던 드뷔시가 누구도 시도하지 않았던 새로운 음악 기법을 창안하게 된 계기는 세잔느, 모네, 르누아르,

고갱 같은 인상파 화가의 영향이 커요.
드뷔시는 자연이 간직한 갖가지 잡음을,
그 여러 가지 소리의 빛과 그림자를 찾
아내 섬세하면서도 수채화 같은 색채를
가진 음으로 묘사했던 것이지요.

인상주의 음악의 창시자 드뷔시

배도반 상징파 시인인 말라르메와의 만남
도 드뷔시의 음악 인생에 큰 영향을 끼
쳤다고 알려져 있죠?

차선생 그래요. 드뷔시는 인상파 화가뿐만 아니라 상징파 시인인 보들
레르나 말라르메의 세련된 작시법에서도 많은 영향을 받은 것으로
알려져 있어요. 특히 말라르메의 집에서는 화요일마다 정기적으로
예술가의 모임이 있었는데, 젊은 시절 드뷔시는 이곳에 자유로이
드나들 수 있는 단 한 명의 음악가였다고 해요. 이곳에서 드뷔시는
이 모임의 시인과 화가 들과 함께 피아노 연주를 즐겼는데, 이를
통한 예술가들끼리의 인간적인 교류는 드뷔시에게 중요한 예술적
영감을 제공해 주었어요. 무엇보다 드뷔시를 한 시대 음악계의 리
더로 만들어 준 인상주의 음악의 탄생이, 그가 말라르메의 시「목
신의 오후」를 만나는 바로 그 순간에 일어난 셈이죠. 그래서 드뷔
시와 말라르메의 만남은 음악사에 길이 기록되고 회자될 역사적인
대사건이라고 해야겠지요.

류수연 「목신의 오후 전주곡」이 그렇게 높은 평가를 받는 이유를 잘
모르겠어요.

차선생 이 곡은 드뷔시가 말라르메의 시에 대한 인상을 음악으로 표

현한 것인데, 드뷔시는 이를 일반적인 표제음악 수법에 의존하지 않았어요. 멜로디보다는 악기의 음색 변화를 이용해 교묘한 관현 악의 색채로 그려 냈는데, 그건 당시 획기적인 시도였던 거예요. 말라르메가 글로 시를 썼다면 드뷔시는 이것을 음화音畵 혹은 음 시音詩로 나타낸 것이라고 할까? 「목신의 오후 전주곡」을 표현할 때 '몽롱한'·'나른한'·'몽환적인' 같은 형용사를 많이 사용하는 데, 이는 다음과 같은 말라르메의 시를 바탕으로 했기 때문이죠.

무덥고 나른한 여름 날 오후, 숲 속 그늘에 졸고 있던 반인반수의 목 신은 꿈에서 깨어나 갈대 피리를 맥없이 분다. 꿈결처럼 몽롱한 목 신의 생각은 목욕하는 아름다운 물의 요정에게 다가가 사랑하는 그 녀를 못내 그리워한다. 차츰 정열이 끓어올라 드디어 미의 여신 비 너스와의 포옹을 꿈꾼다. 문득 그 환상이 사라지고 목신은 숨 막히 는 풀내음 속에 누워 다시 졸기 시작한다. ......[12]

드뷔시는 바흐에서 바그너까지 이어져 온 지적이고 논리적이며 합 리적인 경향의 독일 음악에 대항해, 감성적이고 색채적이며 특히 반음계를 사용해 음의 경계를 모호하게 표현함으로써 지금까지 그 누구도 시도하지 않았던 지극히 프랑스적인 음의 세계를 새롭게 창조한 장본인이에요.
똑같은 풍경도 시간이 지나면서 시시각각 색깔이 변하는데, 그것

---

[12] 『이 한 장의 명반, 클래식』, 안동림, 현암사.

을 꿈꾸듯 피어오르는 음의 색채로 표현해 낸다는 건 결코 쉬운 일이 아니었을 거예요. 인상파 화가의 작품을 함께 찾아보면 드뷔시의 음의 색채를 이해하는 데 큰 도움이 될 것 같아요.

「목신의 오후 전주곡」은 플루트, 하프, 호른, 오보에, 현악합주, 바이올린 독주 그리고 다시 플루트로 이어지면서 말라르메의 시에 나타난 나른함, 그리움, 정열, 관능, 욕망을 손에 잡힐 듯 혹은 사라질 듯 다양한 음의 색채로 그리고 있어요. 더운 여름날 점심을 먹고 난 뒤 이 곡을 들으면 그대로 잠이 들어 버릴 것 같은 착각에 빠지게 돼요.

류수연 그렇게 혁신적이고 역사적인 명곡인데도 결코 쉽게 느껴지지 않는 이유는 뭘까요?

차선생 아마 우리 귀에 익숙한 음악이 아니기 때문인 것 같아요. 우리가 들어 왔던 음악은 주로 독일 중심의 것들이었어요. 독일 음악은 명확한 형식과 튼튼한 골격을 바탕으로 벽돌 쌓듯 한 음 한 음을 쌓아 올려 절정을 만들어 가다 한순간에 터뜨리면서 듣는 사람의 가슴을 후련하게 뚫어 주는 희열을 안겨 주지요. 하지만 드뷔시의 음악은 슬그머니 시작해서 클라이맥스도 없이 어느새 끝나 버리기 때문에 무엇을 들었는지, 혹은 어디쯤 가고 있는지 잘 알기도 어려운 데다 음악 자체가 사람을 몽롱하게 만들기 때문에 집중하기도 어려워요. 그렇지만 앞에서 이야기한 것처럼 사전에 어느 정도라도 지식을 축적한 상태에서 이 곡을 듣게 되면, 프랑스, 특히 드뷔시의 음악만이 표현하고 있는 독특한 음의 색채에 빠져들 수 있지 않을까 싶어요.

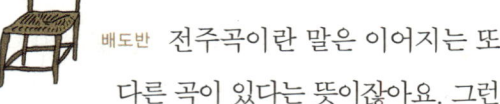

배도반 전주곡이란 말은 이어지는 또
다른 곡이 있다는 뜻이잖아요. 그런
데 「목신의 오후」는 달랑 전주곡 1곡밖에 없는 거죠?

차선생 처음에 드뷔시는 전주곡뿐만 아니라 간주곡, 종곡으로 구성된
세 곡을 머릿속에 그리고 있었다고 해요. 하지만 이미 전주곡에서
작곡자가 표현하고 싶은 것을 다 해 버렸기 때문에 더 이상 쓸 수
없었던 것 같아요. 결국 나머지는 포기하고 전주곡만으로 파리에
서 초연을 가졌는데, 이 곡을 듣고 난 후 시인 말라르메는 "내 시의
정서를 확대하고 색채가 표현할 수 있는 세계보다 훨씬 선명한 정
경을 그려 놓았다."고 찬사를 늘어놓았다고 해요. 드뷔시로서는 생
각할수록 기분 좋은 일이 아니었겠어요. 하지만 「목신의 오후」가
드뷔시에게는 초연에서 성공한 유일한 작품이라는 꼬리표가 따라
다니기도 하지요.

어느 완벽주의자가 그린 스페인 풍경

「스페인 랩소디」 모리스 라벨

배도반 프랑스 작곡가인 라벨이 스페인을 소재로 한
작품을 많이 쓴 것이 흥미롭군요.

차선생 어느 책에선가 '스페인 사람보다 더 스페인다
운 작품을 쓰는 사람이 프랑스 사람'이라는 글을 본
적이 있어요. 사실 라벨은 스페인과 꽤 깊은 인연을

가지고 태어난 사람이에요. 우선 출생지가
스페인 국경 근처의 시부르 마을이며,
어머니는 스페인 사람이었지요.
그런 이유 때문인지 「스페인
랩소디」를 비롯해 「볼레로」,
「스페인의 한때」, 「하바네라
의 형식을 취한 보칼리즈-에튀
드」 같은 작품에서 스페인적인 요소
를 많이 발견할 수 있어요.

류수연 '랩소디'는 음악의 형식을 의미하나요?

차선생 네. 랩소디는 광시곡이라고도 하는데, 음악사
전에는 '내용 면에서 주로 서사적·영웅적·민족적
색채를 지닌 비교적 자유로운 환상곡풍의 기악곡'이라
고 설명하고 있어요. 유명한 랩소디로는 리스트의 「헝가리 광시
곡」, 라흐마니노프의 「파가니니 주제에 의한 광시곡」, 거쉬인의
「랩소디 인 블루」 같은 작품을 들 수 있겠군요.

류수연 그럼 「스페인 랩소디」는 어떤 내용을 담고 있나요?

차선생 「스페인 랩소디」는 스페인의 밤의 신비스러움과 우울함을 표
현한 제1부 〈밤의 전주곡〉, 스페인 남쪽 말라가 지방의 원시적인
민요를 바탕으로 뜨거운 정열과 그 밑에 잠재해 있는 우울한 정서
가 서로 교차하는 제2부 〈말라게냐〉, 라벨이 1895년에 작곡한 피아
노 연탄곡 「귀의 풍경」을 편곡한 제3부 〈하바네라〉, 스페인의 시골
축제에서 마을 사람들이 광장에 모여 마시고 노래 부르면서 서로

무곡의 장인 라벨

손을 잡고 유쾌히 춤추는 기분을 나타낸 제4부 〈축제〉 등 모두 4부분으로 이루어져 있어요.

이 곡은 라벨의 관현악곡 중 제일 먼저 출판된 것으로, 「볼레로」와 함께 라벨이 민족적인 성격을 지닌 무곡을 작곡하는 능력이 얼마나 탁월한지 잘 보여 주는 작품으로 평가받고 있지요.

「스페인 랩소디」는 1907년 완성해, 1908년 3월에 초연했는데, 지금까지 볼 수 없었던 새로운 음향과 악상, 경탄할 정도의 자유분방한 리듬에 청중들은 거의 넋을 잃었을 정도였다고 해요.

배도반 「스페인 랩소디」를 첼리비다케의 지휘로 들으니 음악이 더욱 특별하게 느껴지는 것 같군요. 첼리비다케는 죽은 뒤에도 여전히 음악팬들의 관심이 식지 않고 있어요. 한마디로 대단한 지휘자이지 않습니까?

차선생 물론이죠. 사람들은 음악 외적인 부분에서 첼리비다케와 카라얀을 서로 비교하면서 선악 구도로 몰아가는 경향이 있어요. 푸르트벵글러 사후 공석이 된 베를린 필하모닉의 지휘자 자리를 놓고 벌인 한판의 자존심 대결에서 뜻밖의 패배를 당한 첼리비다케를 두고 하는 말이에요. 사실 첼리비다케 본인은 다소 억울하겠지만, 독재적인 성격과 끝없이 반복되는 리허설, 철저하게 오페라를 배제한 연주회 프로그램, 단원들의 수입과 직결되는 레코딩을 병적이다시피 기피한 독선 때문에 단원들의 선택을 받지 못한 부분은 스스로의 책임을 면하기 어렵다고 볼 수도 있어요. 그 이후 첼리비다케는 주로 음악계의 변방에 있는 2류 오케스트라를 맡으면서 카라얀처럼 화려한 조명을 받지는 못했으나, 오케스트라의 질을 높이는 데 탁월한 능력을 발휘하며 신비롭고 전설적인 지휘자의 이미지를 쌓아가는 등, 뮌헨 필하모닉에 입성하기까지 상당히 의미 있는 행보를 지속했지요.

배도반 첼리비다케가 추구하는 소리의 세계는 어떤 것일까요?

차선생 그는 악보에 나타나 있는 음표 하나하나를 완벽히 재현해야 한다고 주장했어요. 그러기 위해서는 음표를 세밀하게 미분하여 가급적 느리게 연주하는 것이 유일한 방법이라고 믿었지요. 그는 동양 사상에 심취한 철학자이자 음향공학의 권위자이기도 해서 연주홀에 맞는 최적의 소리를 끌어내기 위한 노력을 끊임없이 시도한 사람이었어요.

어떤 사람은 첼리비다케 사후에 EMI에서 박스 세트로 발매된 그의 음반에 다소 불만을 가지기도 하지만, 제가 듣기로는 그의 소리는 한마디로 조작되지 않은 야성의 소리 그 자체였다고 말하고 싶어요.

완벽주의자 첼리비다케

느리면서도 전혀 이완감이 없고, 거칠면서도 결코 거부감을 주지 않는 충만함으로 가슴을 꽉 채워 주는 연주를 접하기란 쉬운 일이 아니잖아요. 첼리비다케이기에 가능한 소리이며 그가 아니면 그 누구도 낼 수 없는 소리, 그것이 바로 첼리비다케가 빚어낸 소리 예술이지요. 언뜻 첼리비다케의 연주와 프랑스 음악은 조화를 이루지 못할 것 같지만, 정작 그의 연주를 접하면 그런 선입견은 한낱 기우에 지나지 않다는 걸 알 수 있어요. 그는 파리와 프랑스 음악을 사랑한 음악가였어요. 결코 많지 않은 그의 음반 목록에서 프랑스 음악은 중요한 자리를 차지하고 있지요. 라벨, 드뷔시, 미요, 루셀, 포레…… 그가 즐겨 연주한 작곡가의 이름만 봐도, 그를 프랑스 음악의 스페셜리스트라고 부르는 데 전혀 문제가 없을 것 같아요.

1 「어릿광대의 아침 노래Alborada del gracioso」 모리스 라벨
2 「목신의 오후 전주곡Prélude à l'après-midi d'un faune」 클로드 드뷔시
3 「스페인 랩소디Rapsodie espagnole」 모리스 라벨
　　제1부 〈밤의 전주곡Prelude a la nuit〉 | 제2부 〈말라게나Malaguena〉
　　제3부 〈하바네라Habanera〉 | 제4부 〈축제Feria〉
　　세르지우 첼리비다케(지휘) / 뮌헨 필하모닉 오케스트라

18
track

마법의 손가락이 빚어낸
기타 로망스
:존 윌리엄스

차선생 기타처럼 값이 저렴하고 배우기 쉬운 악기가 있을까요? 저는 지금처럼 음악감상회 진행자가 될 줄 모르고, 학창 시절에 기타를 배우지 못한 게 두고두고 아쉬워요. 마음만 있었으면 대학 클래식 기타 동아리 등 배울 기회는 얼마든지 있었는데 말이에요. 그때 기타를 배웠다면 지금 음악 생활을 하는 데 얼마나 큰 도움이 되었을까, 안타까움이 머리에서 떠나지를 않아요. 기타에 대한 이런 미련을 남겨 둔 채, 이번 시간에는 여러 기타 곡을 감상해 보려고 해요.

연주는 모두 존 윌리엄스가 맡고 있어요.

배도반 유명한 기타리스트가 많은데, 존 윌리엄스를 고른 특별한 이유가 있나요?

차선생 존 윌리엄스는 호주가 배출한 세계적인 기타리스트이지요. 로메로 일가나 나르시소 예페스Narciso Yepes같은 스페인 출신 연주자들이 주름잡고 있는 클래식 기타 음악계에서 자신만의 세계를 구축하며 많은 기타 애호가의 지지를 받고 있어요. 그는 마에스트로로 불리기에 조금도 손색이 없는 연주자예요.

배도반 존 윌리엄스는 클래식 기타의 대부 격인 세고비아의 제자였지만 끝까지 그 관계가 유지되지는 않았다고 들었어요.

차선생 존 윌리엄스는 1955년 런던의 어느 연주회에서 세고비아의 눈에 띄어 그의 문하에 들어가게 되지요. 당시 그가 얼마나 탁월한 기타리스트였는지는 '신이 주신 손가락', '기타의 프린스가 음악세계에 등장했다.'라는 세고비아의 찬사로 확인할 수 있어요.

훗날 존 윌리엄스가 대중 음악가와 잦은 교류를 갖고, 재즈 클럽 같은 곳에서 연주 활동을 벌이는 등 그의 음악 세계가 정통에서 벗어난다는 이유로 세고비아가 사제 관계를 파기했다고 알려졌지만, 그는 여전히 정상급 연주자의 위치에서 자신만의 음악 세계를 묵묵히 펼쳐 나가고 있지요.

그의 레퍼토리는 바로크에서 현대에 이르는 기본적인 클래식은 물론, 다른 기타리스트들이 별로 관심을 가지지 않는 영화 음악이나 제3세계 음악까지도 다루고 있어요. 밝게 웃는 표정은 보는 사람의 마음을 더없이 편안하게 만들어 주지요.

신의 사랑으로 적선하세요

「마지막 노래Ultima cancion」 어구스틴 바리오스 망고레

차선생 파라과이에서 태어나 '기타의 마왕' 이라고 불리는 어구스틴 바리오스 망고레Agustin Barrios Mangore(1885~1944)는 아메리카 대륙에 기타를 널리 보급시킨 사람으로, 생전에 많은 찬사와 존경을 받았다고 해요. 유럽에서 공부하며 바흐에 심취하기도 했던 망고레는 고향의 토속적인 아름다움과 유럽 음악이 합쳐진 많은 작품을 남겼는데, 그의 생존 시 가장 큰 경쟁자라고 볼 수 있는 세고비아도 망고레를 존경했다고 하는군요.

영화 「미션」에서 이구아수 폭포 위에 사는 원주민이 과라니 인디언인데, 망고레가 바로 과라니족 출신이에요. 망고레라는 이름은 과라니 인디언의 위대한 추장 카시케 망고레의 이름에서 따온 것이라고 해요. 연주회에서 그는 종종 인디언 복장을 하고 스스로를 '파라과이 정글에서 온 기타의 파가니니' 라고 소개하곤 했는데, 자신의 출신에 대해 큰 자부심을 가졌던 모양이에요.

류수연 「마지막 노래」라는 곡명이 평범한 것 같으면서도 한편으론 무

기타의 파가니니 망고레

척 많은 사연을 가지고 있는 것 같아요.

차선생 「마지막 노래」는 망고레의 유작인데, 여기에는 좀 특별한 이야기가 전해지고 있어요. 어느 날 저녁, 삶의 황혼에 이른 망고레가 학생들을 모아 놓고 음악을 가르치고 있을 때였어요. 갑자기 문을 두드리는 소리가 들려 열어 보니 한 노파가 "신의 사랑으로 한 푼 적선해 주십시오."라고 구걸을 했다고 하는군요. 이 말을 들은 망고레는 모든 사람을 돌려보내고 마지막 작품을 썼는데, 그 제목을 '신의 사랑에 의한 작은 적선Una ilmosna por el amor de Dios' 이라고 정했다고 해요. 망고레는 그로부터 한 달 후에 세상을 떠났어요. 훗날 발견된 그의 곡은 「마지막 트레몰로」, 혹은 「마지막 노래」라는 이름으로도 불리었는데, 처음 두 마디는 바로 그 노파의 노크 소리이며, 이후의 트레몰로는 노파의 꺼져 가는 목소리를 나타낸 것이라고 해요.

새에 실려 돌아올 메시아

「엘 콘도르 파사」 안데스 민요

배도반 많은 사람이 이 곡을 '사이먼과 가펑클'이 부른 추억의 팝송으로 알고 있어요. 우리에게는 「철새는 날아가고」라는 제목으로 알려진 이 곡은 누구나 쉽게 흥얼거릴 정도로 친숙해요. 하지만 그 내용을 알고 보면 아름다운 멜로디처럼 그리 낭만적이지만은 않은 곡 같아요.

차선생 맞아요. 이 곡은 '잉카'라는 거대한 제국의 멸망과 깊은 관련이 있어요. 백인들이 신대륙에 처음 발을 들여놓았을 때 안데스 산맥에는 인간의 상상을 초월하는 도시가 베일에 가린 채 존재하고 있었어요. 잉카인이 건설한 이 도시를 중심으로 그들의 제국은 남북 5,600킬로미터까지 광대하게 뻗어나갔지요. 잉카인은 수많은 종족을 통합시키면서 뛰어난 질서와 문명을 이룩했어요. 그들의 수도가 세계의 중심이라고 여겨 '배꼽'이라는 뜻의 '쿠스코'란 이름을 붙였다는군요.

류수연 하지만 그 거대한 제국도 하루아침에 허무하게 무너져 버리고 말았다지요?

차선생 잉카 제국은 스페인의 정복자 피사로가 이끄는, 불과 300명도 안 되는 적은 병력에 힘없이 무너지고 말았어요. 왕위 계승 문제에 불만을 품은 잉카 황제의 동생이 제국을 배신하고 피사로에 협력하면서 일어난 참으로 어처구니없는 일이었어요. 스페인 군대는 황제의 동생이 제공한 정보를 이용해 힘 안 들이고 아타왈파 황제를 잡아다 처형해 버렸고, 이로써 제국은 몰락의 길을 걷기 시작했죠. 가장 큰 적은 내부에 있다는 말이 이런 경우를 두고 하는 이야기인 것 같아요.

류수연 「엘 콘도르 파사」라는 노래에는 어떤 내용이 담겨 있나요?

차선생 그건 화려한 과거의 영광을 되찾고자 하는 희망 같은 것이죠. 허무하게 무너진 잉카 제국이었지만 어느 정도의 저항은 있었는데, 그 주인공이 1780년대에 일어난 투팍 아마르 2세였어요. 하지만 그것이 마지막이었죠.

그 후 제국을 빼앗기고 절망 속에서 신음하던 인디오들은 하나의
신화를 만들었는데, 그것은 일종의 메시아 신앙이라고 볼 수 있는
'잉카리 신화'예요. 이 신화는 창조주 태양신의 아들 '잉카리'의 이
야기를 담고 있어요.

스페인 왕이 잉카리를 사로잡아 그의 머리를 쿠스코로 가져다 놓
았는데, 이를 본 잉카인은 머리만 남은 잉카리가 결코 죽은 것이
아니라, 땅 밑으로 계속 자라 언젠가는 완벽한 몸을 갖춰 부활해
정복자들에게 최후의 심판을 내릴 거라고 굳게 믿었던 거예요. 아
니 믿고 싶었다는 말이 옳을지도 모르겠네요. 가사는 이래요.

오 위대한 콘도르여, 하늘의 주재자여
나를 집으로 보내 주게나, 안데스 산 높은 곳으로
오 위대한 콘도르여, 내 고향으로 가고 싶다네
나의 잉카 형제들과 함께하려고
그들은 내가 가장 그리워하는 사람들이라네
오 위대한 콘도르여

쿠스코에서 날 기다리게나, 대광장에서 말일세
마추픽추 산정에서, 와이나픽추 산정에서
우리 함께 산보를 할 수 있을 테지[13]

류수연 그래서 그들에게 정말 구세주가 나타났나요?
차선생 인디오들의 이러한 염원은 매우 강렬해서, 투팍 아마르 2세가

봉기를 일으키자 그를 잉카제국의 메시아로 여겼어요. 그리고는 스페인에 대한 최후의 항쟁이 안데스 전역으로 확산되어 나갔던 거예요.

잉카인은 콘도르가 죽은 자의 영혼을 하늘로 올려 보내는 매개자 역할을 한다고 믿었어요. 「엘 콘도르 파사」는 바로 이러한 잉카 메시아를 기다리는 잉카인의 염원을 담은 전설에서 비롯된 음악인 셈이지요.

시인과 우정을 나눈 우체부

「일 포스티노」 루이스 엔리케 바칼로프

파블로 네루다

차선생 영화 「일 포스티노」는 이탈리아 조그만 섬의 순박한 집배원이 이곳에 망명 온 유명한 칠레 시인 파블로 네루다에게 우편물을 배달해 주면서 신분과 나이를 초월해 우정이 싹튼다는 이야기예요. 집배원은 잔잔한 인간의 정을 통해 자신의 고귀한 자아를 발견하게 되죠.

이 영화는 안토니오 스카르메타의 소설 『불타는 인내심』[14]을 바탕으로 하고 있어요. 실제로 노벨 문학상 수상에 빛나는 네루다는 1952년 칠레에서 추방당한 후 이탈리아 정부가 나

---

13 『월드뮤직』, 심명보, 해토.
14 국내에는 『네루다의 우편배달부』(민음사)란 제목으로 나와 있다.

폴리 근처 작고 아름다운 섬에 거처를 마련해 줘 그곳에 머물렀지
요. 영화도 영국인 마이클 레드포드가 연출을 맡고, 대사는 물론
배우와 제작진 모두 이탈리아 사람이 참여했다고 하는군요.

누구나 이 영화를 보고 나면 스스로 시인이 된 듯한 착각에 빠질
만큼 깊은 감동을 느끼게 되지요. 이 영화를 본 사람은 누구나 한
두 마디 찬사를 늘어놓더라고요. 꼭 매스컴에서 명작이라고 떠들
지 않더라도 좋은 영화는 다 알아보는가 봐요.

류수연 그런데 '일 포스티노' 가 무슨 뜻인가요?

차선생 이탈리아어로 '집배원' 이라는 뜻이에요. 이 영화의 주인공인
집배원 역을 맡은 마시모 트로이시는 정말 영화 속 이야기처럼 영

화 촬영이 끝난 직후 병으로 세상을 떠나 안타까움
을 더했어요.

대학에서 문예창작을 가르치는 한 시인은 수업 도중
에 이 영화를 꼭 한 번은 보여 준다고 하더군요. 영
화 자체가 바로 한 편의 시이기 때문이라는 게 그 이유였어요. 제
68회 아카데미 음악상을 받은 루이스 바칼로프의 음악이 영화의
시적인 분위기를 더욱 깊게 만드는 것 같아요.

터키에서 온 양치기
「코윤바바」 카를로 도메니코니

차선생 음악애호가라면 거의 알려지지 않은 곡을 발굴하는 재미가 더
없이 즐거운 일이지요. 하지만 자료가 부족해 음악감상회 프로그
램으로 소개하기 어려운 경우가 종종 있어요. 카를로 도메니코니
Carlo Domenicini(1947~)의 「코윤바바」도 그런 곡 중 하나라고 볼 수
있지요.

류수연 제목이 무슨 주문 같기도 한데, 무슨 뜻인가요?

차선생 음반에 소개된 내용으로는 '코윤바바' 가 '터키 양치기' 라는
뜻이라고 하는데, 클래식 기타 연주자 사이에는 환상적인 명곡으
로 알려져 있다고 해요. 그 이유는 이 곡이 주제와 변주 형식으로
구성되어 있어 환상적인 테크닉과 음악의 깊이를 요구하기 때문이
라는군요. 기타 줄의 조작을 통해 매우 흥미롭고 특색 있는 분위기

를 연출하는 이 곡은 특히 〈파트Part 2〉에 나오는 선율이 가장 인상적이에요. 매우 이국적이면서 뭐라고 표현하기 어려울 정도로 묘한 느낌을 갖게 하는 것 같아요. 터키를 여행한 사람에게 들은 이야기로는 어느 종교 행사에 사용되는 음악에서 이와 매우 유사한 선율을 들은 것 같다고 하더군요.

배도반 카를로 도메니코니라는 작곡가도 처음 들어 보는 이름이 아닐까 싶은데요?

차선생 생각보다는 유명한 작곡가인가 봐요. 카를로 도메니코니는 1980년대 클래식 기타계를 풍미한 이탈리아의 기타리스트라고 해요. 젊은 시절 터키 이스탄불에서 교편생활을 했는데, 이때 접한 터키 전통음악이 그의 음악에 많은 영향을 준 것 같아요.

20세기에 가장 많이 편곡된 클래식

「아랑후에스 협주곡」 호아킨 로드리고

류수연 「아랑후에스 협주곡」과 「사랑의 아랑후에스」는 전혀 다른 곡인가요?

차선생 「사랑의 아랑후에스」는 「아랑후에스 협주곡」 2악장 아다지오에 가사를 붙여 편곡해 부른 노래로 알고 있어요. 마침 말이 나왔으니 말인데, 이 협주곡의 아다지오 악장은 거의 모든 악기로 편곡해 연주할 만큼 아름다운 선율이 무척이나 사랑스러워요. 스페인 저작권 협회 통계에 따르면 이 곡은 20세기에 가장 많이 편곡된 클래식 음악으로 기록되어 있다고 해요.

류수연 음반도 2악장만 수록된 편집음반이 많이 나와 있고, 라디오 방송에서도 2악장 말고는 거의 듣기가 힘들어요. 이 곡은 2악장만 들으면 되나 봐요?

차선생 작곡자가 이야기하고 싶은 내용이 오직 2악장에만 들어 있다면 그럴 수 있죠. 하지만 그랬다면 작곡자가 굳이 쓸모없는 1, 3악장을 쓸 이유가 있었을까요? 그래서 작곡자의 의도를 충분히 이해하기 위해서는 가급적 전곡을 감상하는 방법을 권하고 싶군요.

배도반 「아랑후에스 협주곡」은 20세기에 쓰인 곡인데도 마치 낭만주의 시대 음악을 듣는 것 같아요. 어려운 불협화음도 안 나오고, 또 무조음악인 것 같지도 않고 말이죠.

차선생 그 옛날 영화로웠던 부르봉 왕조의 별장으로 사용된 아랑후에스 궁궐에 대한 이야기를 듣고 쓴 곡이니까 굳이 말하자면 국민주의 음악에 가깝다고 볼 수도 있겠죠. 하지만 정작 작곡자 자신은 사조나 주의에 얽매이는 것을 몹시 싫어했다고 해요. 그래서 그의 작품은 시대를 초월한 자유로움을 추구하였고, 그런 점 때문에 듣기에 편안한 곡이 될 수 있었던 것 같아요. 아마 20세기에 나온 곡들 중에 이만큼 인기를 누리면서 자주 연주되는 곡도 드물거예요.

이 곡에 대해 작곡자 자신은 "이 작품은 마치 공원에 서 있는 나무 꼭대기를 감돌고 지나가는 신비로운 미풍과도 같다."라고 했다는데 참으로 감각적인 표현 같아요. 하지만 이 곡의 연주에 있어서 최고의 스페셜리스트라고 할 수 있는 페페 로메로Pepe Romero가

"로드리고는 이 곡을 작곡할 당시는 경제적으로 매우 궁핍한 상태였고, 그의 부인이 유산하는 일까지 겹쳐 매우 힘든 시기였으므로, 자연히 그런 감정이 작품 속에 나타나게 된다. 때문에 이런 상황을 자세히 파악하지 못하면 이 곡을 제대로 표현하기 힘들다."고 한 말은 한번쯤 되새겨 볼 필요가 있군요.

배도반 작곡가들이 협주곡을 작곡할 때는 보통 당대의 뛰어난 연주가를 염두에 두는 경우가 많은데, 로드리고는 어떤 연주가를 머릿속에 그리며 이 곡을 작곡했을까요?

차선생 존 윌리엄스에 관한 이야기를 하다 보니 자꾸 세고비아가 언급되는데, 이 곡 또한 세고비아에 얽힌 재미난 일화가 있어요. 세고비아는 이 곡이 당연히 자신에게 헌정될 것이라고 은근히 기대하고 있었나 봐요. 세고비아로서는 충분히 그럴 만한 자격도 있었지만, 뜻밖에도 기타리스트이자 작곡자의 친구에게 이 곡이 헌정되자, 세고비아는 크게 실망하여 평생 이 협주곡을 연주하지 않았다고 해요. 자존심이 크게 상했다는 뜻이겠죠.

류수연 우리가 잘 알고 있는 베토벤의 청각장애 외에도 작곡가 중에는 크고 작은 장애를 가지고 있는 사람들이 많은 것 같아요. 로드리고는 시각장애자인데 선천성 장애였나요?

차선생 세 살 때 악성 디프테리아에 걸려 실명했다고 해요. 그런데도 불굴의 정신과 재능, 피아니스트인 아내의 내조 덕택에 오늘날 스페인을 대표하는 작곡가의 한 사람이 될 수 있었죠.

로드리고 외에도 장애를 가진 작곡가는 여러 명이 있어요. 먼저 귀가 먼 작곡가는 베토벤 외에도 스메타나Bedrich Smetana, 본 윌리엄스Ralph Vaughan Williams가 있고, 로드리고 외에 바흐와 헨델 그리고 델리어스Fredrick Delius 같은 사람은 시력 장애를 가졌던 작곡가들이에요. 그리고 장애라고 할 수 있을지 모르지만 특이하게도 피아노를 칠 줄 몰랐던 작곡가도 있었는데, 베를리오즈가 그랬다고 하니 참으로 믿기 어려운 일이군요.

류수연 혹시 로드리고는 곡의 제목처럼 아랑후에스에서 태어났나요?

차선생 그렇진 않아요. 로드리고는 1901년에 스페인 발렌시아 지방에서 태어났어요. 스페인의 다른 작곡가들처럼 로드리고도 이웃나라 프랑스로 건너가 폴 뒤카Paul Dukas를 사사했는데, 여기서 많은 것을 배우게 되었다고 해요.

배도반 후세에 큰 인기를 누리는 곡들도 초연에서 실패한 경우가 많은데, 「아랑후에스 협주곡」은 어땠나요?

차선생 친구의 기타 독주로 이루어진 연주회는 다행스럽게도 대성공을 거두었고, 그 후 많은 청중과 평론가에게 찬사를 받았다고 해요. 스페인의 아랑후에스 시는 덕택에 유명한 도시가 돼, 그 보답으로 로드리고에게 가족 묘지를 마련해 주었다는군요.

배도반 명연주라는 것이 종이 한 장 차이라고 할 수도 있잖아요. 그러다 보니 듣는 사람에 따라 좋아하는 연주가 다를 수도 있을 텐데, 선생님이 존 윌리엄스의 연주를 특별히 선호하는 이유가 있나요?

차선생 가장 아름다운 야외 공연장 중 하나인 베를린 시 외곽의 발트뷔네에서 듣는 존 윌리엄스의 연주는 더없이 낭만적이에요. 음악이라는 게 때론 분위기도 한몫하잖아요. 이 곡의 최고의 레코딩으로 페페 로메로의 연주를 꼽는 분위기이지만, 그것과는 별개로 라이브 연주에서 느끼는 현장감과 야외무대라는 특별한 분위기가 비할 수 없는 멋과 재미를 선사해 주는 것 같아, DVD 영상으로 존 윌리엄스의 연주를 자주 감상하는 편이지요.

  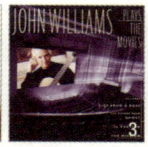  

1 「마지막 노래Una ilmosna por el amor de Dios」 어구스틴 바리오스 망고레

2 「엘 콘도르 파사El Condor pasa」 안데스 민요

3 「일 포스티노Il Postino」 루이스 엔리케 바칼로프

4 「코윤바바Koyunbaba」(Part 1~Part 4) 카를로 도메니코니

5 「아랑후에스 협주곡Concerto de Aranjuez」 호아킨 로드리고
ⅠＩ 알레그로 콘 스피리토 ｜ Ⅱ 아다지오 ｜ Ⅲ 알레그로 젠틸레
다니엘 바렌보임(지휘) / 베를린 필하모닉 오케스트라

19
track

영상으로 만나는
정열의 지휘자
: 바렌보임

고통 속에 피어난 핀란드의 정취
「바이올린 협주곡」 d단조, Op.47 시벨리우스

차선생 그리그를 비롯해 노르웨이 작곡가들은 서늘하면서도 나름대로
듣는 사람의 감성을 자극하는 아름다운 소품을 주로 쓴 데 비해,
핀란드의 시벨리우스 같은 작곡가는 교향곡을 7곡이나 썼던 사람
이지요. 사람들은 지역이 비슷하면 문화와 생활, 정서도 다 비슷하

다고 생각하는데, 정말 옳지 않은 생각 같아요. 실제로 우리나라와 일본, 중국이 서로 인접하지만 세 나라 사람의 민족성이나 정서는 전혀 다르잖아요.

노르웨이·스웨덴·핀란드는 모두 북유럽에 위치하는 대표적인 나라들인데, 그나마 과거에 이 나라들을 공통적으로 연결하는 요소가 있었다면, 그것은 순록을 유목하는 라프족이 국경을 초월해 생활했다는 점이지요. 하지만 어느 날부터 국경이 설정되면서 이 지역을 넘나드는 라프족의 유목 생활이 제약을 받았고, 이제는 그 공통분모마저 사라져 버린 셈이죠. 게다가 핀란드는 원주민이 몽골인종인 핀족이기 때문에 문화적으로나 정서적으로 주변 지역과 상당히 이질적인 요소를 가지고 있어요. 지금은 그들에게서 더 이상 몽골인종의 피를 찾기는 어렵지만, 세 나라가 같이 붙어 있으니 막연하게 많은 것이 비슷할 거라고 생각하는 경향은 남아 있어요.

이야기가 좀 이상한 쪽으로 흘렀는데, '같은 북유럽 출신인데도 그리그는 교향곡을 한 곡도 쓰지 않았는데 시벨리우스는 7곡이나 썼을까?' 하는 의문을 이해하기 위한 뜻으로 받아들이면 좋겠어요.

류수연 그래도 그리그가 한 곡뿐이긴 하지만 피아노 협주곡을 남겼으니 바이올린 협주곡 한 곡을 쓴 시벨리우스와 같은 점도 없지는 않은 셈이네요.

차선생 그건 수연이 말이 옳아요. 바이올린 협주곡 하면 보통 베토벤과 브람스, 멘델스존의 작품이 인기가 높지만 시벨리우스의 작품도 훌륭한 곡으로 손꼽히고 있어요. 앞의 곡들에 익숙해져 있는 사람들에게는 생소한 면도 있겠지만, 전체적으로 북유럽의 정취가 짙게 드리워져 있으면서도 작품 곳곳에 나타나는 선율이 매우 아름답고 또 작곡자의 열정이 작품 속에 잘 나타나고 있어 조금만 익숙해지면 잊을 수 없는 매력을 지닌 작품이라고 느낄 수 있어요.

배도반 이 곡을 작곡한 시기가 시벨리우스의 음악 생활의 황금기가 아니었을까 싶을 정도로 훌륭한 협주곡이에요.

차선생 물론 작품 자체만 놓고 보면 그렇게 말할 수 있겠지요. 하지만 시벨리우스도 베토벤처럼 귓병으로 고통을 겪은 작곡가라는 사실을 잘 모르는 경우가 많더군요. 시벨리우스의 증세도 결코 가볍지 않은 상태여서 그의 성격마저 바꿀 정도였다고 해요. 하지만 베토벤이 작곡가로서는 치명적인 귓병을 앓으면서도 많은 걸작을 쏟아낸 것처럼 시벨리우스의 가장 걸작이라고 할 수 있는 교향곡 제2번과 〈슬픈 왈츠〉, 단 한 곡의 바이올린 협주곡 역시 그러한 상황에서 태어난 것이지요. 그런 만큼 작품의 분위기는 어둠이 동반된 그만의 개성적인 세계가 잘 나타나 있다고 볼 수 있어요.

이 협주곡은 젊은 시절 시벨리우스의 바이올리니스트가 되려는 꿈이 좌절된 사연이 숨어 있고, 윌리 버메스터라는 당시의 한 바이올리니스트와의 교류를

시벨리우스

통해 작품이 탄생했지만 초연이 열리기까지 여러 문제로 심한 마음고생을 겪는 등 어느 유명 작품 못지않게 파란이 많았던 곡이에요. 결국 대대적인 개정 작업을 거친 후 비로소 인정받게 되었고 지금과 같은 명곡으로 거듭나게 되었지요.

류수연 간단하게 곡의 구성에 대해서 설명해 주세요.

차선생 들릴 듯 말 듯한 바이올린의 단선율로 인상적인 제1주제를 연주하며 시작하는 소나타 형식의 제1악장과 얼음처럼 차가운 북유럽 특유의 서정 속에서 아련한 그리움을 노래하는 듯한 아름다운 제2악장, 작곡자 스스로 '죽음의 무도'라고 불렀던, 그래서 어둡지만 화려한 무곡풍의 제3악장으로 이루어져 있어요.

배도반 막심 벤게로프Maxim Vengerov는 시쳇말로 요즘 가장 잘나가는 젊은 연주자이지요?

차선생 정말 대단하지요. 젊은 나이인데도 청중을 휘어잡는 힘이 느껴지는 연주자인 것 같았어요. 시베리아의 노보시비르스크에서 태어난 벤게로프는 일찍부터 천재적인 재능을 드러냈으며, 1990년에 열린 국제적인 권위의 칼 플레쉬 국제 바이올린 콩쿠르에서 최고 영예상을 받으며 화려하게 국제무대에 등장하죠. 그는 현재 전 세계적으로 가장 활발하게 연주 활동을 펼치고 있는 바이올리니스트 중 한 명인데, 1997년에는 클래식 음악가로는 처음으로 유니세프 활동에 참여했으며, 유명한 작곡가인 로지온 쉬체드린이 그를 위해 「콘체르토 칸타빌레Concerto Cantabile」라는 곡을 작곡하기도 했을 만큼 많은 사랑을 받고 있어요.

레코딩 작업에도 적극적이어서 벌써 많은 음반이 나와 있고, 그중에는 훌륭한 연주로 인정받아 상을 받은 것도 여럿 있어요. 다니엘 바렌보임과 함께한 시벨리우스의 「바이올린 협주곡」은 DVD로 출시된 음반인데, 연주 자체가 시벨리우스의 고유한 색채와 다소 거리가 있다는 평도 있지만 뛰어난 화질과 함께 벤게로프의 바이올린 세계를 만끽할 수 있는 음반이 아닐까 싶어요.

이 음반 외에도 정경화가 안드레 프레빈André Previn과 협연한 음반이 유명하고, 또 1985년 시벨리우스 국제 콩쿠르와 1988년 파가니니 국제 콩쿠르에서 우승한 그리스 출신의 레오니다드 카바코스 Leonidas Kavakos가 오스코 밴스케Osmo Vanska와 협연한 음반도 참고할 만해요. 이 음반에는 특이하게도 이 협주곡의 오리지널판과 최종 개정판의 두 가지 연주가 함께 실려 있어, 두 버전을 비교해서 듣는 재미도 있지요.

플라멩코와 웃음과 함께 하는 발레

「삼각모자」 마누엘 데 파야

차선생 발레음악 「사랑의 마술사El Amor Brujo」를 작곡한 마누엘 데 파야Manuel de Falla(1876~1946)는, 2년 뒤인 1917년에 러시아 무용계의 거물인 디아길레프가 파리에서 결성한 러시아 발레단의 청탁을 받고 그의 두 번째 발레음악인 「삼각모자」를 작곡하게 되지요. 「삼각모자」는 우리들 주위에서 일어날 수 있는 이야기를 유머러스하게 구성한 것으로, 파야의 음악도 발레 내용에 잘 부합되도록 해학

바렌보임의 지휘로 연주되는 「삼각모자」

이 넘치며, 스페인의 정취가 잘 살아 있다는 평을 받고 있어요. 그리고 발레 「삼각모자」의 특징을 꼽는다면, 전통 발레에 플라멩코를 포함한 스페인의 민속무곡을 접목시켰다는 점이지요.

류수연 우리나라에는 발레가 사람들에게 큰 인기를 끌지 못하잖아요. 서양에서는 그렇지 않은가 봐요?

차선생 저도 정확히 알 수 없지만, 일단 발레를 위한 작품 수로 보면 수연이의 말이 맞을 것 같아요. 발레 음악 하면 우선 차이코프스키의 3대 발레 음악(「호두까기 인형」, 「잠자는 숲 속의 미녀」, 「백조의 호수」)이 떠오르지만, 그 외에도 무수히 많은 작품이 있어요. 프로코피예프의 「로미오와 줄리엣」, 하차투리안의 「스파르타쿠스」, 스트라빈스키의 「봄의 제전」, 드뷔시의 「목신의 오후」, 아당의 「지젤」 같은 작품도 생각나는군요. 이 작품들은 지금도 꾸준히 무대에 올려지는 인기 있는 작품들인데, 그것은 사람들이 찾지 않는다면 불가능한 일이겠죠.

류수연 「삼각모자」도 그중 하나라는 말이지요? 이 곡은 내용이 유머가 넘쳐 재미있다고 하더군요.

차선생 이 발레 대본은 스페인의 소설가 알라르콘Don Pedro Antonio de Alarcon(1833~1891)의 소설 「시장과 방앗간 마누라El Corregidor y la Morinera」를 스페인 남부 안달루시아 지방의 어느 도시 교외에서 일어난 이야기로 각색한 것인데, 재미있기는 하지만 그렇다고 처음 들어 보는 신선한 내용은 아니니까 너무 큰 기대는 하지 않는 게 좋아요. 내용은 이래요.

물방앗간에 사이좋은 한 부부가 살고 있었는데, 미모가 뛰어난 부인에 비해 남편은 무척이나 못생겨 사람들의 입방아에 오르내리곤 했어요. 마침 방앗간 옆에는 포도밭이 있어 이 지방 유력 인사가 가끔 모임을 가지곤 했는데, 그중에는 호색한인 시장도 포함되어 있었어요. 그 시장은 평소에 차양이 긴 삼각모자를 쓰고 다니며 자신의 권력을 이용해 못된 일을 저질렀는데, 우연히 마주친 물방앗간 부인의 미모에 홀딱 반하고 말아요. 그는 아랫사람을 시켜 물방앗간 남편을 꾀어내고 그 틈을 이용해 부인에게 접근해 수작을 걸지요. 하지만 물방앗간 부인의 기지로 그 계획은 모두 수포로 돌아가고 시장은 망신만 톡톡히 당하고 말아요.

류수연 작곡가 파야는 책에서 이름은 몇 번 본 적 있지만 그의 음악에 대해 궁금하게 생각해 보지는 않았어요. 그건 작품 제목만 보고 든 선입견 때문인지도 몰라요. 「사랑은 마술사」와 「삼각모자」는 꼭 어린이가 읽는 동화 제목 같잖아요.

차선생 듣고 보니 수연이 말도 일리가 있네요. 사실 저도 파야의 음악을 듣게 된 것은 음악감상회 프로그램 때문이었어요. 음악의 편식을 피하려고 평소에 잘 듣지 않던 음악도 억지로 듣곤 하는데 그러다 우연히 파야의 음반을 손에 넣게 되었어요. 그래도 이런 기회에 파야라는 작곡가를 새롭게 알게 된 건 좋은 일 아닌가요.

파야는 스페인 남단에 위치한 항구도시 카디스 출신의 작곡가로, 어렸을 때 피아니스트인 어머니와 고향의 음악교사에게 피아노와 음악 이론을 배웠어요. 그 뒤 마드리드에 있는 왕립 음악원에서 스페인 민족주의 음악의 아버지라 불리는 페드렐Felipe Pedrell (1841~1922)에게 작곡을 배웠는데, 그가 파야에게 끼친 영향은 무척이나 컸다고 하는군요. 당시 스페인은 작곡계가 침체되어 있어 마드리드 예술원은 이를 살리기 위해 1904년 가극상을 제정하였는데, 1905년 파야는 오페라 「허무한 인생La Vida Breve」으로 이 상을 획득해요. 비록 무대에 올리지는 못했지만, 그때부터 파야의 이름이 세상에 알려지기 시작하죠.

배도반 파야는 스페인의 국민주의 작곡가로 분류되지만, 그의 음악에는 프랑스적인 요소가 동시에 느껴져요. 또 남부 스페인과 북부 스페인의 정서가 함께 들어 있다고도 할 수 있고요. 단순하다고 보기힘든 파야의 이런 음악적 성향은 어디에서 비롯한 것일까요?

차선생 파야는 분명히 알베니스Isaac Albeniz(1860~1909)나 그라나도스 Enrique Granados(1867~1919)처럼 스페인의 국민주의 작곡가로 알려져 있어요. 그런 파야의 음악에 프랑스적인 정서가 느껴진다는 것

은 분명 의아한 일이지요. 그것은
아마 파야가 오페라 「허무한 인생」
으로 스페인 가극상을 받고, 이어
파리 유학길에 오르면서 뒤카·드뷔
시·라벨 같은 프랑스 음악가와 교
류하면서 자연스레 스며든 것이라
고 볼 수 있겠지요.

작곡가 파야

아울러 파야의 음악에 스페인의 남
부와 북부 지방의 정서가 동시에 느
껴진다는 지적도 있는데, 이는 남부
안달루시아 지방의 관능적인 요소
와 북부 카스티야 지방의 금욕적인 요소가 한데 섞여 있음을 의미
하는 것이지요. 이것은 파야의 양친 중 한 명은 남부, 다른 한 명은
북부 지방 출신으로, 그 두 명의 피가 자식인 파야에게 같이 흐르
고 있기 때문으로 추정하고 있어요.

배도반 이런 종류의 음악에 최고의 능력을 발휘하는 에르네스트 앙세
르메Ernest Ansermet(1883~1969)의 명연을 제쳐 두고, 다니엘 바렌보
임의 연주를 선택한 것은 영상 때문인가요?

차선생 그렇지요. 앙세르메의 연주를 고를 수도 있었지만 「삼각모자」
가 우리나라 사람들에게는 그렇게 익숙한 작품이 아닌 데다, 서양
음악 중에서도 특히 이국적인 스페인 요소가 많이 들어 있어서 먼
저 지휘자가 작품을 어떻게 이끌어 가는지 직접 눈으로 확인하는
게 이해에 도움이 될 것 같아 선택한 것이에요. 특히 바렌보임은

현재 최고의 성가를 올리고 있는 지휘자이기도 하고요. 그의 레퍼
토리는 경이로울 정도로 다양한데, 유별나게 우리나라 음악팬에게
는 별로 인기가 없어요.

그는 아르헨티나의 수도인 부에노스아이레스 출생으로 최근 이 도
시에서 열린 탱고 음악 연주회 실황이 DVD로 나오기도 했어요.
해설을 곁들인 이 연주회에서 그는 유머 넘치는 말솜씨로 관중들
의 웃음을 자아내는 등 분위기를 띄우는 솜씨 또한 예사롭지 않더
군요. 그는 분명 매력적인 지휘자예요.

1 「**바이올린 협주곡」 d단조, Op.47 시벨리우스**
  Ⅰ 알레그로 모데라토 | Ⅱ 아다지오 디 몰토 | Ⅲ 알레그로 마 논 탄토
  막심 벤게로프(바이올린) / 다니엘 바렌보임(지휘) / 쉬카고 심포니 오케스트라

2 「**삼각모자El sombrero de tres picos」 마누엘 데 파야**
  〈소개Introducción〉
  Part I. 〈오후La tarde 〉 | 〈밀러 부인의 춤Danza de la molinera(Fandango)〉 | 〈포도Las
  uvas〉
  Part II. 〈이웃 사람의 춤Danza de los vecinos(Seguidillas)〉 | 〈방앗간 주인의 춤Danza del
  molinero(Farruca)〉 | 〈코리의 춤Danza del corregidor〉 | 〈피날레Danza fínal(Jota)〉
  다니엘 바렌보임(지휘) / 시카고 심포니 오케스트라

20
track

외강내유의 휴머니스트,
전설의 지휘자
: 므라빈스키

반세기 동안 함께한 최고의 선물
「므라빈스키와 레닌그라드 필하모닉의 50년 역사」

차선생 사람들이 '외유내강' 이라는 말을 주로 쓰는데, 사전에는 '외강
내유' 란 말도 엄연히 존재해요. 겉보기에는 강하지만, 속은 한없이
부드럽다는 의미이겠죠. 저는 구소련의 전설적인 지휘자 예브게니
므라빈스키 Evgeni Mravinsky(1903~1988)를 보면 '외강내유' 란 말이

떠올라요.

카라얀이 그랬듯 므라빈스키 정도의 지휘자라면 이 세상의 모든 부귀영화를 마음껏 누리고 살았다 해도 전혀 이상할 것이 없겠지만, 기록을 더듬어 보면 그는 평생 동안 청빈한 삶을 살다 간 사람이더군요. 길을 가다 불쌍한 사람을 보면 주머니 속에 들어 있는 돈을 몽땅 털어 주는 따뜻한 마음씨의 소유자였고, 세상을 떠난 뒤 그가 남겨 놓은 재산이 조그만 서민 아파트 한 채뿐이었다는 사실은 신선하다 못해 감동적이지요.

하지만 므라빈스키가 오케스트라 연습장에 도착했다는 소식이 전해지면 단원들은 '적군이 나타났다.'면서 두려움에 떨었다고 해요. 정말 사람의 마음은 알다가도 모른다는 게 옳은 말 같아요. 그래도 리허설 도중 독수리 같은 눈매로 시종일관 단원들을 몰아붙이다가도, 마음씨 좋은 할아버지처럼 간간히 입가에 웃음을 머금던 그의 모습을 대하면 저절로 고개가 끄덕여지더군요.

므라빈스키는 레닌그라드 필하모닉과 함께 몇 차례에 걸쳐 서방 나들이를 했다는 기록이 있어요. 이때 그를 처음 본 카라얀이 이 대지휘자의 모습에 경외감을 감출 수 없었다고 그 소감을 털어놓은 적이 있다고 해요. 천하의 카라얀이 그럴 정도였다면 므라빈스키가 어느 정도의 지휘자인지 어렴풋이나마 짐작할 수 있겠지요.

므라빈스키는 비행기 타는 것을 극도로 싫어해 가급적 해외 나들이를 자제했다지만, 일본까지 연주 여행을 다녀간 걸 생각하면 우리나라에서 그를 볼 수 없었다는 게 못내 아쉬워요.

'음악을 모르고 사는 삶은 행복을 포기하고 사는 것이나 다름없는 것'이라면서, 자신은 음악이 지닌 초월적인 힘을 굳게 믿고 있다는 므라빈스키의 말은 두고두고 새겨 봐야 할 것 같아요. 세계의 많은 음악팬에게 즐거움과 감동을 주는 수많은 음악을 남긴 그로서는 당연한 말이기도 하고요.

므라빈스키

전문가 관점에서 므라빈스키의 지휘에 대해 이런저런 지적을 한다고 해도 일반 애호가가 이해할 수 있는 내용은 분명 한계가 있을 거예요. 차라리 언급한 것처럼 그의 인간적인 면이나 음악에 대한 철학이 그가 남긴 음악을 좀 더 친근하게 접할 수 있는 또 다른 방법이 되지 않을까 싶군요.

류수연 선생님이 영상으로 본 므라빈스키의 모습은 어떤 것이었나요.

차선생 저는 지금까지 그만큼 위압적인 눈매를 가진 지휘자를 본 적이 없어요. 그런 눈길 앞에서 주눅 들지 않을 사람이 과연 몇 명이나 될까 싶을 정도니까요. 그는 그 예리한 눈빛 하나만으로도 오케스트라를 마음먹은 대로 움직일 수 있는 사람 같았어요. 므라빈스키는 노년에 지휘봉을 사용하지 않고 맨손으로 지휘를 했는데, 가끔씩 카메라에 포착되는 절도 있는 손동작은 어떤 지휘자에게도 느낄 수 없는, 오직 그만의 지휘 세계를 상징하는 듯했어요.

그런 므라빈스키가 1938년 모스크바의 전 소련연방 지휘자 콩쿠르에서 1위를 한 인연으로 레닌그라드 필하모닉의 지휘를 맡게 된 이후, 무려 반세기 동안이나 몸담고 있었으니 이 오케스트라가 므라빈스키의 악기라는 말이 나온 것도 수긍할 만한 해요.

특히 그는 차이코프스키와 쇼스타코비치의 교향곡에 관한 한 가장 높은 자리에서 고고하게 빛을 발하는 지휘자라고 할 수 있어요. 지금은 어떤 지휘자에게서도 찾아볼 수 없는, 전율을 느낄 정도의 강한 카리스마를 지닌 전설적인 지휘자 므라빈스키를 직접 영상을 통해 확인해 볼 수 있다는 것은 다행한 정도가 아니라 행운이라고 말하고 싶어요.

이번에 소개하는 음반은 「므라빈스키와 레닌그라드 필하모닉의 50년 역사」라는 타이틀의 DVD로, 일본의 '드림라이프DREAM LIFE'라는 레이블에서 발매된 음반이에요. 므라빈스키를 좋아하는 팬들에게는 그 가치가 남다르고 무척 흥미로운 다큐멘터리 영상물인데, 아쉽게도 우리나라 매장에서는 찾아볼 수가 없어요.

불멸의 지휘자가 사랑한 차이코프스키의 '운명 교향곡'
「교향곡 제5번」 e단조, Op.64 차이코프스키

차선생 차이코프스키의 「교향곡 제5번」은 러시아의 우수가 절절히 담겨 있어 지금도 많은 음악팬의 사랑을 받고 있지만, 그가 직접 지휘를 맡아 처음 무대에 올렸을 때는 실패로 끝나 작곡자를 크게 낙담하게 만든 곡이에요. 그러나 차츰 그 진가를 인정받아 지금은 차이코프스키의 대표적인 명곡 가운데 하나로 자리매김했어요. 불멸의 지휘자 므라빈스키가 생전에 쇼스타코비치의 「교향곡 제5번」과 함께 가장 많이 지휘한 작품이 바로 이 곡이라는 점도 그 사실을 뒷받침해 주는 것 같군요.

특이하게도 느린 안단테로 시작하는 이 곡은 마치 세상의 온갖 고뇌를 혼자 짊어지기라도 한 듯, 어둡고 무거운 발걸음으로 느린 서주를 시작하지만, 온갖 고난을 극복한 기쁨을 노래하는 듯한 마지막 4악장은 이 분위기를 일거에 해소시켜 버리죠. 재미있는 것은 이 4악장의 선율이 그 이전까지 음울하게 느껴졌던 바로 그 선율과 같은 것이며, 단지 단조에서 장조로 바뀐 것뿐이라는 점이에요. 이 같은 극적인 반전을 이루어 낼 수 있다는 게 음악을 듣는 또 다른 즐거움이라고 할 수 있겠지요.

^{배도반} 이 곡을 차이코프스키의 '운명 교향곡'이라고 부르기도 하던데, 어떤 이유 때문인가요?

^{차선생} 하나의 주제 선율이 작품 전체의 내용과 긴밀한 연관성을 가지면서 악장의 구분 없이 반복해 나타나는 것은, 표제음악이 지닌 특성이라고 볼 수 있겠지요.

차이코프스키의 「교향곡 제5번」은 마치 어둡고 무거운 인간의 운명을 상징하는 듯한 음울한 선율이 반복해 나타나면서 곡 전체를 뒤덮고 있다는 느낌이 들어요. 마치 베를리오즈의 「환상 교향곡」에 나오는 〈연인의 선율〉이나 림스키-코르사코프의 「셰헤라자데」에 나오는 〈셰헤라자데의 선율〉처럼 말이지요. 흔히 이 선율을 '운명의 동기'라고 부르기도 하더군요. 그래서 이 곡을 차이코프스키의 '운명 교향곡'이라고 부르는지도 모르지요.

이 곡은 표제가 붙어 있지는 않지만, 이런 이유로 표제음악적인 요

젊은 시절의 차이코프스키

소를 가진 작품으로 봐도 될 것 같아요.

배도반 이 곡에서 발견할 수 있는 특이한 점이 있다면, 어떤 것을 들 수 있나요?

차선생 이 교향곡의 제3악장에 왈츠를 사용한 점은 매우 파격적인 시도로 평가받고 있어요. 이것은 차이코프스키가 '러시아 왈츠의 왕'이라고 불릴 만큼 무척이나 왈츠를 사랑했기 때문이기도 하지만, 한편으로는 이어지는 제4악장을 극적으로 부각시키기 위한 다분히 의도적인 포석이었을 것이라는 시각도 있지요. 그리고 1, 2, 4악장이 모두 느린 안단테로 시작한다는 점도 다른 교향곡에서는 쉽게 찾아보기 어려운 독특한 수법인 것 같아요.

류수연 차이코프스키는 왜 체코의 드보르자크나 노르웨이의 그리그처럼, 러시아의 국민주의 음악에서 중요한 인물로 부각되지 않나요?

차선생 교향곡을 포함한 차이코프스키의 음악은 누가 들어도 러시아의 민족주의적인 요소를 그 바탕에 두고 있다는 것을 느낄 수 있지만, 아무래도 그의 음악적 뿌리는 독일 낭만주의 전통에 있다고 할 수 있어요. 그래서 차이코프스키는 '러시아 5인조[15]'라고 불리던 국민주의 작곡가들과는 대립되는 양상을 띠게 되죠. 이러한 대립

---

15 큐이, 보로딘, 발라키레프, 무소르그스키, 림스키-코르사코프가 결성한 5인조 모임을 말한다. 러시아는 1812년 나폴레옹 군대에 승리를 거두면서 유럽의 대제국으로 성장하게 되고, 1861년에 일어난 농노해방운동으로 사회적인 일대 변혁이 일어난다. 이를 계기로 진정한 러시아 음악의 뿌리 찾기 운동을 주도하면서 이 모임이 결성되었다. 이들은 결속력에 다소의 문제가 있었고, 확실한 악파로 자리 잡지도 못했다. 하지만 음악사에 남긴 영향은 매우 지대한 것으로 평가된다.

이 곧 러시아 음악의 정통성에 대한 주도권을 차지하기 위한 것인지 저도 궁금해 하고 있어요.

류수연 차이코프스키의 많은 작품이 폰 메크 부인과 관련을 맺고 있는데, 이 곡도 그중 한 곡인가요?

차선생 그는 이 작품에 착수하면서 자신의 동생과 메크 부인에게 편지를 써서 작곡에 대한 경위와 자신의 생각들을 털어놓았어요. 특히 폰 메크 부인에게 쓴 편지에는 다음과 같은 내용이 실려 있다고 해요.

이번 교향곡은 지금까지 쓴 교향곡과 비교해 어떤 성격의 작품이 될지 짐작하기도 어렵습니다. 이전에는 밤이 되어도 별로 지치지 않았는데 지금은 밤만 되면 아주 기진맥진하여 책을 읽기조차 어려울 지경입니다.……

이 편지 내용이 수연이에게는 어떻게 받아들여지는지 모르겠지만, 나에게는 지치고 초췌한, 그래서 무척 안타까운 작곡자의 모습이 그려져요. 그리고 언급한 것처럼 이 곡을 초연한 뒤 신문이 혹독한 평가를 쏟아냈기 때문에, 차이코프스키의 심신은 지칠 대로 지친 상태였어요. 그러나 마냥 이 혹평만을 탓할 수 없는 노릇이었어요. 그 이유는 누구보다 자신이 이 곡의 문제점을 잘 알고 있었기 때문이었죠. 그것은 그가 메크

폰 메크 부인

부인에게 보낸 편지에, 이 작품이 너무 과도하게 작위적으로 느껴지는 부분이 있어 역겨울 수도 있다는 내용의 고백으로 확인할 수 있어요.

이 작품에 대해 이처럼 편지왕래가 있었던 것은, 자신이 작곡에 전념할 수 있도록 거액의 연금을 제공해 주는 후원자에 대한 작곡자의 당연한 도리였다고 볼 수 있어요. 더불어 차이코프스키가 작품의 문제점에 대해 허심탄회하게 털어놓을 수 있었던 걸 보면, 두 사람이 얼마나 친밀한 관계였는지 짐작할 수 있을 것 같군요.

이 작품은 차이코프스키의 힘겨운 고백과 달리 훗날 새로운 평가를 받아 그의 대표적인 명곡으로 당당하게 자리를 잡아요. 저에게도 이 작품은 결코 버릴 수 없는 독특한 매력을 지닌 곡이죠. 새삼 작품은 시간의 흐름과 상관없이, 자기 스스로 생명을 얻고 기억된다는 사실을 깨닫게 돼요.

1 『므라빈스키와 레닌그라드 필하모닉의 50년 역사』
1) 「교향곡 제2번」 4악장 '리허설' 과 '연주회 실황' 발췌 브람스 | 2) 「교향곡 제5번」 1악장 '리허설' 발췌 쇼스타코비치 | 3) 「교향곡 제5번」 4악장 '리허설' 발췌 쇼스타코비치 | 4) 「교향곡 제4번」 1악장 '리허설' 발췌 베토벤 | 5) 「교향곡 제4번」 4악장 '리허설' 발췌 브람스 | 6) 「교향곡 제4번」 4악장 '연주회 실황' 발췌 브람스 | 7) 「교향곡 제5번」 4악장 '리허설' 과 '연주회 실황' 발췌 차이코프스키
예브게니 므라빈스키(지휘) / 레닌그라드 필하모닉 오케스트라

2 「교향곡 제5번」 e단조, Op.64 차이코프스키
Ⅰ 안단테 – 알레그로 콘 아니마 | Ⅱ 안단테 칸타빌레, 콘 알쿠나 리센짜 | Ⅲ 왈츠. 알레그로 모데라토 | Ⅳ 피날레. 안단테 마에스토소 – 알레그로 비바체
예브게니 므라빈스키(지휘) / 레닌그라드 필하모닉 오케스트라

21
track

베토벤을 연주하는
세기의 **천재** 피아니스트

: 글렌 굴드

첼로의 장인과 괴짜 피아니스트의 만남

「**첼로 소나타**」 제3번 A장조, Op.69 베토벤

차선생 우리는 평생 동안 얼마나 많은 음악을 들을 수 있을까요? 선뜻
대답하기 어려운 물음이 아닐까 싶군요. 그 가운데는 클래식 음악
도 적지 않은 양을 차지할 것 같아요. 그런데 어떤 음악은 클래식
음악인데도 마치 대중음악처럼 알려진 곡도 많더군요. 영화나 드

라마, 광고 등에 사용되면서 사람들의 귀에 친숙해졌기 때문이죠. 그렇게 어느 정도 익숙해진 음악은 클래식 음악으로는 굉장한 유명한 곡으로 볼 수 있겠지요.

베토벤의 「첼로 소나타」 제3번이 어떤 드라마나 광고에 사용되었는지 전혀 기억에 남아 있지 않아도, 누구나 들어 보면 고개를 끄덕일 정도로 친숙한 선율로 이루어져 있지요. '어디서 들었지?' 고개가 갸우뚱해져도, 익숙한 음악이면 그냥 명곡이기 때문에 그럴 거라고 생각해도 좋을 것 같아요. 사실이니까요.

배도반 유명하다고 반드시 훌륭한 곡이라고 할 수는 없겠지만, 상관관계가 전혀 없다고 생각하진 않아요. 게다가 썩어도 준치라는 말처럼 베토벤의 작품이라면 일정 수준 이상이라는 생각은 항상 갖게 되죠.

차선생 헝가리의 작곡가인 코다이 Zoltán Kodály(1882~1926)는 "내 무반주 첼로 모음곡을 연주하지 않은 사람은 분명 일류 첼리스트가 아닐 것이다."라고 말했다고 해요. 그만큼 자신의 작품에 자부심이 있다는 의미로 해석할 수 있겠지요. 베토벤이 그와 비슷한 말을 하지는 않았지만, 수많은 첼리스트들이 앞다퉈 연주하고 녹음을 남길 만큼 인기가 높은 것은 사실이죠.

그의 다섯 개의 「첼로 소나타」 중 가장 인기가 많고 아름다운 곡은 제3번으로, 이 분야의 최고 걸작으로 손꼽히고 있지요. 이 곡은 그의 교향곡 제5, 6번과 피아노 협주곡 제5번 「황제」와 같은 시기에 작곡되었는데, 그런 만큼 베토벤이 가진 절정의 감각이 고스란히 담긴 작품으로 평가받고 있어요.

뉴욕 필의 수석 연주자였던 레너드 로즈

류수연 베토벤이 첼리스트는 아니었지만, 당대에 자신의 음악을 훌륭하게 연주할 수 있는 첼리스트가 있어서 이 곡을 썼을 것 같은데 어떤가요?

차선생 이제 수연이가 반전문가가 다 된 것 같아요. 꾸준히 음악 들으면서 책도 보고 이야기도 듣고 하니 자신도 모르는 사이에 부쩍 실력이 는 모양이에요.

수연이 이야기처럼 베토벤의 「첼로 소나타」는 롬베르크, 뒤포르, 링케 같은 훌륭한 연주자가 있었기에 탄생할 수 있었어요. 특히 제3번은 베토벤의 친구이자 후원자이기도 했으며 첼로 연주 솜씨가 훌륭했던 그라이헨슈타인 백작을 위해 작곡한 것으로 추측해요. 이유야 어찌되었든 이러한 명곡들이 쏟아져 나옴으로써 이전 시대보다 첼로 음악의 수준이 한 차원 도약된 것은 분명하겠지요.

배도반 명곡으로 널리 알려진 만큼 훌륭한 녹음도 많은 것으로 알고 있는데, 글렌 굴드와 레너드 로즈의 콤비는 뜻밖이고, 또 이들의 연주가 기록으로 남아 있는지도 몰랐어요.

차선생 슈타커Janos Starker나 푸르니에Pierre Fournier, 로스트로포비치 같은 명인들이 이 곡의 훌륭한 레코딩을 남겼지만, 레너드 로즈의 연주는 잘 알려지지 않았어요. 그러나 외국에는 이들의 연주로 된 음반이 발매되어 있더군요. 같은 음원인지는 알 수 없지만 이 연주는 시리즈로 발매된 글렌 굴드의 히스토릭 영상에 들어 있는 것으로 피아노는 당연히 굴드가 맡고 있어요.

첼로 소나타임에도 영상은 시종일관 글렌 굴드에 포커스가 잡혀 있지만, 세간에 잘 알려지지 않은 이들 콤비의 모습을 영상으로 접할 수 있다는 것만으로도 관심을 끌기에 충분하지요. 경주에서 열린 한 음악감상회에서 우연히 이 연주를 접할 수 있었던 어느 애호가의 소감이 참고가 될는지요.

베토벤 「첼로 소나타」 3번을 감상한 느낌을 대략 요약한다면, 한 인간의 극대화된 능력이 객관화된 모습을 띠었을 때, 또 그걸 지켜볼 수 있을 때, 절정의 행복감을 느낄 수 있게 된다는 것입니다. 더 이상 할 말이, 해야 될 말이 없습니다. 하지만 말이 너무 짧으면 인간이 시건방져 보일까 봐 사족을 조금 달아 보겠습니다.

글렌 굴드는 소리 없이 행위 그 자체만으로도 완전한 예술에 가깝다고 해야 할지, 최고의 미美는 곧 최고의 선善이라고 해야 할지 모르겠습니다. 정말 아름다운 인간이었다고 인정해 주는 것이 차라리 속편하겠습니다. 굴드가 생전에 연주 이외의 장면에서는 어떤 연출을 하며 스스로의 삶을 꾸려

갔는지는 관심 밖입니다. 우리는 그의 연주가 보고 싶지 일상생활을 보고 싶은 건 아니잖습니까? 딱 하나만 제대로 하고 가기도 힘든 것이 우리네 인생인데 다 잘 하려고 하면 과욕이지 뭐겠습니까? 굴드도 욕심 사나운 인간이기는 하지요. 상식적으로도 첼로 소나타에서는 어디까지나 주인공이 첼로가 됨이 마땅함에도 주인공 첼로는 어디에도 없고 혼자 다해 버리잖아요? 가끔 첼로가 못마땅한 듯이 힐끔거리며 쳐다봐도 안중에 두지도 않고, 첼로가 연주 도중 나가버리지 않을까 내심 초조한 관객도 '나 몰라' 라는 식이더군요.

그런 굴드를 염두에 둔 건지 카메라 앵글도 아예 굴드에 초점을 맞춘 것 같은데 그러면 첼로 소나타에서 첼로는 뭡니까? 그런 점에서 저는 첼로의 레너드 로즈의 정신력에 감탄했습니다만, 로즈는 무슨 생각을 했을까요? 그가 무슨 생각을 했든지 협연은 훌륭했습니다. '그럼에도 불구하고 굴드에 결코 휘둘리지 않는 로즈가 있었기에 그 연주는 매우 성공적이었다.'고 논자들이 논평했지 싶습니다.

생전에 호로비츠만 의식했다는 굴드. 가끔씩은 자신의 삶에서조차 객관적일 수밖에 없는, 단지 시간이 모든 걸 해결해 줄 거라 기대하는 내성적인 모든 사람에게 '삶' 이란 게 뭔지, 접신接神의 경지란 도대체 어떤 건지를 제대로 보여 준 굴드. 자신 이외는 누구도 안중에 없는 굴드가 밉지 않은 이유는 바로 실력, 그것이었습니다. 살아 있다면 미국이든 어디든 그의 연주 볼 거라고 줄줄이 비행기표 사들고 난리칠 광표 팬들이 우리 주변에서도 나올 법하지만 어찌합니까, 그를 볼 수 있는 행운은 영상으로나 가능한 것을. 그 행운조차 이런 저런 일 때문에 참석 못해 놓친 사람도 많으니 영상으로 지켜본 사람들은 그나마 큰 다행이겠습니다. 그런 점에서 참석한 사람들이 비교우위에 있다고 한다면 얄밉겠지요?

^{배도반} 글렌 굴드에 비해 거의 알려지지 않았다고 해도 과언이 아닐 레너드 로즈는 어떤 연주자인가요?

^{차선생} 미국 출신의 연주자로 커티스 음악원에서 공부를 했고 토스카니니의 NBC 교향악단, 클리블랜드 오케스트라를 거쳐 뉴욕 필하모닉의 첼로 수석으로 활동했더군요. 이후 솔리스트로 전향하여 유진 이스토민Eugene Istomin, 아이작 스턴Isaac Stern과 함께 3중주단을 조직하였고, 린 하렐Lynn Harrell이나 요요 마 Yo-Yo Ma를 가르친 교육자로도 이름이 쟁쟁하고요. 또 그의 첼로 연주법에 관한 저술은 지금도 사용되고 있다고 해요.

레너드 로즈의 연주 경력에서 글렌 굴드와의 협연은 드문 일이 아니었던 것으로 보이며, 굴드를 포함한 여러 연주 단체와 활발한 협연을 펼치기도 했어요.

삶의 모든 것을 이룩한 기인이 바로 황제다
「피아노 협주곡 제5번」 E♭장조, Op.73 「황제」 베토벤

^{차선생} 클래식 음악을 잘 알지 못했고 많이 듣지도 않았던 대학 시절, 같은 과에 다니는 친구에게 소개받았던 곡이 「황제」 협주곡으로 불리는 베토벤의 「피아노 협주곡 제5번」이었죠. 지금 생각해 보면 당

시 친구는 이 협주곡에 깊이 심취해 있었던 모양이에요. 그런데 자신이 좋아하는 이 곡을 어떻게든 제게 들려주고 싶어 짜낸 아이디어가 자신의 테이프와 제 테이프를 교환해서 듣는 것이었죠. 그래서 제가 듣고 있던 베토벤의 「전원」 교향곡과 자신의 「황제」 협주곡을 교환하게 되었어요. 그러다 보니 어쩔 수 없이 친구가 그토록 열렬히 추천한 「황제」 협주곡을 듣지 않을 수 없게 되었는데, 솔직히 처음엔 별 감흥이 없었어요. 별말은 없었지만, 반응이 미지근한 저를 보고 아마 그 친구가 많이 실망했을 것 같아요. 하지만 훗날엔 이 곡의 가치를 깨닫고, 저 역시 그 친구처럼 다른 이들에게 많이 소개하고 다녔죠.

배도반 만일 이 곡에 '황제'라는 이름이 붙지 않았어도 사람들은 지금처럼 좋아했을까요?

차선생 글쎄요, 그건 참 어려운 질문이군요. 그렇지만 크게 다르지 않을 것 같아요. 왜냐하면 브람스의 「교향곡 제1번」이나 브루크너의 「교향곡 제7번」, 말러의 「교향곡 제5번」은 부제가 붙어 있어서 인기 있는 것은 아니잖아요.

류수연 그래도 '황제'라는 표제가 알게 모르게 음악을 이해하는 데 영향을 주긴 하겠죠?

차선생 아니라고 하긴 어려울 것 같아요. 베토벤의 피아노 소나타곡 중에 「템페스트」라는 부제를 가진 곡이 따로 있긴 하지만, 이 곡을 듣고 있으면 마치 폭풍처럼 휘몰아치는 느낌이 들곤 하죠. 그런 점에서 누가 이 곡을 피아노 협주곡 '템페스트'라고 이름 붙일 수도 있었을 텐데, 만일 그랬다면 또 그런 식으로 이해하려고 하지 않았을까 싶기도 해요.

그런 점에서 작곡자 자신이 붙인 것은 아니라 해도 '황제'라는 이름이 곡의 이미지를 알리는 데 한몫했다고 볼 수 있고, 또 이 곡이 지닌 거대한 스케일과 당당함에 사람들은 과연 '황제로군.' 하면서 고개를 끄덕였을 것 같아요.

다른 얘기지만 아는 사람 중에는 정신적으로 무척 힘들던 시기에 이 곡을 통해 용기를 얻고 어려움을 이겨 낼 수 있었다며 평생을 두고 이 곡을 잊지 못할 거라는 감회를 털어놓기도 했어요.

류수연 이 곡에 '황제'라는 이름이 붙인 특별한 이유가 있는 건가요?

차선생 '황제'라는 표제가 무슨 깊은 사연이 있어서 붙여진 것으로 오해하기 쉽지만, 실제로 그렇지는 않아요. 작곡자 자신이 붙이지 않은 것은 두 말할 필요도 없고, 정확히 누가 붙인 이름인지조차 분명하게 밝혀지지 않았더군요.

「영웅」교향곡이 그런 것처럼 이 곡도 나폴레옹과의 관련성을 조심스럽게 떠올려 보지만 전혀 상관없는 것으로 밝혀졌다고 해요.

결국 「월광」이나 「운명」교향곡처럼 '황제'라는 이름도 작곡자의 의도와는 무관하게 모든 피아노 협주곡이 따를 수 없는 최고의 지위, 즉 황제의 자리에 있는 협주곡이라는 의미로 후세 사람들이 붙였다고 보면 되겠죠.

이 곡은 베토벤이 남긴 피아노 협주곡 중 기교나 내용 모두 작곡자가 가진 절정의 기량을 마음껏 뽐낸 곡이에요. 그런데 이 협주곡에서는 여러 흥미로운 점이 발견돼요. 당시로서는 관현악으로 시작되던 정해진 틀에서 벗어나 제1악장을 카덴차풍의 피아노 독주로 시작하는 획기적인 시도가 있고, 또 연주자의 즉흥에 맡겨 오던 1악장 마지막 부분의 카덴차를 작곡자 자신이 작곡한 것으로 연주하도록 못 박고 있다는 점 등이 이전 작품들과는 다른 점이죠.

또 제2악장과 제3악장을 쉬지 않고 계속 연주하게 한 것도 형식미를 중시하는 고전주의 음악의 테두리를 저만치 벗어나 있어요. 이것은 베토벤의 음악이 벌써 낭만주의 음악의 경향에 깊숙이 접어들었음을 의미하는 것이고, 고전주의와

피아노의 기인 글렌 굴드

낭만주의 사이에서 베토벤이 중요한 연결고리 역할을 하고 있음을 주지시키는 대목으로 볼 수 있겠죠.

배도반 이 곡을 통해 알 수 있는 베토벤의 위대함 같은 것도 있다고 보는데, 여기에 대한 선생님의 의견은 어떤가요?

차선생 「피아노 협주곡 제5번」은 베토벤의 모든 협주곡을 통틀어 그 마지막을 장식하는 곡으로, 이 작품 이후 더 이상의 협주곡은 작곡하지 않았어요. 이 곡이 작곡되던 시기는 나폴레옹이 오스트리아를 침공해 그의 군대가 밤낮없이 대포를 쏘아대는 통에 수도 빈은 극도로 혼란스러운 상태였지요. 하지만 베토벤은 이에 아랑곳하지 않고 태연하게 작곡에 전념하여 이 곡을 완성했을 만큼 당시 베토벤의 창작열은 뜨거웠고 의지 또한 강했던 것으로 보여요. 더욱 놀라운 것은 이 시기의 베토벤은 청각 장애가 극에 달해 완전히 귀가 들리지 않는 상태였다는 거예요.

비단 이 곡뿐만 아니라 베토벤의 음악이 늘 깊은 감동을 안겨 주는 것은 이러한 불굴의 의지와 인간 승리의 정신이 저변에 깔려 있기 때문이겠지요. 모짜르트의 음악에 대해서 이러쿵저러쿵 말할 사람이야 당연히 없겠지만 그래도 많은 음악애호가가 베토벤의 음악에서 더 큰 감동과 삶의 위안을 얻는 것도 그 때문이라고 생각해요. 그가 악성樂聖으로 불리는 것도 같은 이유라고 봐요.

잘 알려진 대로 이 「황제」 협주곡은 자신의 열렬한 후원자이자 제자이기도 한 루돌프 대공에게 헌정되었어요. 베토벤이 루돌프 대공에게 헌정한 작품이 모두 몇 곡인지 정확히 알아보지는 못했지만 굵직한 작품만 해도 굉장해요. 우선 피아노 트리오 「대공」이 있고, 나폴레옹의 침공으로 피난길에 오른 루돌프 대공과 이별해야 하는 섭섭함을 표현한 피아노 소나타 「고별」, 그리고 「황제」 협주곡이 그것이지요.

배도반 레오폴드 스토코프스키의 지휘로 아메리칸 심포니 오케스트라와 협연한 글렌 굴드의 「황제」 협주곡 음반은 책에서 본 적이 있는데, 캐나다의 토론토 심포니를 지휘한 카렐 안체를Karel Ancerl과의 협연은 처음 들어 본 것 같군요.

차선생 그럴지도 모르죠. 저도 LD에 수록된 것 외에 LP나 CD로 이 연주를 수록한 것은 본 적이 없으니까요. 체코 출신의 카렐 안체를이 지휘를 맡고 있긴 하나 토론토 심포니의 연주는 크게 내세울 만한 수준은 아닌 것 같아요. 어차피 이 연주는 글렌 굴드라는 연주자에 초점에 맞추어질 수밖에 없을 것 같은데, 욕심 같아서는 라이브 녹음이었으면 하는 바람을 가져 보지만 굴드의 음반이 거의 스튜디오 녹음으로 이루어졌기 때문에 아무래도 현장감이나 생동감은 기대하기 어렵죠.

그렇지만 전설 속의 주인공 같은 글렌 굴드가 베토벤 협주곡을 연주했다는 것만으로도 흥미로운 일인데, 영상을 통해 한 시대를 화려하게 수놓은 피아노의 기인을 만날 수 있다는 것도 빼놓을 수 없는 재밋거리이지요.

정열, 혹은 열정은 그림에서만이 아닌 음악에도 적용된다는 사실을 글렌 굴드를 통해 알게 되었다며 처음 본 글렌 굴드에게서 광기 같은 것을 느낄 수 있었다고 음악감상회에 열성적으로 참여하는 어느 여성 회원의 소감도 인상적이었어요.

어디선가 본 글에 이런 내용이 있더군요.

굴드는 죽기 직전 아버지에게 전화를 걸어 이렇게 말했다고 해요.

"아버지, 전 살아오면서 제가 하고 싶은 일을 다 해 본 것 같아요."

고등학교도 나오지 않고, 50년 넘는 평생 동안 독신으로 살다 갔지만, 자신이 원했던 것을 모두 이루었다는 그의 고백은 그의 열정이 얼마나 컸던가를 짐작하게 해요. 굴드의 생애는 위대한 음악가의 한 사람으로 존중되어야 마땅한 것 같아요.

류수연 글렌 굴드는 기인으로도 명성이 자자한 연주자이므로 그에 관한 재미난 일화도 많을 것 같아요?

차선생 글렌 굴드는 그 누구도 감히 흉내 낼 수 없는 강한 개성의 소

유자였죠. 한 예로 아버지가 만들어 준 피아노용 의자를 평생 사용
했는가 하면, 한여름에도 외투에 장갑까지 끼고 다녔다고 해요. 그
는 또 연주에 사용하지 않는 한 손으로 도취된 듯한 지휘 제스처를
연출해 흥미를 끌기도 했지만, 글렌 굴드의 트레이드마크는 아무
래도 연주 도중에 흥얼거리는 허밍이라고 봐야 하지 않을까 싶군
요. 그의 연주를 녹음하던 스튜디오 레코딩 엔지니어가 이 소리를
제거해 보려고 무척 애를 썼다는 후문도 들은 적이 있지만, 만일
그 일이 가능했더라면 그의 음반을 듣는 재미가 반감될 뻔했어요.

1 「첼로 소나타」 제3번 A장조, Op.69 베토벤
Ⅰ 알레그로 마 논 탄토 │ Ⅱ 스케르쪼. 알레그로 몰토 │ Ⅲ 아다지오 칸타빌레 - 알레그로 비바체
레너드 로즈(첼로) / 글렌 굴드(피아노)

2 「피아노 협주곡 제5번」 E♭장조, Op.73 「황제 Emperor」 베토벤
Ⅰ 알레그로 │ Ⅱ 아다지오 운 포코 모쏘 │ Ⅲ 론도. 알레그로
글렌 굴드(피아노) / 카렐 안체를(지휘) / 토론토 심포니 오케스트라

Album #4

Album #4

음악의 전설, 음악의 어머니
작곡가의 숨결로 듣는 음악

22
track

3중주,
절묘한 앙상블의 세계

: 베토벤

베토벤, 인류에게 남겨진 최고의 유산

「피아노 3중주 제7번」 B♭장조, Op.97 「대공」 베토벤

배도반 베토벤은 다른 작곡가들에 비해 상대적으로 취약한 부분이 있
을까 싶을 만큼 거의 모든 장르에서 괄목할 업적을 남겼군요. 그는
정말 대하면 대할수록 위대한 작곡가예요.

차선생 때론 성악 분야에서 다른 작곡가들보다 작품의 양이나 예술적인 면에서 아쉬움이 언급되지만, 그의 작품 하나하나가 그 분야를 대표하는 최고의 작품으로 자리매김하고 있는 건 분명한 사실이죠. 그래서 저도 베토벤의 작품을 대할 때마다 그것이 과연 인간으로서 가능한 일일까 경이로움을 느껴요. 말 그대로 베토벤의 음악이 '인류에게 남겨진 최고의 유산'이라는 찬사는 결코 지나친 표현이 아닌 것 같아요.

베토벤의 작품은 피아노 3중주곡에서 시작해 현악4중주곡으로 막을 내렸는데, 그런 만큼 실내악곡이 베토벤의 음악세계에서는 매우 중요한 분야가 아니었나 하는 생각이 드는군요. 특히 베토벤은 피아노 3중주 분야에서도 뚜렷한 음악적 업적을 남기고 있어요. 그가 남긴 피아노 3중주는 모두 7곡으로 타 분야에 비해 결코 많은 숫자는 아니지만 공교롭게도 베토벤 음악의 작품번호가 3곡의 피아노 3중주곡으로 시작되고 있어요. 따라서 베토벤에게 피아노 3중주라는 형식은 나름대로 적잖은 의미를 지닌다고 볼 수 있겠죠.

배도반 피아노 3중주곡 「대공」을 들으면 당당하고 밝은 모습의 베토벤이 연상되는데, 실제로 이 곡을 작곡할 무렵의 베토벤은 정서적으로 어떠했나요? 모짜르트처럼 음악은 매우 밝고 아름다운데 당시 그의 삶은 견디기 힘들 만큼 궁지에 몰려 있었다는 글을 대하면, 인간으로서 그게 과연 가능한 일인가 싶어 솔직히 당황스러워요.

차선생 서른여덟 살이었던 1808년의 베토벤은 창작 의욕이 최고조에 있었지요. 「작품 70」으로 발표한 2곡의 피아노 3중주를 작곡할 무렵의 베토벤은 음악사에 우뚝 솟은 불후의 명곡인 교향곡 제5번과

6번, 그리고 피아노 협주곡 제5번 「황제」 등을 잇달아 내놓는 등 절정기를 내달리던 시기였어요.

베토벤은 최초 두 곡의 피아노 3중주를 발표한 이후 웬일인지 한동안 이 분야에 관심을 보이지 않다가 3년 뒤인 1811년에 들어서 다시 피아노 3중주의 작곡에 손을 댔는데 이것이 바로 「대공」 3중주예요. 이 곡은 베토벤이 작곡한 모든 피아노 3중주곡뿐만 아니라, 음악사 전체를 통틀어서도 최고 걸작 중의 하나로 평가받고 있지요.

배도반 이 곡만이 지닌 특색을 지적해 보면 좋겠어요.

차선생 이 곡의 특색은 곡의 서두에서부터 느껴지듯 교향곡을 방불케 하는 웅대한 스케일과 베토벤 음악에서 느낄 수 있는 원숙하고 당당한 품격, 세 대의 악기가 이루는 절묘한 앙상블과 풍부한 색채감 등을 말할 수 있겠군요. 그래서 이 곡을 두고 어떤 사람은 '교향적 3중주곡'이라는 표현을 쓰기도 한다는군요.

이미 언급했지만 이 곡을 쓸 무렵의 베토벤은 자신감이 넘쳤고 정서적으로도 안정된 상태였던 것 같아요. 그렇지 않고서야 역사에 길이 남을 명곡을 그처럼 한꺼번에 쏟아낼 수 없었을 테니까요.

류수연 이 작품에 붙여진 '대공'이라는 표제는 베토벤이 직접 붙인 건가요?

차선생 표제음악이 낭만주의 시대에 들어서 활짝 꽃피웠다는 점을 감안하면 베토벤이 직접 '대공'이라는 표제를 붙였다고 보기는 어렵겠지요. 그리고 '대공'이 표제라기보다 애칭이란 표현이 더 적절한 것 같기도 하고…….

베토벤은 이 곡을 완성해 자신보다 열여덟 살이나 어리지만 열렬한 후원자이자 제자였던 루돌프 대공에게
헌정했어요. 그래서 이 작품에 「대공」이라는
애칭이 붙은 것이죠. 나폴레옹군이 침입해
빈이 위태롭게 되었을 때 불가피하게 루돌
프 대공이 그곳을 떠나게 되자 베토벤이 그
와 헤어짐을 안타까워하며 「고별」 소나타를
지어 헌정한 것도 잘 알려진 에피소드로, 베
토벤과 루돌프 대공과의 긴밀한 인간적 교
류를 추측할 수 있는 일이 아닐까요.

루돌프 대공

이 무렵 베토벤은 이미 피아니스트로서 활동을 중단한 지 상당한
시일이 지났음에도, 자신의 피아노로 이 곡을 초연했던 사실로 미
루어 베토벤은 이 곡에 상당한 애착과 자신감을 가졌던 모양이에
요. 그러나 1814년 4월 11일 빈에서 있은 이 초연 무대가 성공적으
로 끝난 것은 아니었으며, 결과적으로 이 자리는 공개석상에서 한
베토벤의 마지막 연주 무대가 된 셈이지요.

베토벤, 잊힌 음악의 유물을 부활시키다
「피아노, 바이올린, 첼로를 위한 3중 협주곡」 C장조, Op.56 베토벤

배도반 3중 협주곡은 흔히 접할 수 있는 형식의 악곡은 아닌 것 같은
데, 베토벤이 이 곡을 들고 나온 데는 그만한 이유가 있었을까요?

차선생 바로크 시대의 작곡가이면서 많은 협주곡을 남긴 비발디의 작

품 목록에서는 쉽게 찾아볼 수 있는 여러 악기를 위한 다중 협주곡인 합주 협주곡 형식은 고전주의 시대로 넘어오면서 거의 자취를 감추게 되지요. 그러다 모짜르트의 「플루트와 하프를 위한 협주곡」, 베토벤의 「3중 협주곡」으로 겨우 명맥이 이어지는 듯했으나, 브람스의 「바이올린과 첼로를 위한 2중 협주곡」을 끝으로 다중 협주곡은 대가 끊어지게 되었죠. 그러므로 베토벤의 이 복고적인 3중 협주곡은 작품의 예술적 가치와 비례한다고 보기는 어려우나 시기적으로 매우 독특한 작품인 것만은 틀림없는 사실이에요.

늘 시대를 앞서가는 작품을 써 왔던 베토벤이 한물간 구시대의 악곡 형식인 작품을 쓰게 된 데에는 피아노 트리오 「대공」처럼 자신의 후원자이자 제자였던 루돌프 대공과 자신의 주변 음악가들을 염두에 둔 것으로 알려져 있어요.[16] 다만 서로 다른 악기를 연주하는 세 명의 음악가들의 기량이 일정한 수준이 아니었던지 각 독주 악기의 기술적 난이도가 현격한 차이를 보이고 있다는 점도 이 곡의 특징이라고 볼 수 있겠군요.

베토벤의 위대한 음악적 유산을 이야기할 때 으레 등장하는 작품들 가운데 이 곡이 빠져 있는 이유는 이처럼 낡은 형식의 틀을 가지고 있다는 점과 음악적으로 그의 다른 작품들에 비해 평범한 수준에 머무르고 있다는 이유인 것 같아요.

하지만 '썩어도 준치'라는 말처럼 큰 스케일과 곡의 당당한 흐름은

---

16 베토벤의 비서이자 전기 작가였던 쉰들러에 따르면, 이 곡은 베토벤의 후원자이며 제자였던 피아니스트 루돌프 대공, 그의 고용음악가인 바이올리니스트 칼 아우구스트 자이들러, 하이든의 에스터하찌 오케스트라의 수석 첼로주자였던 안톤 크라프트를 염두에 두고 작곡한 것으로 알려져 있다.

영락없는 베토벤 가계의 작품임을 느끼게 해요. 아울러 독주 악기의 화려함과 악기 상호 간의 앙상블, 아름답게 흐르는 선율은 듣는 이로 하여금 또 다른 만족감을 선사하고 있어요.

바렌보임, 요요 마, 펄먼의 협연 장면

배도반 루돌프 대공을 위해 작곡했으면서도 베토벤이 이 작품을 다른 사람에게 헌정한 것은 어떤 이유에서인가요?

차선생 이 곡은 루돌프 대공이 개인적인 용도로 너무 오랫동안 이 작품을 보관하고 있었고, 출판사도 비협조적으로 나와 제때 출판되지 못했던 사연이 있었나 봐요. 그런 와중에 비록 큰 성공을 거두지 못했지만 이 작품의 초연을 위해 베토벤의 후원자였던 로브코비츠 후작이 물심양면으로 많은 지원을 아끼지 않았고, 이런 점이 베토벤의 마음을 움직여 결국 로브코비츠 후작에게 이 작품을 헌정하게 된 모양이에요.

배도반 이 곡을 담은 영상을 간략히 소개한다면 컬렉션에 참고가 되겠군요.

차선생 다른 음악 형식에 비해 협주곡 영상물은 애호가들에게 가장 풍성한 볼거리를 제공해 주는 매력이 있어요. 이 작품은 3중 협주곡이므로 솔리스트가 3명이나 등장하는데, 자칫 이름 있는 연주자들이 무대에 오르면 그 자체로 큰 화젯거리가 되지요. 그런 면에서 스비야토슬라프 리히터, 다비드 오이스트라흐, 므스티슬라프 로스트로포비치 같은 당대 최고의 명인들이 카라얀과 함께한 연주는 두고두고 회자될 수밖에 없겠지요. 그러나 불행히도 이들의 모습은 다시 볼 수 없다는 겁니다.

하지만 꿩 대신 닭이라고 했던가요. 피아노의 다니엘 바렌보임과 바이올린의 이착 펄먼, 첼로의 요요 마가 모였다면 앞의 대가들이 모두 세상을 떠나고 없는 지금의 상황에서 구성할 수 있는 최상의 멤버라고 볼 수 있지 않을까요?

별로 기대하지 않았던 이들의 영상물이 발매되어 반가운 마음으로 구입하였는데, 이 DVD 음반에서는 차이코프스키 탄생 250주년 기념 갈라 콘서트에서 지휘자 유리 테미르카노프와 함께 「로코코 주제에 의한 변주곡」을 열정적으로 연주하던 요요 마를 다시 보는 즐거움이 있어 좋았습니다. 그는 같은 동양인이라는 친숙함도 있지만 연주자로서의 성실한 자세와 늘 웃음 띤 표정으로 그의 음악을 접하는 사람들에게 편안함을 선사하는 멋진 첼리스트이기 때문이지요.

1 「피아노 3중주 제7번」 B♭장조, Op.97 「대공Archduke」 베토벤
　Ⅰ 알레그로 모데라토 | Ⅱ 스케르쪼. 알레그로
　Ⅲ 안단테 칸타빌레, 마 페로 모토-포코 피우 아다지오 | Ⅳ 알레그로 모데라토
　보자르 트리오

2 「피아노, 바이올린, 첼로를 위한 3중 협주곡」 C장조, Op.56 베토벤
　Ⅰ 알레그로 모데라토 | Ⅱ 라르고 – 아타카 | Ⅲ 론도 알라 폴라카
　이착 펄먼(바이올린) / 요요 마(첼로) / 다니엘 바렌보임(피아노 & 지휘) / 베를린 필하모닉
　오케스트라

23
track

피아노의 시인,
불멸의 음악

: 쇼팽

차선생 학창 시절에 배운 것만으로도 분명 시詩는 누구나 쉽게 범접할
수 있는 세계는 아닌 것 같아요. 물론 시인이 되고 싶다고, 누구나
시인이 될 수도 없겠지만요. 그런데 시인이 되는 방법이 전혀 없는
것은 아니죠. 이시인, 박시인, 정시인처럼 애초에 이름을 '시인'으
로 지어 버리는 것이죠! 물론 음악감상회를 시작하기 전 긴장을 풀
기 위해 한번 우스갯소리를 해본 거예요.

인간이 시의 세계를 동경하는 것은, 그것이 쉽게 이를 수 없는 경지이기 때문이겠지요. "사람은 누구나 때로 시인이 된다."라고 하지 않습니까. '늘'이 아니라 '때로' 말이죠. 그런데 그 '때로' 라는 것은 어떤 순간일까요? 그건 아마 처음부터 전혀 의도되지 않았으며, 또 아무에게나, 그리고 아무 때나 일어나지 않는 예상하지 못한 어떤 순간일 겁니다. 또 선禪의 경지처럼 '아! 이건 분명 한 편의 시야.' 라고 느끼는 어느 한순간일 겁니다. 우리가 평생을 살면서 몇 번이나 그런 순간을 경험하게 될까요?

다행히 그 점에 대해서는 기성 시인들이 크게 걱정할 필요는 없을 것 같아요. 짧은 순간 '시심詩心'를 느꼈다고 다 시인이 되는 것은 아닐 테니까요.

쇼팽을 '피아노의 시인' 이라고 부르지요. 그의 피아노 음악을 듣고 있으면 과연 그 말이 옳다는 생각을 하게 되고요. 그러나 그의 음악에서 시상詩想을 느낄 수는 있지만 누구나 그런 음악을 쓸 수 있는 것은 아닐 테니, 그를 '불멸의 쇼팽' 이라고 불러도 될지 모르겠군요.

흠뻑 취하고 싶은, 쇼팽 음악에 바치는 노래
「쇼팽에게 보내는 편지」 안나 게르만

차선생 쇼팽의 곡은 아니지만 그를 마음속에 그리며 쓴 것이므로 한번 들어 보고 싶었던 곡입니다. 같이 노랫말을 한번 음미해 볼까요. 수연이가 한번 낭송해 주면 좋겠는데……

류수연 그럴게요.

저녁노을이 들판에 누울 때면
빛과 어둠의 옷을 입은 네가 찾아오지
저녁 안개 속에서 나를 맞는 것은
풀잎의 바스락대는 소리와 물의 반짝임이라네
바람에 실려 온 봄 노래가
대지에 울려 퍼지는 것을 듣네
그 음은 투명하고 맑으며 귀에 익고 정겹네
마치 고향 집처럼
은하수로부터 밤이 밀려와,
반짝이는 장미 잎들이 바람에 흔들리네
하지만 이곳을 떠나기 전에
포도주 같은 네 음악에 흠뻑 취하고 싶네
내 마음속에는 너의 멜로디가 남아 있네
저녁노을이 들판에 누울 때면
빛과 어둠의 옷을 입은 네가 찾아오지
은하수로부터 밤이 밀려와,
반짝이는 장미 잎들이 바람에 흔들리네
하지만 이곳을 떠나기 전에
포도주 같은 네 음악에 흠뻑 취하고 싶네

배도반 '네 음악을 듣노라면 마치 포도주를 마신 듯 흠뻑 취하고 싶다.'라는 구절이 시적으로 느껴지며, 그 속에 담긴 쇼팽에 대한 동경이 느껴져요. 쇼팽의 「야상곡」을 연상케 하는 익숙한 선율이 비록 쇼팽의 곡은 아니지만 무척 아름답게 들리는군요.

차선생 안나 게르만Anna German은 이미 한 세대 전의 가수이지만, 아무도 흉내 낼 수 없는 그녀만의 목소리는 러시안 송의 품격을 한 차원 높은 곳으로 끌어올리지 않았나 싶어요. 쇼팽도 그랬지만 안나 게르만 역시 한창 나이에 세상을 떠난 것은 그녀를 사랑하는 음악팬들에게 무척이나 안타까운 일이지요.

쇼팽의 장례식에 흐른 노래
「전주곡」, Op.28, No.4 e단조 쇼팽

류수연 베르디의 「라 트라비아타」 제1막 전주곡, 리스트의 교향시 「전주곡」, 드뷔시의 「전주곡」 등 '전주곡'이란 이름이 붙은 곡이 많아서, 이 음악 형식의 정체를 이해하기 힘들어요.

차선생 전주곡이란 '앞서서(pre) 연주되는(lude) 음악'이란 뜻으로, 본 연주에 앞서 연주되는 음악이라고 보면 되지 않을까요? 바흐 이전부터 존재했고, 바흐의 시대에 와서 하나의 독립된 악곡 형식으로 자리 잡았지만, 그 이후로 거의 잊히다 쇼팽에 의해 다시 세상에 모습을 드러내게 된 것으로 알고 있어요. 그렇지만 쇼팽의 「전주곡」은 그 자체로 독립된 음악이므로, 이 악곡 형식의 보편적인 의미로 받아들이기는 어려울 것 같아요.

류수연 쇼팽이 「전주곡」이라는 곡을 작곡한 이유나 계기가 있었을 텐데요……

차선생 쇼팽은 평소에 바흐를 몹시 존경했다고 해요. 자연히 그의 피아노 작품들, 특히 「평균율 클라비어곡집」을 즐겨 연주했을 테고요. 그러다 보니 길지도 않은 여러 개의 곡들이 미리 정해 놓은 틀 위에서 규칙적으로 발전해 나가면서 통일성을 지닌 하나의 구조를 이루어가는 완벽함에 영감을 받았을 테지요. 쇼팽의 「전주곡」은 실제로 바흐의 「평균율 클라비어곡집」과 구조 면에서 매우 유사한 형태를 취하고 있어요. 총 24개의 조성으로 쓰였는데, 쇼팽도 바흐처럼 교육적인 목적으로 작곡에 착수했는지 궁금하더군요.

류수연 쇼팽의 「전주곡」을 감상하는 데 도움이 될 만한 사항이 있으면 소개해 주세요.

차선생 쇼팽의 「전주곡」은 대부분 상드와 함께 스페인의 마요르카 섬으로 떠날 무렵에 만들어졌는데, 짧지만 다양한 내용을 지니고 있어요. 그중 몇 곡은 영웅적이고 격렬하지만 우수에 젖은 분위기로 고뇌와 슬픔을 느끼게 하며, 또 몇 곡은 밝은 조성으로 경쾌하고 명랑한 분위기를 지니고 있어 좋은 대조를 이루고 있지요.
쇼팽의 「전주곡」은 〈Op.28〉의 24곡 외에 〈Op.45〉와 유작 1곡 등 총 26곡이 있는데, 그중에서 특히 15번인 D♭장조의 〈빗방울〉 전주곡이 특히 많은 사랑을 받고 있어요. 하지만 4번인 〈e단조〉 또한 마음에 잔잔한 파문을 불러일으키는 듯한 우수로 많은 사랑을 받고 있는데, 쇼팽의 장례식에 이 곡이 연주되었을 정도로 작곡자 자신도 생전에 이 곡을 무척이나 좋아했다고 하는군요.

류수연 쇼팽과 조르주 상드는 구체적
으로 어떤 관계였나요?

차선생 구체적으로? 두 사람은 정식으
로 결혼한 사이가 아니니까 그냥 연
인 사이라고 해야 할까요? 상드는
이미 결혼한 적이 있었고 물론 자식
도 두 명이나 있었지요. 자유분방한
성격의 소유자로 여성적인 쇼팽에

조르주 상드

비해 매우 남성적인 면을 가진 여성으로 알려져 있어요.
쇼팽은 어느 살롱에서 리스트의 소개로 상드를 만났는데, 그녀는
건강이 좋지 못해 얼굴빛이 창백한 쇼팽에게서 모성애를 느꼈다고
해요. 두 사람의 관계에서 늘 언급되는 곳이 스페인의 마요르카 섬
인데, 그곳은 쇼팽이 요양할 목적으로 정한 곳이었지만 쇼팽의 건
강은 점점 악화되고 두 사람 사이까지 벌어지면서 결국 상드는 쇼
팽의 곁을 떠나 버리고 말지요.

사실 쇼팽이 매달리지 말기를 바라고 있었지만, 만약 헤어지면 실망
한 나머지 죽어 버리지 않을까 싶어서 그의 청을 받아들여 동정심에
서 그를 어머니의 마음으로 보살펴 주었다.

상드는 쇼팽이 세상을 떠난 후 자서전 『내 생애의 역사』에 이와 같
이 썼는데, 이 대목을 놓고 세간에서는 많은 논란이 있지 않았을까
싶어요. 누가 누구를 비난하든 그것은 자유의사이지만, 중요한 사

실은 쇼팽은 죽을 때까지 상드의 머리카락을 일기장에 끼워 놓고 지냈다는 것이에요.

배도반 어떤 이유에서건 쇼팽의 곡을 연주해 보지 않은 피아니스트는 없다고 단정해도 될 것 같고, 그중에는 이른바 쇼팽 스페셜리스트로 자타가 인정하는 명연주자도 있을 텐데, 특이하게도 재즈 트리오의 연주를 선곡한 것이 이채롭군요. 당연히 그들의 음악 형식으로 편곡되었을 텐데, 클래식 교육을 받기도 했고 또 클래식의 본고장 사람들이라 그런지 아무런 위화감도 느껴지지 않을 만큼 연주가 자연스럽다는 게 놀라워요.

차선생 "클래식 음악은 재즈와도 통한다. 그렇다고 클라츠 브라더스가 클래식 대작에 재즈라는 옷을 입히려고 한 것은 아니다. 본래 이들의 음악이 스윙이지만 클래식의 뿌리를 부정하지는 않는 것은 세 명 모두 우수한 클래식 교육을 받았기 때문이다. 따라서 이들의 음악은 두 세계 안에서 완성된다."

이 음반에는 클라츠 브라더스를 이렇게 소개하고 있어요.

장르 파괴가 거의 대세인 듯한 지금 그 중심에 선 인물 중의 하나가 바로 독일 출신의 클라츠 브라더스예요. 세계적으로 선풍적인 인기몰이를 하고 있는 이 재즈 트리오는 어쩌면 클래식 대중화의 선봉장 역할을 하고 있는지도 모르지요. 방법상의 차이일뿐 클래식의 저변이 넓어진다면 이들의 음악을 군이 폄하할 일은 아니라고 봐요.

상드가 그린 쇼팽

가장 거칠고 가장 독창적이다
「발라드 1번」 g단조, Op.23

차선생 　수연이는 '발라드'가 뭔지 알고 있나요?

류수연 　템포가 느리고 서정적인 내용의 가사로 된 음악을 발라드라고
하지 않나요?

차선생 　틀린 답은 아니지만 고전음악의 한 악곡 형식인 발라드는 대중
가요에서 이야기하는 그것과는 성격이 좀 다르다고 해야 할까요.

발라드Ballad는 춤춘다는 뜻의 라틴어 'ballare'에서 유래해 처음에
는 춤에 맞추어 부르는 노래였는데, 이 노래는 시에 바탕을 둔 것
이었어요. 이 시들은 민중들 사이에 떠돌던 전설이나 역사를 담은
것으로, 음유시인들에 의해 전해 왔어요. 12세기 프랑스 남부 지방
에서 발생한 후에 영국으로 번졌고 15·16세기에는 크게 유행했다
고 해요.

한편 음악은 담시곡 혹은 이야기곡 등으로 번역되는 세속적인 가
곡으로, 앞에서 말한 것처럼 원래는 춤곡이었지요. 그러다 14세기
에 접어들면서 그 성격이 사라지고 대신 주로 역사적·전설적·종
교적 소재를 다룬 가벼운 독창곡으로 바뀌었다고 해요. 16세기에
는 주로 이야기 형태의 성악곡으로 발전해 영국의 헨리 8세로부터
엘리자베스 1세 시대에 걸쳐서 꽃을 피웠다가, 19세기에는 3부 형
식으로 이루어진 피아노 소품의 형태로 자리 잡게 되었지요.

류수연 　쇼팽은 이외에도 많은 종류의 피아노곡을 썼는데, 특히 발라드
라는 형식의 피아노곡을 작곡하게 된 이유는 뭘까요?

차선생 발라드가 16세기 무렵에는 이야기극의 성격이었다고 앞에서 말했는데, 19세기에 들어와서 비록 피아노 소품곡이라는 기악곡 형태로 변하긴 했지만 발라드라는 음악이 가지고 있는 본래의 정신은 쇼팽에게까지도 이어졌었나 봐요. 그래서 쇼팽은 단순히 아름다운 피아노 소품곡을 쓰려고 했던 것이 아니라, 그 속에서 어떤 이야기를 하고 싶었던 것이지요. 또 이런 사실은 슈만이 쇼팽으로부터 직접 들은 이야기에서도 확인되고 있어요.

배도반 그렇다면 쇼팽이 「발라드」라는 피아노곡을 통하여 이야기하려고 한 것은 무엇이었을까요?

차선생 그것은 '시인 미츠키에비치가 자신의 시를 통해 이야기하려고 했던 내용이지 않을까.' 정도로 추측하고 있어요. 그러나 쇼팽의 「발라드」에 그 시들의 표제가 명시되어 있지 않기 때문에 단정하긴 어렵고, 다만 민족주의적인 감정을 공유한다는 면에서 쇼팽과 동향인 미츠키에비치의 시가 그의 음악 속에 추상적으로 반영된 것이라고 봐야겠지요.

이 곡은 쇼팽이 가장 혈기왕성한 무렵이었던 20대 초반에 작곡한 것으로, 그중 1번은 슈만으로부터 "가장 거칠고 또 가장 독창성이 풍부한 작품이다."라고 평을 받았다고 해요. 완벽하다는 의미는 아닌 것처럼 들리는데, 그러나 쇼팽의 다른 피아노곡들에 비해 독창적인 면을 가지고 있는 이 곡은 쇼팽 자신도 매우 좋아했던 것으로 전해지고 있어요.

이 곡의 마지막에 등장하는 정열적인 코다는, 여자 체조 선수가 마루 위에서 여러 연기를 펼치다 막바지에 이르러 온몸으로 공중 돌

기하는 모습이 연상될 정도로 극적이어서 듣는 사람의 마음을 흥
분하게 만들지요.

왈츠, 춤이 아니라 감상하는 음악?

「왈츠」, Op.64, No.2 c#단조 쇼팽

차선생 학창 시절에 조금이라도 음악에 관심을 가졌던 사람이라면 요
한 슈트라우스를 기억할 겁니다. '왈츠의 황제'로 불릴 만큼, 그를
제외하고는 왈츠를 이야기할 수 없을 정도지요. 그렇지만 요한 슈
트라우스 외에도 많은 음악가가 자기만의 느낌으로 왈츠를 작곡했
어요. 쇼스타코비치나 프로코피예프 같은 러시아 작곡가도 왈츠를
작곡했을 정도로 이 춤곡은 그냥 지나칠 수 없는 매력을 갖고 있나
봐요. 쇼팽도 많은 왈츠 곡을 남겼군요.

배도반 우리가 들어서 알고 있는 쇼팽은 빈풍의 왈츠나 쓰고 있을 정
서의 소유자는 아니었을 텐데요?

차선생 그럼 배도반이 말하는 쇼팽의 정서란 구체적으로 어떤 건가요?

배도반 본의 아니게 조국을 떠날 수밖에 없었던 현실과 더불어 사랑
하는 연인을 볼 수 없게 되었다는 사실이 그를 무척 힘들게 만들었
겠죠. 그리고 낯선 이국 생활을 통해 이방인으로서 겪는 고달픔 같
은 것도 있었을 테고……. 이렇게 쇼팽 자신을 둘러싸고 있는 어
두운 분위기에서 마냥 흥겹기만한 요한 슈트라우스류의 왈츠를 쓴
다는 것은 아이로니컬한 일 아닐까요?

차선생 당시 요한 슈트라우스의 가볍고 화려한 왈츠가 성행하던 빈을 찾은 쇼팽은 이러한 왈츠에 대해 회의를 느끼면서, 곡 자체가 가지는 화려함과 자신의 근원적인 우울함을 다 담고 있는 왈츠를 쓰려고 결심했다고 해요. 그 결과 기존의 왈츠와 명백하게 구별되면서 내면적인 감성을 강조하는 쇼팽만의 왈츠가 탄생한 것이지요.

슈만은 쇼팽의 「왈츠」에 대해 이렇게 말했다는군요.

"이건 몸과 마음이 춤추는 왈츠이다. 이 왈츠 춤을 추려면 백작부인이 아니면 안 될 것이다."

결국 슬라브인 특유의 우수에 찬 정서가 요한 슈트라우스류가 아닌 새로운 스타일의 왈츠를 만들어 냈다고 볼 수 있는데, 쇼팽은 단지 '춤을 추기 위한 반주곡'이 아니라 감상을 위한 왈츠도 있다는 사실을 알려 주었던 거지요. 아무튼 쇼팽의 왈츠들은 사람의 마음을 파고드는 신비한 매력 같은 것이 있어요.

사람들이 가장 사랑하는 쇼팽의 등가

「야상곡」 c♯단조 쇼팽 / 나탄 밀스타인 편곡

차선생 쇼팽은 고전음악을 통틀어 가장 폭넓은 사랑을 받고 있는 작곡가라는 데 이의를 제기할 필요는 없을 것 같아요. 그는 피아노로 표현할 수 있는 대부분의 악곡을 남겼고, 그들 중 「전주곡」이나 「마주르카」, 「폴로네즈」, 「발라드」 같은 악곡은 음악사에서 매우 중요한 위치를 차지하고 있지요. 그중에서도 쇼팽 인기의 가장 확실한 버팀목은 역시 「야상곡」이 아닌가 싶어요. 음악감상회를 통해 많은 음악애호가가 '쇼팽=야상곡'이라는 자신만의 공식을 갖고 있는 것 같더군요.

「야상곡」이 지닌 예술적인 가치가 쇼팽의 다른 장르 작품들보다 한 수 아래라고 여기는 사람들의 입장에서는 이 점이 다소 불만스러울 수도 있겠지만, 일반 애호가들에게 음악사적 가치까지 강요할 필요는 없을 것 같아요. 분명한 사실은 「야상곡」이라는 이름이 전해 주는 매력과 비할 데 없이 아름답고 유려한 선율 때문에 일반 애호가들이 열렬히 사랑한다는 것이죠.

류수연 쇼팽의 「야상곡」이 그의 다른 작품들에 비해서 어떤 점이 못하다는 건가요?

차선생 저명한 음악애호가인 안동림 교수는 『이 한 장의 명반, 클래식』에서 「야상곡」을 이렇게 설명하고 있더군요.

「야상곡」이 쇼팽의 전 작품에서 차지하는 의의 역시 결코 작다고 할 수 없다. 일반적으로 보아 피아니즘의 예리함이라는 점에서는 「전주곡집」이나 「연습곡집」에 미치지 못하고 극적인 격렬함은 「발라드」나 「스케르쪼」를 따를 수 없으며, 또 「마주르카」나 「폴로네즈」 같은 짙은 민족성도, 「소나타」의 튼튼한 구조성도 지니지 못했다. 다만 선율이나 화성의 아름다움, 거기 깃든 풍성한 시정과 섬세한 감성 등이 특출하여 쇼팽 음악의 한 측면을 가장 잘 나타낸 곡의 하나라고 할 수 있다.

쇼팽의 피아노 음악이 갖는 특징으로 섬세함, 부드러움, 감미로움, 낭만적 정서 등을 주로 드는데, 틀린 것은 아니지만 그렇다고 옳다고 말하기도 힘들어요. 그렇지 않아도 폐병으로 인한 병약한 이미지가 머릿속에 인식되어 있다는 점을 생각하면 이러한 쇼팽 음악은 자칫 그의 이미지처럼 서정적 센티멘털리즘 정도로밖에 비춰지지 않을 수 있다는 것이지요.

안동림 교수의 글에서처럼 쇼팽의 음악은 「야상곡」이 지닌 서정적인 감미로움 외에도 예리한 피아니즘, 표현의 격렬함, 진한 민족성, 튼튼한 구성 등 피아노가 지녀야 할 미덕을 골고루 갖추고 있어요. 그래서 「야상곡」으로 쇼팽의 음악에 발을 들여놓았다가 점차 「폴로네즈」나 「마주르카」, 「전주곡」이나 「발라드」 같은 곡으로 옮겨지면서 「야상곡」을 듣는 횟수가 서서히 줄어들게 되는 것 같아요.

류수연 쇼팽을 파리 사교계에 소개한 사람이 리스트라고 알려져 있는데, 두 사람 사이에 일어난 재미있는 에피소드 같은 것은 없나요?

차선생 「야상곡」에 얽힌 널리 알려진 이야기가 있어요.

리스트는 종종 쇼팽의 「야상곡」을 자기 식으로 연주해서 쇼팽의 마음을 상하게 했었나 봐요. 한번은 쇼팽이 못마땅하다는 듯이 직접 자신의 작품을 연주하겠다고 나섰다는군요. 이에 리스트가 마지못한 표정으로 그에게 피아노를 양보했는데, 때마침 나방이 램프로 날아드는 바람에 불이 꺼져 버렸어요. 리스트가 부랴부랴 다시 불을 밝히려 하자 오히려 쇼팽은 손을 내저으며 지금은 달빛만으로도 충분하므로 나머지 램프의 불도 다 꺼 달라고 했지요. 그리고는 희미한 달빛 아래서 자신의 「야상곡」을 연주하기 시작했는데, 매우 아름다운 연주에 리스트도 감동의 눈물을 흘리면서 쇼팽을 진정한 '피아노의 시인'으로 추켜세웠다는 일화가 전하고 있죠.

배도반 「야상곡 제20번」은 유작이라고 알려져 있던데, 그렇다면 생전에는 발표되지 않았다는 말이겠죠?

차선생 맞아요. 「야상곡 제20번」 c#단조는 쇼팽이 죽은 뒤 그의 유물 중에서 발견되었는데, 처음에는 '렌토 콩 그랑 에스프레쇼네Lento con gran espressione(느리고, 풍부한 표정으로)'라고만 적혀 있었다고 해요. 하지만 「야상곡」이 지닌 분위기와 너무 흡사해 후에 「야상곡」으로 분류되어 일반인에게 널리 알려지게 되었지요. 이 곡도 역시 빼어난 선율의 아름다움으로 많은 사랑을 받고 있는데, 다른 악기용으로 편곡해 연주하기도 하지요. 바로 이번에 감상할 곡은 바이올리니스트 나단 밀스타인이 편곡한 것인데 정경화의 베스트셀러 음반인 「콘 아모르Con Amore」에 수록되어 있어요.

가장 장대하고 완벽한 양식
「폴로네즈」 A♭장조, Op.53 〈영웅〉 쇼팽

류수연 '폴로네즈Polonaise'라는 형식은 어디에서 유래했나요? 폴란드 귀족들의 춤곡이라고 나와 있네요.

차선생 폴로네즈는 '폴란드의'라는 뜻의 형용사로, 폴란드 농민들이 그들의 축제나 혼례 때에 추었던 춤에 기원을 둔 대표적 향토 춤곡의 하나로 알려져 있어요. 그런데 이 춤곡의 당당함과 아름다움, 웅장함이 더없이 매력적이었던지 폴로네즈는 궁중음악으로 거듭 나게 되었고, 쿠프랭, 바흐를 비롯한 여러 작곡가가 많은 폴로네즈 곡을 남겼지요.

류수연 그러면 '폴로네즈'라는 형식의 악곡은 쇼팽이 최초로 만들어 낸 것은 아니로군요?

차선생 물론이에요. 16세기에도 있었던 걸로 기록이 남아 있다고 하니, 쇼팽 시대보다 한참 전부터 존재한 음악이지요.

류수연 그중에서도 쇼팽의 「폴로네즈」만이 담고 있는 특징이 있다면 어떤 것일까요?

차선생 잘 알려진 대로 쇼팽의 애국심은 각별했는데, 그는 아버지가 프랑스인이었음에도 자신은 폴란드인이라는 확고한 신념을 가지고 있었다고 해요. "만약 내가 죽으면 시체에서 심장을 꺼내 바르샤바에 묻어 달라."라는 유언을 남길 정도였어요.

결국 쇼팽은 「폴로네즈」라는 악곡에 당시 조국이 처한 상황과 현실에 대한 깊은 우려와 슬픔, 한순간이라도 마음에서 떠나지 않았던 향수, 불타오르는 애국심 등을 응축하여 담아낸 것이지요.

배도반 쇼팽이 남긴 「폴로네즈」는 숫자로 따지면 결코 적은 양이 아니더군요.

차선생 쇼팽은 생전에 〈영웅〉 폴로네즈를 포

만년의 쇼팽

함해 8곡의 「폴로네즈」를 출판했지요. 이외에도 1825년과 1828년에 작곡해 사후 〈Op.71〉로 출판된 곡이 있으며, 작곡 연대가 1822년으로 기록된 〈g#단조〉의 작품도 있어요. 또 쇼팽이 소년 시절에 습작으로 작곡한 〈g단조〉(1817), 〈B♭장조〉(1817), 〈A♭장조〉(1821) 3곡이 있으며, 윌리엄 콜베르크와의 고별에 바쳐진 〈B♭단조〉(1826) 한 곡과 1870년에 발견된 〈G♭장조〉의 폴로네즈가 있어요. 이렇게 쇼팽이 피아노 독주용으로 작곡한 폴로네즈는 모두 17곡이 되지요.

그중에서 〈영웅〉 폴로네즈를 두고 어떤 평론가는 "이것은 쇼팽의 작품 중에서 하나의 정점을 이루는 것으로 가장 장대하고 완벽한 양식을 지니고 있다."라고 평했다고 해요.

사랑의 열매, 우승자의 과제
「피아노 협주곡 제1번」 e단조, Op.11 쇼팽

배도반 폴란드의 수도 바르샤바에서 열리는 쇼팽 국제 피아노 콩쿠르는 전 세계의 모든 피아노 콩쿠르를 통틀어서 단연 최고의 권위를 자랑한다고 해도 틀리진 않겠죠. 이 콩쿠르 결과를 놓고 세계가 들썩거릴 정도이니까요. 지금까지 아시아 출신으로는 베트남의 당 타이손과 중국의 윤디 리가 우승한 것이 전부로, 한국은 아직 우승자를 배출하지 못하고 있어서 무척 아쉬워요.

차선생 물론 그 점은 저도 공감하고 있어요. 그게 마음먹은 대로 되는 일은 아니지만 이제는 우리도 충분히 우승자를 배출할 때가 되지

않았나 하는 기대감인지도 모르겠
어요. 그래도 최근 쇼팽 콩쿠르에
서 임동민, 임동혁 형제가 나란히
3위에 입상해 우승 못지않은 화제
를 불러일으키기도 했지요.

쇼팽 콩쿠르에서의 윤디 리

류수연 윤디 리가 쇼팽 콩쿠르에 당당
히 우승하면서 일약 세계적인 스
타로 떠오른 것 같아요.

차선생 콩쿠르라는 게 본래 그런 면이 있지요. 사실 2000년 10월에 열
린 제14회 쇼팽 콩쿠르는 윤디 리를 위한 무대였다고 해도 지나치
지 않을 것 같아요. 우승자를 배출하지 못한 앞선 몇 번의 대회와
는 달리 15년 만에 고대하던 우승자가 탄생하였고, 그것도 음악의
변방에 불과한 중국 연주자가 그 주인공이었으니 그야말로 화제
가 만발했지요. 게다가 그는 한 번도 해외에서 교육을 받은 적이
없는 순수 국내파였으며, 당시 그의 나이가 겨우 18세로 역대 최
연소였다는 사실은 가히 충격적이었어요.

배도반 한국의 김선욱이 국내파 연주자로 또 다른 세계적 권위의 퀸
엘리자베드 국제 콩쿠르에서 우승한 것도 음악계의 큰 사건으로
기억될 일이 아닌가 싶은데, 윤디 리나 김선욱 같은 연주자가 배출
되기 전까지만 해도 음악의 본고장인 유럽이나 미국으로 유학하지
않으면 안 된다는 분위기가 일반적이지 않았나요?

차선생 베트남 출신의 탕 타이 손도 그랬지만 우리나라 출신의 유명
음악가들의 면면도 거의 유학파 일색이지요. 그런 점에서 윤디 리

나 김선욱이 거둔 쾌거는 콩쿠르 우승, 그 이상의 의미라고 봐야 할지도 모르겠군요.

배도반 콩쿠르 실황을 영상으로 만나는 기회는 흔치 않은데, 그것도 쇼팽 국제 콩쿠르 실황 영상을 접하니 그 느낌이 각별하군요.

차선생 사실입니다. 큰 흥미를 끌지 못한 것까지 포함하면 콩쿠르 영상으로서 처음이라고 할 수는 없지만, 영상이나 음질을 두루 감안한다면 이만한 것이 없었어요.

이 DVD를 보면서 느끼는 재밌거리는 윤디 리의 쇼팽의 「피아노 협주곡」 연주 장면이에요. 선뜻 건반에 손을 대지 못하고 몇 번이나 자세를 고쳐 앉을 정도로 초조해하던 윤디 리가 드디어 연주를 시작하지만, 그의 얼굴에는 여전히 긴장감이 감돌지요. 하긴 천하의 호로비츠도 연주회에 임박해서는, 연주를 취소하면 안 되겠느냐고 매달리다시피 했다니 말이죠. 호로비츠가 긴장했다면 이 세상의 모든 피아니스트가 다 긴장한다는 말 아닐까요. 하물며 콩쿠르 현장에서는 더 말할 필요가 없겠지요. 하지만 연주가 진행되면서 서서히 몸과 마음의 긴장이 풀리면서 굳어 있던 얼굴 표정이 조금씩 살아나기 시작해요. 관중들의 환호성과 함께 어느덧 연주는 끝이 났고 윤디 리의 얼굴에도 편안하고 만족한 미소가 퍼져 나가지요. 결과는 심사위원 만장일치의 우승! 세계 음악계에 새로운 스타가 탄생하는 순간이에요.

배도반 작품에 대해서 이야기를 나누어 볼까요? 흔히 쇼팽의 「피아노 협주곡」은 그의 다른 독주곡보다 한 수 아래로 평가받고 있는데, 그 이유 중의 하나로 부실한 관현악 파트를 지적하곤 하더군요.

차선생 새삼스러운 이야기는 아니지요. 이 곡은 쇼팽이 폴란드를 떠나기 직전에 쓴 작품이라 음악적인 깊이나 세련미가 다소 부족할 수 있겠지요. 그렇지만 쇼팽의 음악이 갖는 본연의 아름다움이 어디 갈까 싶군요.

세계에서 내로라하는 피아노 유망주들이 참여하는 쇼팽 콩쿠르에서도 이 곡이 필수 과제 곡으로 정해져 있는 걸 보면 다소 부실함이 있어도 여전히 명곡임을 인정한다는 의미가 아닌지 모르겠네요. 물론 진행자가 참 좋아하는 곡이라 그렇게 생각할 수 있겠지만요.

배도반 쇼팽은 모두 두 곡의 피아노 협주곡을 남겼는데 출판 순서 때문에 나중에 작곡한 것이 먼저 작곡한 것보다 작품 번호가 빠르게 되었다고 하더군요. 그러나 두 곡 모두 연인에 대한 사랑의 감정을 바탕으로 썼다고 하는데, 당시 쇼팽의 마음속에 자리 잡고 있었던 그 연인은 누구였나요?

차선생 명곡의 탄생 뒤에는 늘 이런 러브 스토리가 따라다니기 마련이지요. 일명 '아가테 6중주곡'이라 불리는 브람스의 「현악6중주 제2번」, 베를리오즈의 「환상 교향곡」, 리스트의 「사랑의 꿈」, 비제의 오페라 「카르멘」을 비롯해 헤아릴 수 없을 만큼 많은 작품이 달든 쓰든 사랑의 열매에 속하는 작품들이지요.

쇼팽의 작품에 영감을 준 사람은 여럿이지만, 그중 피아노 협주곡은 콘스탄티아 글라드코브스카라는 여성과 관련이 있다고 전해져요. 소프라노 가수였던 그녀는 바르샤바를 떠나기 전에 열린 쇼팽의 고별 연주회에 출연하기도 했는데, 그녀에 대한 쇼팽의 내면 감정은 친구에게 보낸 다음의 편지에서 잘 나타나 있어요.

나에게는 이상의 연인이 있네. 나는 그녀와 한 번도 이야기를 나눈
적이 없지만, 최근 1년 동안 마음속으로 그녀를 충실히 섬겨 왔지.
나는 자주 그녀를 꿈속에서 보곤 한다네 …… 또 지금 자네에게 부
치려고 하는 이 곡도, 사실은 오늘 아침 그녀를 생각하면서 머리에
떠올린 선율이네.

1 「쇼팽에게 보내는 편지」
안나 게르만(노래)

2 「전주곡」, Op.28, No.4 e단조 쇼팽
클라츠 브라더스

3 「발라드 1번」 g단조, Op.23 쇼팽
머레이 페레이어(피아노)

4 「왈츠」, Op.64, No.2 c♯단조 쇼팽
아르투르 루빈슈타인(피아노)

5 「야상곡nocturne」 c♯단조, Op.posth 쇼팽 / 나단 밀스타인 편곡
정경화(바이올린) / 필립 몰(피아노)

6 「폴로네즈」 A♭장조, Op.53 〈영웅〉 쇼팽
마우리찌오 폴리니(피아노)

7 「피아노 협주곡 제1번」 e단조, Op.11 쇼팽
Ⅰ 알레그로 마에스토소 | Ⅱ 로만체(라르게토) | Ⅲ 론도(비바체)
윤디 리(피아노) / 카지미에르 코르드(지휘) / 바르샤바 필하모닉 오케스트라

베니스의 연가

: 말러

말러, 소설가 토마스 만과 만나다

「교향곡 제5번」 c#단조 말러

차선생 제가 처음 이 곡을 접한 것은 카세트테이프를 통해서였지요.
그 테이프에는 브람스의 「교향곡 제3번」 3악장 포코 알레그로, 「바
버의 현을 위한 아다지오」와 말러의 「교향곡 제5번」 4악장인 「아다
지에토」가 커플링되어 있었고, 연주는 번스타인이 지휘하는 뉴욕

필하모닉 오케스트라였어요. 그땐 작곡가나 연주자에 대한 관심이 별로 없어서 순전히 곡의 분위기만으로 그 테이프를 좋아하고 즐겨 들었던 것 같아요. 처음에는 서두의 우수에 찬 선율이 제 마음을 사로잡아 브람스의 포코 알레그로를 주로 들었어요. 하지만 테이프가 계속 돌아가면서 뒤이어 흘러나오는 말러의 선율이 조금씩 귀에 익숙해지면서 나중에는 말러의 곡을 주로 듣게 되었죠. 처음에는 의식하지 못했지만 들으면 들을수록 말러의 선율은 이상하게 점점 제 마음을 끌어당기더군요. 다른 작곡가의 작품에서 맛볼 수 없는 특이한 분위기에 매력을 느끼기 시작하면서 말러라는 음악가에게 관심을 갖기 시작했어요. 사실 그 전까지는 말러에 대해서 아는 것이 거의 없었거든요. 지금 생각해 봐도 말러의 선율은 단번에 듣는 사람의 마음을 사로잡는 것 같지는 않아요. 결코 쉽지 않은 그 선율을 익히기 위해서는 인내를 가지고 꾸준히 반복해 듣는 것이 필요한 것 같아요.

^{배도반} 「교향곡 제5번」은 말러의 교향곡 중 가장 대중적이고 인기가 있다고 들었어요. 그런 만큼 애호가들도 무척 많을 것 같은데, 그렇게 되기까지는 영화의 영향도 무시할 수 없다고 생각해요.

^{차선생} 모짜르트 「피아노 협주곡 제21번」의 2악장 「안단테」가 「엘비라 마디간」이라는 영화에 사용되면서 큰 인기를 끌었어요. 나중에는 영화 제목이 마치 이 곡의 공식적인 표제처럼 쓰이기도 하더군요. 그 점에서는 말러의 「교향곡 제5번」도 비슷한 것 같아요. 특히 이 곡의 4악장 아다지에토는 영화 「베니스의 죽음」의 테마음악이나 다름없지요. 이 영화에는 전편에 걸쳐 총 6번의 아다지에토가

흘러나오는데 그 시간만 해도 줄잡아 30분이 훨씬 넘더군요. 영화 전체 상영 시간을 생각하면 결코 짧은 시간이 아니죠.

사실 「교향곡 제5번」은 말러가 영화에 사용하려고 작곡한 곡은 아니기 때문에, 의도적으로 음악과 영화를 결부시키려는 시도는 바람직하지 않을 수 있어요. 하지만 듣기가 만만치 않은 이 대곡을 좀 더 친숙하게 접할 수 있는 방법 중 하나라는 것은 참고할 만하지요.

영화 「베니스의 죽음」 포스터

류수연 「베니스의 죽음」이라는 영화 제목이 문학적인 뉘앙스를 풍기는 것 같아요?

차선생 루키노 비스콘티 Luchino Visconti(1906~1976) 감독의 이 영화는, 20세기 전반의 가장 위대한 독일 작가로 평가받는 토마스 만이 1911년 말러의 죽음에 충격을 받고 그를 애도하는 마음으로 베니스 여행 중에 쓴 동명의 소설을 원작으로 하고 있어요. 공교롭게도 음악을 자신의 작품에 가장 깊이 반영한 작가로 알려진 토마스 만은 어느 대학 강연에서 '자신에게 있어 소설은 하나의 교향곡과 같다.'는 말을 남기기도 했어요. 그런 그의 음악적 소양은 어머니로부터 비롯한 것이었지요. 그녀는 쇼팽의 곡을 능수능란하게 연주할 수 있을 정도의 피아노 솜씨를 갖고 있었고, 그런 어머니를 통해 토마스 만은 모짜르트에서 베토벤, 슈베르트 그리고 리스트에 이르는 음악들을 자연스럽게 접할 수 있었다고 해요. 그는 또 어머

니의 소개로 오케스트라 단원으로 일하고 있던 바이올리니스트에게 레슨을 받았는데, 이를 통해 바그너의 음악에 눈을 뜨게 되었고 훗날 대지휘자인 브루노 발터와 교류를 가지면서 한때 말러의 음악에 심취한 적도 있었다고 하는군요. 「베니스의 죽음」이 말러의 죽음을 애도하기 위해 쓴 작품이고, 영화 속 주인공인 아쉔바흐의 실제 모델이 말러라고 알려진 것도 토마스 만과 작곡가의 그러한 인연 때문이라고 볼 수 있어요.

류수연 그 설명을 듣고 나니 영화의 내용이 궁금해지네요?

차선생 이 영화는 1971년 칸영화제 특별상의 영예를 루키노 비스콘티 감독에게 안겨 준 작품인데, 그 내용을 요약해 보면 다음과 같아요.

과묵하지만 교양이 높은 음악가 구스타프 아쉔바흐는 실패한 연주회에 대한 쓰라린 기억을 뒤로하고 베니스로 도망치듯 휴양을 떠난다.

따가운 햇살과 활기가 넘치는 바다에 자신을 내맡기던 아쉔바흐는 베니스의 호텔에서 우연히 만난 폴란드 미소년 타찌오에게 형언하기 힘든 사랑의 감정을 느끼면서 그의 주위를 맴돌게 된다. 아쉔바흐는 납득할 수 없는 그런 자신이 혐오스러워서 베니스를 떠나려고 하지만 일이 꼬이면서 다시 호텔로 돌아오게 된다. 그러나 타찌오를 다시 볼 수 있다는 사실에 이 해프닝이 싫지만은 않은 듯 그의 입가에 엷은 미소가 번진다.

그는 흰 머리카락을 염색하고 주름으로 가득한 얼굴을 화장품으로 가리면서까지 자신을 감추어 보지만 타찌오 일행이 곧 베니스를 떠난다는 소식에 왠지 모를 아득함을 느낀다. 때마침 베니스에 창궐한 전염병이 그를 덮치면서 아쉔바흐는 몸도 마음도 창백한 회색빛으로 물들어 가고, 결국 해변에 놓인 의자에 기댄 채 친구와 장난질을 하는 타찌오의 모습을 물끄러미 바라보며 숨을 거둔다.

배도반 그렇다면 아쉔바흐가 타찌오에게 느낀 감정은 결과적으로 동성애적인 것으로 봐야 할까요?

차선생 물론 그것을 부정하기는 어렵지만 원작자인 토마스 만이 내면적으로 그리고자 한 것이 그리 단순한 것이었을까 싶어요. 이 대목에서 아쉔바흐의 타찌오에 대한 야릇한 감정은 늙고 병든 예술가가 어느 날 문득 자신에게는 남아 있지 않은 젊음과 아름다움을 발견하고 그것에 대한 안타까운 동경을 보내는 것으로 보는 의견이 일반적이더군요.

류수연 타찌오란 역할을 맡았던 소년이 이 영화로 세계적인 화젯거리에 올랐다는 이야기도 있던데 사실인가요?

차선생 이 영화에서 타찌오는 중요한 배역 중의 하나인데, 이 역을 맡을 적임자를 구하지 못해 애를 많이 태웠다고 하더군요. 그러다가 스웨덴 출신의 비외른 안드레센Bjorn Andresen이라는 소년을 오디션을 통해 캐스팅하게 되었는데, 그의 당당하고 도발적인 눈빛에 비스콘티 감독이 매혹되었다는 이야기도 있어요. 그는 영화 속에서 대사는 별로 없지만 묘한 분위기를 연출하며 아쉔바흐의 상대역을 잘 수행했지요. 특히 이 영화에서 웬만한 미녀들도 울고 갈 만큼 수려한 외모를 선보여 단번에 전 세계적인 주목을 받았고, 그로 인해 그는 일본을 두 번이나 방문하기도 했다는군요.

배도반 과거의 어느 음악감상회에서도 이 곡을 소개한 적이 있었을 텐데 결코 쉽지 않은 곡에 대한 사람들의 반응은 어땠나요?

차선생 실제로 5, 6년 전쯤 음악감상회에서 이 곡을 감상했던 기억이 나요. 그때도 이번처럼 영상을 통해서였어요. 시종 진지한 분위기에서 감상회가 진행되었던 것으로 기억하는데, 고맙게도 며칠 후에 어떤 애호가 한 사람이 음악감상회에서 느낀 소감을 이메일로 보내 주었어요. 참고가 될까 싶어 소개해 봅니다.

마이너스급에서 갑자기 중급이 된 오늘……
저는 어렴풋하게 구스타프 말러란 사람을 만났습니다.
'아! 아무것도 몰라도 이렇게 이해를 하는구나.' 하는 본보기를 체험한 날 같습니다.
구스타프 말러, 「교향곡 제5번」 c#단조.

먼저 공부 많이 해 오신 진행자님, 정말 고개 숙여 감사드립니다.

제가 종종 지각하는 결례를 범하곤 하는데 얼마 전부터 자리가 없더라고요.

역시 공부 잘하려면 지각하면 안 돼요.

설명이 곡을 이해하는 데 참 많은 도움이 되었습니다.

말러의 삶과 그 곡을 함께 생각했습니다.

그리고 한 장르가 끝날 때의 그 작은 손놀림 하나 북의 떨림이 끝나는 지점과 이어지는 부분에서 다가오는 순간의 잔잔한 기운.

그리고 끝날 것 같지 않게 끝나는 것이라든가……

제1부 1악장의 장송행진곡은 12월과 어쩌면 그렇게 어울릴까요?

저는 그 장면에서 시작과 끝, 죽음과 잉태를 함께 보았습니다.

산모가 아이를 잉태할 때, 그 숭고한 아픔 속에 여명이 있듯

죽음은 결코 끝이 아님을 말러는 이미 알고 있는 듯했습니다.

다른 곡도 그랬을까요? 잘 기억나지 않아요.

'조금 변덕스럽다.' 느꼈습니다. 그런데 그런 점이 매력인 것 같습니다.

날씨가 하루에도 수십 번 흔들리며 우리 옆을 스쳐가지만 그래도 우리는 그 변덕을 가끔 투정은 하면서도 잘 받아 내는 것처럼 사소한 변덕이 내는 조화는 오히려 확실한 매력이라고 감히 말합니다.

자세한 설명 너무 감사하구요.

또 하나! 전 전혀 지식이 없어서인지 딱 한 사람을 일부분이라도 이해할 수 있어서 다른 날보다 유난히 좋았습니다.

말러와 알마

류수연　말러에게 있어 「교향곡 제5번」은 부인 알마를 위한 사랑의 고백이라고 하는 말도 있더군요?

차선생　그것은 말러가 처음 이 곡을 머릿속에서 그렸을 때는 4악장 형식이었지만, 1901년 빈에서 만난 알마 쉰틀러Alma Schindler(1879~1964)라는 여성을 위해 '사랑의 맹세'라는 마음을 담은 아다지에토 악장을 새로 추가했기 때문에 생겨난 말이지요. 사랑하는 연인이나 부인에게 곡을 만들어 바친 것은 말러가 아니라도 흔했던 일이니까요.

류수연　알마는 바흐의 두 번째 아내 안나 막달레나처럼 남편의 곁에서 그가 하는 일을 묵묵히 내조하던 그런 타입의 여성은 아니었던 것 같아요. 그런 알마가 말러에게는 어떤 존재였을지 궁금해요?

차선생　말러에게 있어 알마는 행운과 불행을 동시에 안겨 준 사람이었기 때문에 어떤 식으로 단정 짓는 것은 쉽지 않은 문제라고 봐요. 이사도라 덩컨Isadora Duncan(1878~1927), 루 살로메Lou Andreas Salome(1861~1937)와 더불어 당대의 가장 아름답고 총명한 여성의 한 명으로 손꼽혔던 알마이니 만큼, 스무 살의 나이 차이에도 불구하고 이루어 낸 그녀와의 결혼은 말러에게 있어 그의 존재를 세상에 새롭게 각인시켜 주는 계기가 될 수 있었지요.

하지만 없는 시간조차 쪼개어 지휘자와 작곡가 역할 모두에 충실해야 했던 말러였기 때문에, 그에게는 심신의 휴식이 절실한 상태였어요. 그래서 그는 부인인 알마가 자신의 내조에만 충실해 주길 간절히 원할 수밖에 없었던 것이죠. 그런 말러의 바람에도 알마에게 내재한 끼는 말러의 뜻대로 그녀를 내조나 하도록 내버려두지 않았던 것 같아요.

유명한 화가의 딸로 41세 노총각 구스타프 말러와 결혼할 때 22세였던 알마는 한때 화가 클림트와 이탈리아로 야반도주할 계획을 세운 적도 있었고, 알마 없이는 못살겠다며 그녀에게 매달린 또 다른 화가 코코슈카와의 사이에서 생긴 아이를 유산했다는 이야기도 있더군요. 그만큼 알마는 남자관계가 자유분방했다는 뜻이겠지요. 특히 코코슈카가 그린 「바람의 신부」는 알마와의 연인 관계를 상징하는 것으로 전해지고 있어요.

말러는 알마를 진심으로 사랑했고 또 그녀로부터 많은 영향을 받았지만, 이처럼 사랑과 예술에서 자유분방했던 알마는 말러에게 너무나 버거운 상대였는지도 모를 일이에요.

말러가 51세로 세상을 떠나자 알마는 마치 때를 기다렸다는 듯이 바우하우스 설립자인 건축가 발터 그로피우스와 재혼했고, 얼마 안 가 다시 연하의 시인인 프란츠 베르펠과 다시 결혼하는 등 그녀는 사랑의 순례를 계속했지요.

말러는 알마를 위해 여러 곡을 작곡했지만 그중 미완성으로 끝난 「교향곡 제10번」은 알마와 그로피우스와의 부적절한 관계에 대한 분노와 원망이 담긴 작품이라고 하니, 알마로 인해 말러가 겪어야 했

코코슈카의 「바람의 신부」

던 고통의 한 단편을 보는 것 같아요.

배도반 말러의 「교향곡 제5번」은 그의 작곡 시기로 보아 중기 작품으로 분류되는데, 그렇다면 초기 작품과 다른 점이 무엇인가요?

차선생 말러는 교향곡 말고도 관현악 반주로 된 다수의 가곡을 작곡했어요. 그런데 이 가곡과 교향곡은 따로 떼어 놓고 생각할 수 없을 만큼 밀접한 관계를 지니고 있어요. 그것은 그의 가곡이 교향곡의 모체가 되었기 때문이지요.

가령 말러의 첫 번째 교향곡이 가곡집 「방황하는 젊은이의 노래」중 제2곡인 〈오늘 아침 들판을 거닐 때〉에서 빌려 온 선율로 1악장의 제시부가 구성되었다면, 2번에서 4번에 이르는 교향곡인 이른바 〈뿔피리 교향곡〉은 그의 또 다른 가곡집 「어린이의 이상한 뿔피리」와 깊이 연관되어 있다는 식으로 말이에요.

이들에 비해 중기작인 5~7번 교향곡 중 첫 번째 곡인 「교향곡 제5번」은 가곡과 연관성이 전혀 없다고 보기는 어렵지만, 초기작보다 순수 관현악적인 특징을 크게 부각시켰다는 점에서 앞선 교향곡들과 구별된다는 의미이지요. 그것은 말러 스스로가 관현악법에 어느 정도 자신감이 생겼다는 것을 반증하는 것일 수도 있겠군요. 지휘자 브루노 발터가 '말러의 「교향곡 제5번」은 그 어떤 곡보다 절대음악에 가깝다.'고 지적한 것도 주목할 만한 점이고요.

이 곡에는 음악 외적인 표제는 없고 다만 작곡자인 말러가 "이 교향곡은 열정적이고 거칠고 비극적이고 엄숙하며 인간의 모든 감정으로 가득하지만, 단지 음악일 뿐이다. 여기에는 어떠한 형이상학적 질문의 자취도 남아 있지 않다."는 말을 남겼을 뿐이라는군요.

배도반 말러의 작품들은 수정본이 난무하다는데 「교향곡 제5번」도 그
렇습니까?

차선생 참고가 될지는 모르겠지만 말러의 아내 알마는 이 곡을 이렇
게 회상했다고 해요.

리허설 때 나는 갤러리에서 눈에 띄지 않게 듣고 있었다. 내가 각 파
트보를 사보했기 때문에 나는 이 작품을 속속들이 알고 있다고 생각
했지만, 어느새 많이 고쳐져 있어 내가 알고 있는 것과는 다른 교향
곡으로 느껴졌다.……

수정판에 관한 한 브루크너Anton Bruckner를 뛰어 넘을 만한 작곡가
도 드물겠지만, 「교향곡 제5번」에서만큼은 말러의 이력도 만만치
않아 보여요. 말러는 처음 작곡한 「교향곡 제5번」을 보완하기 위해
거의 눈을 감기 직전까지 악보 수정 작업에 매달렸다는군요. 그래
서 연주 때마다 잔뜩 수정이 가해진 악보를 들고 와서 단원들에게
내놓곤 했다는데, 그러다 보니 정작 자신도 수정본의 수를 다 헤아
리지 못할 것이라고 수군거릴 정도였으니까요. 당연히 곡은 처음
과는 전혀 다른 모습으로 바뀌었을 테지만 한편으로 이것은 「교향
곡 제5번」에 대한 말러의 애착이 어느 정도였나를 보여 주는 대목
이기도 하겠지요.

배도반 말러 「교향곡 제5번」은 음반이 다양해서 선뜻 어떤 하나를 고
르기가 쉽지 않은 것 같아요. 이번에 특별히 영상물로 감상하게 돼
무척 기대가 커요.

차선생 말러 열풍이 몰아치면서 많은 지휘자가 이 곡의 녹음을 남겼어요. 지적한 대로 그중 하나를 고르기도 어렵지만 추천하기도 어렵군요. 최근 DVD가 많이 발매되면서 바렌보임이나 래틀, 아바도 같은 거물급 지휘자들의 영상이 속속 선보이고 있는 상황에서 이번에 제가 골라 본 것은 번스타인과 빈 필하모닉의 연주예요. 작곡자인 말러와 같은 유대계 출신인 데다 그의 제자인 브루노 발터의 대를 잇는 적통이라는 점에서 가장 안심하고 들을 수 있는 연주라고 생각한 점도 있고요. 무엇보다 번스타인만큼 많은 볼거리를 제공해 주는 지휘자도 드물다는 점이 그 이유라고 할 수 있겠지요. 아무리 멋진 영화배우라도 이 곡의 4악장인 아다지에토에서 보여 주는 번스타인의 모습 앞에서는 그 빛을 잃지 않을까 싶어요. 음악 그 이상의 경지가 담겨 있는 멋진 영상을 직접 눈으로 확인하길 바라요.

「교향곡 제5번」 c♯단조 말러
제1부: Ⅰ 장송행진곡. 장중한 걸음걸이로. 엄격하게. 장의 행렬처럼(Trauermarsch. In gemessenem Schritt. Streng. Wie ein Kondukt) | Ⅱ 격렬히 움직이며. 가장 거세게(Sturmisch bewegt. Mit groβter Vehemenz)
제2부: Ⅲ 스케르쪼. 힘차게, 너무 빠르지 않게(Scherzo. Kraftig, nicht zu schnell)
제3부: Ⅳ 아다지에토. 아주 느리게(Adagietto. Sehr langsam) | Ⅴ 론도-피날레. 빠르게 (Rondo-Finale. Allegro)
레너드 번스타인(지휘) / 빈 필하모닉 오케스트라

25 track

슬라브 민족의
토속적인 서정을
승화시킨 비가

: 드보르자크

보헤미아 초원에 부는 바람

「슬라브 무곡」, Op.72, No.2 e단조 〈둡카〉 드보르자크

류수연 드보르자크의 「슬라브 무곡」은 브람스의 「헝가리 무곡」과 꼭
쌍둥이 같다는 느낌이 들어요.

차선생 물론 쌍둥이 곡은 아니지만 전혀 무관한 것도 아니에요. 그것
은 「슬라브 무곡」이 「헝가리 무곡」에 영향을 받았고, 또 브람스의

권유도 있어서 탄생한 작품이기 때문이죠. 게다가 「헝가리 무곡」의 대성공이 드보르자크에게 자극제가 되기도 했으니까 말이에요. 특히 국민주의 시대의 작곡가로서 슬라브 민요나 민속 무곡에 관심이 많았던 드보르자크로서는 그냥 지나칠 수 없는 분야이기도 했을 테니, 결과적으로 「슬라브 무곡」은 드보르자크가 슬라브 민족의 토속적인 정서를 순수한 음악으로 만들어 낸 것이라고 할 수 있어요.

류수연 그런데 이 곡을 담은 음반은 피아노 판도 있고 관현악 판도 있는데 어느 것이 원래 모습인가요?

차선생 1878년에 『슬라브 무곡집 제1집』이 먼저 나왔고, 제2집은 8년 뒤인 1886년에 출판되었어요. 원곡은 4손을 위한 피아노 연탄용連彈用 곡이었는데 나중에 작곡자 자신이 다시 관현악으로 편곡하였고 그것이 큰 성공을 거두었어요. 전곡은 모두 16곡으로 되어 있는데, 바이올리니스트이자 작곡가인 크라이슬러가 바이올린용으로 편곡한 것이 특히 유명해요. 이번에 감상할 곡은 4손을 위한 연탄곡이니까 오리지널판인 셈이지요.

류수연 이 곡에는 '둠카'라는 표제가 붙어 있는데 무슨 뜻인지 모르겠어요.

차선생 보통 '비가elegy'라고 해석되는 '둠카'는 느린 부분과 빠른 부분이 교대로 나타나는 2박자 형식의 우크라이나 지방 춤곡을 가리켜요. 느리고 애조를 띤 선율과 빠르고 정열적인 선율이 대조적으로 나타나는 점이 헝가리 집시의 '차르다시'를 쏙 빼닮았죠. 그런 만큼 슬라브 지방 특유의 토속성과 민족성을 잘 담아내고 있어요.

배도반 한 곡 한 곡의 길이가 짧고 또 슬라브 지방의 토속적인 선율을 담고 있다고는 하지만 그것이 모두 우리 정서와 맞지는 않아 생각보다 전곡을 듣기가 쉽지 않네요.

차선생 그것은 저도 마찬가지예요. 실제로 16곡으로 된 전곡을 한 번에 다 듣기란 쉬운 일이 아니며, 굳이 그럴 만한 이유도 없다고 봐요. 말러의 거대한 「교향곡 제5번」 같은 곡은 4악장 「아다지에토」만 들어도 매우 감동적이잖아요. 3악장 「포코 알레그레토」가 특히 유명한 브람스 「교향곡 제3번」도 마찬가지이고요. 그래서인지 이런 인기 있는 악장만 따로 발췌한 편집 음반도 많이 나와 있어요. 우선 마음에 드는 곡을 골라 듣다 보면, 우연한 기회에 전곡을 듣게 될 수도 있겠지요.

류수연 16곡 가운데 선생님이 이 곡을 고른 특별한 이유는 뭔가요?

차선생 「슬라브 무곡」 중 가장 서정적이며 우수가 느껴지는 아름다운 선율을 지닌 이 곡을 좋아하게 된 계기가 있어요. 처음에 LD로 접했는데, 아쉽게도 그 음반을 손에 넣지는 못했지요. 지금 생각해 보면 두고두고 아쉬운 일이에요. 그래서 마음에 드는 좋은 음반은 눈에 보이는 즉시 구입해야 한다는 사실을 깨달았어요.

류수연 어떤 음반이기에 그랬는지 궁금해요?

차선생 체코 출신의 대지휘자인 바츨라프 노이만Vaclav Neumann과 체코 필하모닉이 연주한 것인데, 그들의 가장 장기라 할 수 있는 드보르자크와 야나체크의 작품을 수록한 음반이었어요. 벨벳처럼 매끈한 서구 오케스트라 음향과는 달리, 다듬어지지 않은 듯한 투박함 같은 것이 드보르자크와 오히려 잘 어울렸던 것 같아요. 비록 오래된 아날로그 영상이었지만 오히려 거기에 안개가 엷게 드리운 듯한 신비로움 같은 것이 느껴졌어요.

이 음반에는 연주 모습과 배경 영상이 적절하게 오버랩하는데, 보헤미아의 넓은 초원지대를 꽉 채우고 있는 갈대가 바람에 이리저리 물결치는 정경이 늦가을의 정취를 물씬 풍기며 음악 분위기와 절묘하게 조화를 이루고 있었어요. 나중에 다시 그 기분을 느껴 보고 싶어 CD를 구입했지만 더 이상 그런 분위기를 맛볼 수가 없더군요. 지금은 그럭저럭 원곡인 피아노 듀오 연주로 만족하고 있어요.

배도반 피아노 듀오라면 누구의 연주를 말하는 것이지요?

차선생 알프레드 브렌델과 발터 클린Walter Klien의 듀오 연주인데, 그들의 담백한 연주가 마음에 들더군요. 제가 무척 좋아하는 피아니스트인 브렌델의 초창기 연주를 접할 수 있다는 재미도 있고, 솔리

스트로보다는 실내악 연주에 주력한 발터 클린이 함께 연주한 점
도 흥미로워요. 뱅가드 레이블에서 나온 6장짜리 박스 음반인데,
염가로 발매된 것이지만 그 이상의 가치를 가지고 있는 음반이라
고 생각해요.

사람들은 음악의 이름을 오래 기억한다

「피아노 5중주 제2번」 A장조, Op.81, 2악장 〈둠카〉 드보르자크

차선생 드보르자크를 좋아하는 애호가 중에는 「신세계로부터」로 상징
되는 그의 교향곡보다 실내악에 더 집착하는 사람이 많더군요. 사
실 드보르자크라는 작곡가와 보헤미아 지역의 토속적인 정서를 음
미하는 데 현악4중주곡 「아메리카」나 피아노 트리오 〈둠키〉 같은
곡보다 더 뛰어난 곡이 있을까 싶거든요. 그런 점에서 보면 드보르
자크 음악의 정수는 오히려 실내악곡에 있는지도 모르겠어요.
그런데 그의 실내악곡 중에 위의 곡들만큼 뛰어난 또 하나의 명곡
이 버티고 있어요. 「피아노 5중주」 A장조 Op.81이 바로 그 주인공
인데, 이 곡의 2악장이 〈둠카〉이지요.

배도반 보통 드보르자크의 실내악곡을 언급할 때, 현악4중주 「아메리
카」나 〈둠키〉 트리오 같은 작품이 화제에 오르는 반면, 「피아노 5
중주」는 크게 조명받지 못하는 것 같아요. 작품의 수준이 떨어져
그런 것일까요?

차선생 표제에 대한 이야기를 종종 하는데, 제 개인적인 생각이지만,

「피아노 5중주」 제2번의 인지도가 상대적으로 떨어지는 이유는 바로 표제가 붙어 있지 않기 때문이라고 봐요. 한번 생각해 보세요. 한 음반에 두 곡의 음악이 들어 있는데 한 곡은 현악4중주 「아메리카」이고, 다른 한 곡은 「피아노 5중주 제2번」 Op.81이라고 쓰여 있을 때 어느 곡에 더 관심이 갈 것 같아요? 저는 당연히 「아메리카」일 거라고 생각해요. 그건 편견이나 선입견이라기보다 사람의 심리가 그런 식으로 작용하는 게 아닌가 싶거든요.

우리나라에서 발매된 음반이 아닌데도 이미 나와 있는 베토벤 피아노 소나타 음반을 잘 살펴보면, 십중팔구 「월광」, 「비창」, 「열정」 세 곡이 함께 묶여 있는 걸 발견할 수 있을 거예요. 작품 번호가 연속되는 것도 아니고 내용 면에서 서로 연관성을 가진 것도 아닌데 켐프나 바크하우스, 루빈슈타인, 호로비츠 같은 내로라하는 대 피아니스트의 음반이 똑같이 이 세 곡으로 묶여 있는 게 과연 우연의 일치라고 할 수 있을까요? 결국 이것은 좋은 의미에서 사람들의 심리를 파고드는 마케팅 전략으로 봐야겠지요.

하긴 표제가 붙은 곡만 해도 그 수가 엄청나니 그것만 들어도 많은 음악을 듣는 셈이겠지만, 표제의 함정에 유혹되지 말고 더 다양하게 들어 보려고 하는 마음이 필요할 것 같아서 하는 말이에요. 그래야만 드보르자크의 「피아노 5중주 제2번」 같은 명곡도 놓치지 않을 테니까요.

류수연 드보르자크는 '둠카'에 대한 애착이 누구보다 큰 작곡가였나 봐요. 이미 감상한 「슬라브 무곡」에도 〈둠카〉가 있고, 다음 순서에 감상 예정인 곡도 전체가 〈둠키〉라는 표제로 되어 있는 데다 이

「피아노 5중주 제2번」의 2악장에서조
차 '둠카'를 쓰고 있으니 말이죠.

드보르자크 부부

차선생 나도 드보르자크의 작품 외에 '둠
카'라는 이름이 붙은 곡을 본 적이 없
는 것 같아요. 그래서 '둠카' 하면 바로
드보르자크가 연상되는 것이겠죠.
드보르자크의 실내악이 갖는 음악적
정서는 따뜻하고 도회적이지 않은 순
박함을 지니고 있으며, 마치 상처받은
마음을 어루만져 주는 듯한 첼로의 굵
직한 저음이 무척이나 감미롭게 느껴
져요. 특히 '둠카'라는 표제가 붙은 곡
에서 이런 우수 어린 서정성이 두드러지는 것 같아요. 작곡자 자신
이나 음악애호가들도 그 점에 이끌렸던 게 아닌가 싶어요.

류수연 이번에는 2악장만 감상하지만, 곡의 전반적인 성격이나 특징
을 살펴보면 다음 기회에 전곡을 감상할 때 도움이 될 것 같아요.

차선생 드보르자크는 피아노 3중주 4곡, 피아노 4중주 2곡, 피아노 5
중주 2곡을 작곡하면서 슈베르트-슈만-멘델스존-브람스로 이어
지는 실내악의 주요 계보를 계승한 작곡가였어요. 그중 첫 번째 피
아노 5중주곡은 드보르자크가 이미 여러 실내악곡을 쓴 경험이 있
어서 의욕적으로 착수했지만, 다소 불만스런 부분이 있었는지 우
여곡절 끝에 대대적인 개작에 돌입했죠. 이 작업의 결과가 만족스
러웠던 드보르자크는 여세를 몰아 같은 형식의 작품을 또 한 곡 쓰

는데, 바로 이것이 「피아노 5중주 제2번」 A장조 Op.81이에요. 그가 남긴 두 곡의 피아노 5중주곡 중 힘들게 개작했던 1번은 오늘날 연주되는 경우가 매우 드물지만, 그의 실내악곡 목록에서 가장 중요한 위치를 차지하는 2번은 우수에 젖은 아름다움이 가득한 2악장 〈둠카〉로 애호가들의 가슴을 촉촉이 적셔 주고 있지요.

슬픔의 복수형
「피아노 3중주」 e단조, Op.90 〈둠키〉 드보르자크

차선생 앞서 언급한 것처럼 드보르자크는 교향곡 작곡가로 알려져 있지만 실내악도 그에 못지않게 중요한 비중을 차지하고 있어요. 그 중에는 4곡의 피아노 3중주가 포함되어 있는데, '둠키'라는 표제를 가진 네 번째 곡이 가장 큰 사랑을 받고 있지요.
〈둠키〉 트리오는 명상적이고 슬픈 선율과 밝고 정열적인 선율이 교차되는 6악장의 특이한 구성이면서 짙은 우수가 작품 전체에 깔려 있어요. 독일 전통 음악 형식인 소나타는 전혀 쓰지 않고 '둠카'에 의한 독자적인 형식으로 작곡된 이 작품을 '둠카' 모음곡으로 보는 사람도 있더군요. 드보르자크는 소박함과 보편성이 깃든 특유의 서정적인 음악으로 호소력이 높지만, 이 곡만큼은 고귀한 품격이 느껴진다는 평을 받고 있어요. 특히 명상적인 제2악장과 제3악장의 아름다움은 각별하다고 할 수 있지요.
배도반 일반적인 실내악곡 형식을 따르지 않고 변칙적이라고도 할 수

있는 6악장으로 곡을 구성한 것은 어떤 의도였을까요?

차선생 원래 '둠카'라는 형식의 무곡 자체가 느리고 우수를 띤 선율과 빠르고 정열적인 선율이 대비를 이루고 있는데, 작곡자가 이를 의도적으로 곡 전체에 적용한 게 아닌가 싶어요. 이것은 강렬한 개성과 뜨거운 정열을 지닌 보헤미안의 민족성과 늘 강대국의 틈바구니에서 핍박받아야 했던 그들의 고통스럽고 우수 어린 삶이 춤과 음악 속에 그대로 녹아든 것이라고 생각해요.

류수연 '둠카'와 '둠키'는 어떤 차이가 있나요?

차선생 '둠키'는 '둠카'의 복수형이에요. 개수를 셀 수 있는 물건도 아닌 슬픈 곡이라는 뜻의 추상명사인 '둠카'에 무슨 단수형, 복수형이 있을까 싶기도 하죠. 어림잡아 생각해 보면, 여러 악장으로 이루어졌으며 곡 전체에 둠카적인 무드가 흐르는 경우엔 복수형 '둠키'가 되고, 단일곡이거나 한 악장에 쓰일 경우에는 '둠카'가 되는 것 같아요. 그러니까 「슬라브 무곡」 Op.72, No.2처럼 하나의 곡에는 '둠카', 6악장으로 이루어진 피아노 3중주의 경우는 '둠키'가 된다는 말이지요.

배도반 요한나 마르치Johanna Martzy(1926~1979)가 연주한 이 음반은 매우 낯선데, 음반 소개도 덧붙여야겠군요?

차선생 전설적인 여류 바이올리니스트 요한나 마르치의 열렬한 애호가였던 글렌 암스트롱Glenn Armstrong이 아직까지 발매되지 않은 그녀의 레코딩을 음반으로 만들 목적으로 쿠다르체Coup d'Archet라는 음반사를 설립해 음반 7장을 LP와

요한나 마르치

CD로 발매했어요. 그중 하나가 드보르자크의 〈둠키〉 트리오이지요. 모노럴 녹음치고는 음질도 수준급이어서 감상에 전혀 지장이 없어요. 아직도 음반 숍에 재고 물량이 남아 있는지 모르겠지만, 일단 눈에 뜨이는 대로 구입할 것을 권하고 싶군요.

1 「슬라브 무곡」, Op.72, No.2 e단조 〈둠카Dumka〉 드보르자크
알프레드 브렌델, 발터 클린(피아노)

2 「피아노 5중주 제2번」 A장조, Op.81, 2악장 〈둠카〉 드보르자크
스메타나 현악4중주단

3 「피아노 3중주」 e단조, Op.90 〈둠키Dumky〉 드보르자크
Ⅰ 렌토 마에스토소 | Ⅱ 포코 아다지오 | Ⅲ 안단테 | Ⅳ 안단테 모데라토 | Ⅴ 알레그로 | Ⅵ
렌토 마에스토소
요한나 마르치(바이올린) / 이스트반 허이두(피아노) / 폴 스자보(첼로)

26
track

화려한 시베리아의
스키 군단
: 러시아의 작곡가들

붉은 군대의 사색가

「바이올린 협주곡」 d단조, Op.44 니콜라이 미아스코프스키

류수연 러시아의 음악적 토양이 엄청나다는 건 알고 있지만, 그래도
이름을 처음 들어 보는 음악가가 너무 많아요. 게다가 러시아 이름
은 너무 길어서 외우기도 어렵구요.

차선생 수연이 말에 동감해요. 얼마 전 세상을 떠난 첼리스트 로스트

로포비치만 해도 부부 두 사람의 이름을 합치면 글자 수가 무려 23자(므스티슬라프 로스트로포비치, 갈리나 비쉬네프스카야)나 될 정도니까요. 다소 생소하지만 니콜라이 미아스코프스키Nikolai Myaiskovsky(1881~1950)도 못지않게 이름이 긴 작곡가라고 할 수 있겠네요.

류수연 저는 정말 처음 들어 보는 이름이에요. 미아스코프스키가 음악 활동을 한 시기는 언제쯤이었나요?

차선생 미아스코프스키는 프로코피예프보다 열 살 더 많지만, 두 사람이 상트페테르부르크 음악원을 같이 다닌 인연으로 가까워져, 오래도록 우정을 나눴다고 알려져 있어요. 그러니까 미아스코프스키는 제정 러시아 시대에 태어나 사회주의 혁명의 격동기를 거쳐 스탈린 시대에 본격적인 음악 활동을 한 작곡가라고 해야겠지요.

류수연 그렇다면 쇼스타코비치가 그랬던 것처럼 미아스코프스키도 음악 활동을 하는 과정에서 이념과 체제에 관한 많은 제약을 받았겠군요?

차선생 의외로 그렇지 않았던 것 같아요. 그는 약 30년 동안 모스크바 음악원 교수로 활동했고, 1950년 모스크바에서 69세를 일기로 세상을 떠났을 때 소비에트 최고회의는 '탁월한 소비에트의 음악노동자이자 인민 예술가'라고 그의 죽음을 애도했다고 해요. 게다가 위대한 예술가가 많이 묻혀 있는 노보제비치 수도원 묘역에 안장되었다고 하니, 그가 체제의 압력이나 박해를 받은 인물이라고 보기는 어렵겠지요.

배도반 미아스코프스키의 작품은 대체로 어떤 경향을 띠고 있나요?

차선생 체제에 잘 적응했다고 하더라도 그의 작품이 선동적이거나 행

진곡풍의 붉은 군대를 떠올리는 음악을 쓴 것
같지는 않아요. 사회주의 체제와 잘 어울릴
것 같지는 않지만, 뜻밖에도 사람들은 그의
음악을 사색적이라고 하지요.
미아스코프스키의 음악이 사색적인 특징을
띤 이유는 두 가지로 생각해 볼 수 있어요. 하
나는 남들에게 자신을 드러내는 것을 끔찍하
게 싫어한 폐쇄적인 성격이고, 다른 하나는
이념적으로 큰 주목을 받지 않으면서 힘든 시

미아스코프스키

대를 살아갈 수 있었던, 의도적인 처신의 결과라고 볼 수 있어요.
어쩌면 이 두 가지가 같이 작용했는지도 모를 일이군요.

배도반 그런 그의 성향으로 미루어 보면 대중에게 제대로 알려지기
어려웠던 사람이었겠군요. 하지만 어쩌면 그런 면이 사람들에게는
신비함으로 비쳤을 수도 있었겠네요.

차선생 작곡가 자신이 의도하진 않았겠지만 실제로 그런 경향이 있어
요. 사진의 모습에서도 그만의 어떤 분위기가 느껴지지 않나요?

류수연 그래요. 덥수룩한 턱수염과 깊은 눈매가 마치 러시아 소설 속
에 나오는 주인공 같아요. 문득 그의 작품에 관한 이야기를 듣고
싶어지네요.

차선생 미아스코프스키는 의외로 많은 작품을 남긴 작곡가였지요. 27
곡의 교향곡을 비롯해 13곡의 현악4중주곡, 행진곡·합창곡·피아
노곡 들을 썼는데, 이 많은 작품 중 유독 협주곡은 바이올린과 첼
로를 위한 곡을 한 곡씩만 남겼더군요.

미아스코프스키의 유일한 「바이올린 협주곡」 d단조는 1938년에 작곡되어 위대한 바이올리니스트인 다비드 오이스트라흐David Oistrach(1908~1974)에 의해 초연되었어요. 체제와 타협하지 않을 수 없었던 그였지만 어떤 작곡가의 작품보다 순수음악답다고 평가받고 있어요.

연주자나 청중 모두 만족하는 곡을 쓰고 싶었던 미아스코프스키는 이 작품을 위해 많은 시간과 노력을 투자했다고 해요. 특히 1악장은 연주 시간이 20분 가까이 소요될 만큼 큰 규모를 뽐내고 있죠. 2악장은 미아스코프스키의 작품이 지닌 사색적인 면이 잘 나타나 있는데, 다소 차이코프스키의 「바이올린 협주곡」의 서정성을 떠오르게 하지만, 세월의 차이를 생각해 보면 크게 염두에 둘 필요는 없을 것 같아요.

난폭한 제자의 고인에게 바치는 '전설'의 변주
「차이코프스키 주제에 의한 변주곡」, Op.35a 안톤 스테파노비치 아렌스키

류수연 선생님께서 예전에 아렌스키Anton Stepanovich Arensky(1861~1906)를 소개하면서 '아련한' 느낌을 주는 이름이라고 했던 말이 기억나요. 그래도 미아스코프스키보다는 좀 더 알려진 작곡가라고 해야겠지요?

차선생 이름도 그렇지만 그의 음악을 들으면 왠지 아련한 느낌을 받아요. 특히 「차이코프스키 주제에 의한 변주곡」의 모데라토는 아련

하다는 말이 딱 어울리는 음악 같아요.

류수연 아렌스키라는 이름도 자꾸 듣다 보니 은근히 매력적인 것 같아요.

차선생 될성부른 나무는 떡잎부터 알아본다는 말이 아렌스키에게도 그대로 적용되는가 봐요. 그는 의사이면서 음악애호가인 아버지와 뛰어난 피아니스트인 어머니 사이에 태어나 아홉 살에 이미 피아노곡과 몇몇 노래를 작곡할 만큼 뛰어난 재능을 보였어요. 열여덟 살에 명문 상트페테르부르크 음악원에 입학해 림스키-코르사코프를 사사하였는데, 정작 그의 음악은 차이코프스키 쪽으로 쏠려 서정적이고 애조 띤 음악을 주로 작곡했어요. 「차이코프스키 주제에 의한 변주곡」도 아렌스키의 그와 같은 경향을 뒷받침해 주는 것이라고 보면 될 것 같아요.

배도반 사실 이전까지 이 곡의 존재를 알지 못했거든요. 음반이 없으면 이렇게 매력적인 곡도 전혀 모르고 지나치게 되는군요. 그렇다고 이 세상의 모든 음반을 구입할 수도 없는 노릇이고…….

차선생 우리나라에서 열리는 크고 작은 연주회에서 「차이코프스키 주제에 의한 변주곡」이 프로그램에 들어 있는 경우가 한 번이라도 있었는지 궁금해요. 연주회에서 직접 음악을 듣는 것만 고집하는 음악애호가도 많지만, 그럴 경우 들을 수 있는 음악의 수는 분명히 한계가 있다고 생각해요. 음반에 담긴 음악이 인스턴트식품이라고 말하는 사람도 있지만, 음악감상회는 실제 연주회에서 다루어지기 힘든 다양한 음악을 자유롭게 선곡할 수 있음은 물론, 세계 정상급 지휘자와 오케스트라를 간접적으로나마 만날 수 있는 기회를 제공

피아노 앞에 앉은 아렌스키

해 주기 때문에 나름대로 그 존재 가치는 분명히 있어요.

이제 「차이코프스키 주제에 의한 변주곡」이 세상의 빛을 보게 된 유래를 살펴보죠.

1881년 니콜라이 루빈스타인이 세상을 떠나자 차이코프스키는 「어느 위대한 예술가의 추억」이라는 피아노 3중주곡을 작곡해 고인을 추모했어요. 1893년에 차이코프스키가 세상을 떠나자, 이번에는 그를 존경해 마지않던 아렌스키가 고인을 추모하는 마음으로 「현악4중주 a단조 작품 35번」을 작곡해 바친 것이지요.

이 a단조 4중주의 2악장은 차이코프스키의 「아이들의 노래」 Op.54의 1번인 〈전설〉에 기초한 변주곡 형태로 이루어져 있는데, 아렌스키는 이것을 현악4중주와는 별개의 현악 오케스트라를 위한 곡으로 개작해 출판했어요. 이것이 「차이코프스키 주제에 의한 변주곡」이에요.

앞서 이야기한 것처럼 아련한 느낌의 주제가 제시되고 이어서 7변주까지 계속되는데, 나중에는 주제 선율이 떠오르지 않을 정도로 큰 폭으로 변주되다가 다시 아련한 주제로 돌아와 끝을 맺어요. 차이코프스키의 선율에서 가져온 것이므로 당연히 차이코프스키 음악의 분위기를 띠지만, 변주가 시작되면서부터는 그 자체를 즐기면 될 것 같아요.

류수연 아렌스키는 자꾸 차이코프스키와 연관해 이야기하게 되는데,
두 사람의 인간적인 교류는 어땠나요?

차선생 차이코프스키는 모스크바 음악원 교수로 임명된 아렌스키를
가까이에 두고 음악적인 코치 역할을 했어요. 하지만 음악과 무관
한 아렌스키의 폭음과 도벽 때문에 차이코프스키는 그를 마음에서
밀어냈다고 해요. 그것은 먼저 림스키-코르사코프도 우려한 문제
였다고 하는군요. 그래서 아렌스키는 음악적으로는 '차이코프스키
의 정신적인 양자'라고 불릴 정도로 그 재능을 충분히 인정받았지
만, 그 외에는 차이코프스키로부터 이상한 사람으로 낙인찍혔던 것
같아요.

아렌스키는 모스크바 음악원 교수직을 그만두고 작곡과 연주 활동
을 활발하게 펼쳤지만, 성격과 사생활이 점점 파멸로 치닫고 알코
올중독까지 겹치면서 극도로 건강이 악화되었던 모양이에요. 결국
49세라는 많지 않은 나이에 결핵으로 세상을 떠나고 말았어요.

서툰 작곡가가 불러온 러시아의 마왕
「죽음의 노래와 춤」 모데스트 무소륵스키 / 칼레비 아호 편곡

류수연 또 전혀 알지 못했던 곡을 새롭게 접하는군요. 기대가 되면서
도 한편 두렵기도 해요.

차선생 그렇게 부담스러워할 필요는 없어요. 천하의 베토벤 작품이라

도 모든 사람에게 사랑받을 수는 없는 거잖아요. 잘 몰랐던 곡을 새로 알게 되었다고 의무적으로 계속 들어야 하는 것은 아니니까요. 그냥 편안한 마음으로 자신의 취향에 따라 음악을 들으면 될 것 같아요. 다만 음악을 들으려는 마음과 귀는 항상 열어 두어야겠죠.

이제 감상할 「죽음의 노래와 춤」은 무소르그스키가 그의 먼 친척뻘 되는 친구 골레니시체프 쿠투조프Arseni Golenistsev Kutuzov (1848~1913)의 시에 곡을 붙인 작품이에요. 규모나 내용 면에서 그로테스크한 면을 지니고 있지만 그의 성악 작품 중에서 매우 중요한 곡으로 꼽히고 있지요. 무소르그스키는 쿠투조프를 몹시 좋아한 듯 그와 함께 생활하기도 했는데, 그의 시적인 재능을 높이 평가해 그의 시로 여러 가곡을 작곡했어요.

배도반 무소르그스키가 남긴 작품 수는 그리 많지 않지만, 가곡 분야에서 그의 존재는 좀 특별하게 비쳐지는 경향이 있어요. 그 이유는 어디에서 비롯하나요?

무소르그스키

차선생 무소르그스키는 정식으로 음악 교육을 받지 않았어요. 독학으로 음악을 공부했기 때문에, 관현악법도 매우 서투르고 피아노 실력도 그저 그런 수준이었다고 해요. 그의 대표작인 「전람회의 그림」도 원래 피아노곡이었는데 뒤에 라벨이 관현악곡으로 편곡해 세상에 널리 알려진 것은 잘 알고 있는 사실이잖아요. 사정이 이렇다 보니 대편성의 관현악곡보다 아무래도 피아노 소품이나 가곡 분야에 손을 대기가 쉬웠을 것 같아요.

그렇다고 하더라도 무소르그스키의 가곡은 누구도 흉내 낼 수 없는 그만의 세계를 지니고 있는데, 슈베르트나 슈만과는 다른 매우 음울하고 추운 러시아적 요소가 매우 독특한 분위기를 연출하고 있어요.

류수연 이 곡은 전체적으로 어떤 내용을 노래하고 있나요.

차선생 「죽음의 노래와 춤」은 전 4곡 중 3곡이 1875년에 씌어졌고, 마지막 곡 〈병사〉만 1877년에 완성했다고 해요. 무소르그스키는 뒤에 4곡을 더 작곡하려 했지만 뜻을 이루지는 못했어요.

이 작품집에 들어 있는 4곡은 모두 죽음이 찾아오는 순간을 같은 방식으로 일관되게 그리고 있는데, 죽음이 홀연히 찾아와 전혀 죽음을 맞을 채비가 안 된 이를 이승으로부터 데려간다는 내용이에요.

무소르그스키는 자신의 유명한 가곡 「벼룩의 노래」처럼 이 곡에서도 제정 러시아의 피폐한 농민의 모습을 통해 당시의 암담한 세상을 풍자적으로 고발하고 있어요.

제1곡 〈자장가〉는 한 어머니가 병든 자식의 요람 앞에 앉아서 조용히 다가오는 사신死神을 내쫓으려고 필사적으로 발버둥치지만 기어코 죽음이 찾아와 자식을 데려간다는 내용이에요. 마치 슈베르트의 「마왕」처럼 한 명의 성악가가 사신과 어머니 역을 동시에 노래하게 되어 있어요. 〈자장가〉의 내용을 자세하게 살펴볼게요.

신음하는 아이, 촛불의 희미한 빛이 어렴풋이 주위를 비추고 어머니
는 뜬눈으로 밤을 새며 밤새껏 요람을 흔든다. 새벽에 죽음이 문짝
에 다가와서 천천히 노크한다. 어머니는 놀라서 뒤돌아본다.
"무서워할 건 없어. 곧 아침이 온다. 울고 슬퍼하고 사랑하고, 넌 지
쳤다. 자거라 내가 옆에 앉아서 아이가 죽지 않게 해 줄 테니."
"조용히, 아이를 괴롭히기 싫어."
"아냐 내가 금방 낫게 해 주지, 자거라."
"볼은 파래지고 숨도 약해졌어요. 제발 그만둬요."
"다행히 고통도 가시었다, 자거라."
"가라! 이 천벌을 받을 자, 애무로 내 행복을 망쳐 놓으려고."
"아이에게 편안한 잠을 주자, 자거라."
"잠시라도 좋으니 그 무서운 노래를 그만둬 줬으면."
"봐요, 아이는 조용하게 잠들고 있어, 자거라."

제2곡 〈세레나데〉는 이름 모를 기사의 모습으로 죽음이 다가와 병
든 소녀에게 달콤한 유혹의 세레나데를 불러 주고는 그 소녀를 데
리고 사라진다는 내용이에요.

병든 소녀에게 죽음이 다가와 세레나데를 노래한다.
편안하고 매혹적인 엷은 푸른빛의 밤. 가슴이 설레는 봄밤, 병든 소
녀는 고개를 숙이고 밤의 적막과 속삼임에 귀를 기울인다. 불타는
눈동자를 닫으려고도 않고 삶의 기쁨을 희구한다. 그러나 조용한 밤
의 창가에서 죽음이 세레나데를 노래한다.

"어둡고 준엄한 속박에 네 청춘은 상실되고 있다. 무명의 기사인 내가 비상한 힘으로 해방시켜 주지. 일어나서 자신을 보라. 투명하게 빛나는 아름다운 얼굴, 붉은 볼, 물결치는 늘어뜨린 머리가 네 몸을 풍만하게 둘러싸고, 응시하는 눈길이 하늘과 불길의 밝음보다 빛나고 있는 것을. 한낮을 불어 대는 바람처럼 뜨거운 숨결로 당신은 나를 유혹한다.

나의 세레나데는 당신의 귀를 황홀하게 하고 무명의 기사는 당신을 부른다. 기사는 최후의 보수를 받으러 와서 환희의 순간을 강요한다. 당신의 부드러운 몸, 멍하게 만드는 떨림. 오오 당신을 힘껏 끌어안고 죄어 죽이자, 귀여운 자여 들리느냐, 잠자코 있지 마라, 나의 당신"

제3곡 〈트레파크[17]〉는 한 농부가 술에 취한 채 눈보라 속에서 길을 잃고 헤매는데 죽음이 다가와 함께 트레파크 춤을 추고, 그 농부는 한여름의 무더위를 꿈꾸다가 마침내 쓰러지고 만다는 내용이에요. 여기서 눈보라는 피아노가 묘사하도록 되어 있어요.

숲에도 들에도 사람의 그림자 하나 없고 눈보라가 울며 외친다. 이 어두운 밤에 사악한 누군가가 숨어 있는 것 같은 기분이 든다. 보라 아니나 다를까 어둠 속에서 농부와 죽음이 서로 껴안고 애무하고 있다. 주정뱅이와 죽음이 한 쌍의 트레파크를 추고 그 귀엔 노래가 들려온다.

---

17 2/4박자의 러시아 및 우크라이나의 농민 무곡.

"오 고주망태가 되어 길을 잃은 가난한 늙은 농부여, 뛰어오른 눈보라의 마녀가 기어코 들에서 깊은 숲으로 너를 몰아댔구나. 슬픔, 근심, 가난하고 지친 자여, 안심하고 누워 자도록 해라. 나는 친애하는 너를 눈으로 녹이고 너의 둘레에서 성대하게 연주를 하겠다. 백조와 같은 눈보라여, 휘날려라. 자 폭풍우야, 노래를 시작해라. 하룻밤 사이에 주정꾼이 잠들어 버릴 때까지, 이야기를 계속하는 거다. 자 숲이여, 하늘이여, 먹구름이여, 어둠이여, 바람이여, 날리는 눈이여, 눈의 깃털로 유아처럼 꽉 노인을 싸 주는 거다. 자거라 친애하는 행복한 농부여. 여름이 오고 꽃이 피고 밭에 태양이 비치고 제비가 날고 노랫소리가 울리고 비둘기가 날고 있다."

제4곡 〈병사〉는 전쟁을 묘사하며 시작하는데, 오직 죽은 자들만 누워 있는 전쟁터에 나타난 사신은 자신의 승리를 선포하면서 죽은 자는 결코 되살아나지 못한다고 알리는 내용이에요.

전투의 소리, 빛나는 장갑裝甲, 대포의 포효, 밀어닥치는 군세, 달리는 말, 빨갛게 물드는 강. 대낮에 사람들은 싸우고 해가 기울어서도 격렬하게 싸우고 해가 떨어져 어두워져도 싸움은 미쳐 날뛰고 있다. 싸움터에 밤의 장막이 내리자 병사들은 어둠 속으로 흩어져 갔다. 모든 것은 조용해지고 안개 속에서 신음소리가 하늘 높이 올라간다. 그때 달빛 아래 말을 탄 백골의 사신이 나타나 정적 속에 들려오는 탄식과 기도에 귀를 기울이고 싸움터를 타고 도는 사령관처럼 자랑스럽게 만족한다. 언덕에 올라 내려다보고 멈춰 서서는 빙그레 웃고, 싸움터의 평원에 운명의 노랫소리를 퍼지게 한다.

"싸움은 끝나고 나는 모든 것을 정복하였다. 죽은 전사들, 살아 있을 때 서로 다투던 너희들을 사이좋게 만들어 주지. 친애하는 죽은 자들이여, 일어나 열병을 하자. 축전의 행진에 나가거라, 나는 검문하련다. 그리고 너희들의 뼈나 삶의 즐거움을 지하에 묻어라. 삶에서 해방되어 쉬도록 해라. 그러다 세월이 가면 너희들은 아는 사람도 없게 된다. 그러나 나는 잊지 않아. 한밤중에 성대한 잔치를 벌이고 무겁게 춤추고 젖은 땅을 밟아 죽는 자가 영원히 무덤 덮개를 열지 못하게 아무도 살아나지 못하게 해 줄 것이다."[18]

베이스 마르티 탈벨라Martti Talvela가 부른 이 노래는, 원래 악보가 베이스 성부와 오케스트라에 적합하지 않다고 지적해, 1984년에 칼레비 아호Kalevi Aho가 관현악용으로 편곡한 것이에요. 칼레비 아호는 가능한 한 무소르그스키가 이루어 놓은 작품의 분위기와 각 곡마다 지닌 심리극의 정서에 충실하려고 했다는군요.

발레슈즈에 실리는 4악장

「디베르티멘토」 이고르 스트라빈스키

류수연 선생님은 이렇게 생소한 스트라빈스키의 「디베르티멘토」 같은

---

18 『최신 명곡해설전집 vol.25 성악곡편』, 세광음악출판사.

스트라빈스키

작품을 평소에 즐겨 듣는 편인가요?

차선생 「봄의 제전La Sacre du Printemps」으로 세계 음악계를 경악 속에 몰아넣은 풍운아 스트라빈스키에게 이러한 곡이 있다는 걸 겨우 얼마 전에 알았어요. 이젠 「봄의 제전」 같은 곡도 귀에 익숙해졌기 때문에 별 거부감 없이 듣지만, 그것과는 별개로 같은 작곡가의 성격이 다른 곡을 우연히 발견하여 듣는 것도 각별한 재밋거리 중 하나예요.

스트라빈스키의 대표작인 「봄의 제전」, 「불새L'Oiseau De Feu」, 「페트루슈카Petrushka」가 모두 무용음악인 것처럼, 이 곡도 무용과 관련이 있어요. 사실 스트라빈스키는 디아길레프Sergey Pavlovich Dyagilev (1872~1929)의 '발레 뤼스'와 밀접한 관계를 맺으면서 무용음악 작곡가로 확고한 위치를 굳히게 되죠. 스트라빈스키는 1928년 이다 루빈슈타인Ida Rubinstein의 의뢰로 「요정의 입맞춤Le baiser de la fee」이라는 발레 음악을 작곡했는데, 뒤에 이 작품을 연주회용으로 개작한 게 이 「디베르티멘토」예요.

류수연 디아길레프는 어떤 사람인가요? 무용음악이나 러시아음악에서 빠지지 않고 등장하는 이름이라서 늘 궁금했어요.

차선생 디아길레프는 러시아의 발레 프로듀서·무대미술가·흥행사·기획자·예술비평가 등 예술 전반에 두루 관여한 대단한 능력의 소유자였어요. 처음에는 법학을 공부하다 뒤에 음악으로 전공을 바꾸었는데, 미술과 음악 분야 일을 하던 중에 발레를 전문으로 다루면서 1909년 파리에서 발레단 발레 뤼스를 창단하죠. 20년 동안 이 발레단의 단장으로 활약하면서 런던, 파리, 몬테카를로, 뉴욕 등 세계 주요 도시에서 공연했는데, 그가 발표한 대표적인 발레 작품으로는 「셰헤라자데」, 「목신의 오후」, 「봄의 제전」, 「불새」, 「삼각모자」, 「잠자는 숲 속의 미녀」 등을 꼽을 수 있어요. 디아길레프는 당대 최고의 예술가들과 폭넓게 교류하면서 천재 기획자로서의 재량을 마음껏 발휘하며 무용계에 큰 영향을 끼쳤고, 나아가 세계 발레의 역사를 새롭게 쓴 공로를 인정하지 않을 수 없어요.

배도반 스트라빈스키의 「디베르티멘토」는 우리에게 거의 알려지지 않은 곡이라 할 수 있는데, 선생님은 이런 생소한 곡을 처음 들을 때 어떤 관점으로 접근하나요?

차선생 관점이라고 하면 너무 거창하고 그냥 느낌이라는 말이 더 적절할 것 같군요. 음악을 듣다 보면 전혀 알지 못하는 곡인데도 그냥 들어 보고 싶은 것이 있어요. 가끔 그럴 때가 없던가요? 20세기 들어 작곡된 곡 중에는 그런 식으로 알게 된 것들이 더러 있지요. 예전엔 모르는 곡은 무조건 안 듣는 주의였는데, 음악감상회 진행을 맡으면서 생각이 바뀌었죠. 제 임무 중 하나가 새로운 곡을 끊임없이 발굴해 소개하는 것이잖아요.

스트라빈스키의 「디베르티멘토」는 그의 대표작이라 할 수 있는 「봄의 제전」을 머릿속에 떠올리면서 들어 봤어요. '얼마나 비슷할까?' 혹은 '어떻게 다를까?' 하는 식으로 말이지요. 그런데 「디베르티멘토」는 「봄의 제전」과는 분위기가 전혀 달라요. 리듬 위주의

「봄의 제전」에 비해 이 곡은 선율적이라는 점이지요.

낭만적인 느낌의 도입부로 시작하는 1악장은 스트라빈스키의 음악이라고 하기에는 파격적이다 못해 감미롭기까지 해요. 후반부에 들어서면 템포가 급속히 빨라지면서 무조적인 분위기가 느껴지지만, 좀 낯설기는 해도 이내 익숙해지더군요.

2악장은 〈스위스의 춤〉이라고 되어 있는데, 크라이슬러의 곡을 연상케 하는 아름다운 선율이 잠시 등장하다가 이내 '나의 본령은 그것이 아니오.'라고 외치듯 이질적인 불협화음으로 바뀌고 말죠. 다시 크라이슬러풍으로 잠시 돌아오는 듯하더니 어디서 많이 들어 본 것 같은 귀에 익은 선율이 반복적으로 되풀이되다 코다에 이르러 짧지만 매우 느리고 조용하게 마무리되고 있어요.

3악장 〈스케르쪼〉는 길이가 매우 짧지만 빠르고-느리고-빠른 형태의 기본 골격을 갖추고 있으며 단순한 선율의 반복이 잦아 듣기가 별로 어렵지 않아요.

4악장은 발레에서 2인무를 뜻하는 〈파드되〉인데 변화무쌍한 바이올린의 감각적인 선율이 발레를 추는 모습을 그대로 그려 내는 것 같아요. 정말 이만하면 들을 만한 스트라빈스키의 음악 아닌가요?

악마가 가져가 버린 우정의 노래

「로코코 주제에 의한 변주곡」, Op.33 표트르 일리치 차이코프스키

배도반 선생님은 이 곡을 듣게 된 어떤 특별한 동기가 있나요?

차선생 누구나 어떤 음악을 알게 되고, 좋아하게 된 동기는 있기 마련이죠. 벼룩시장에 파묻힌 음반을 구해 우연히 들을 수도 있고, 라디오를 듣다 아는 경우도 있죠. 그럴 땐 모랫더미에 파묻힌 귀중한 물건을 발견한 것처럼 '아 이런 음악이 있었구나!' 설레고 뿌듯한 마음을 느끼잖아요.

사실 「로코코 주제에 의한 변주곡」은 음반이 나와 있지 않은 것도 아닌데, 그 존재를 잘 몰랐어요. 그러다 우연히 차이코프스키 탄생 250주년 기념 갈라 콘서트 실황을 담은 LD를 보다가 첼리스트 요요 마가 연주하는 이 곡에 반해 버렸지요. 곡 자체도 훌륭했지만 요요 마가 그렇게 멋진 연주자인지 미처 몰랐어요.

류수연 '로코코'는 로코코 양식이라는 뜻이겠죠. 이 양식은 어떤 것인가요?

차선생 로코코는 처음에는 18세기 초엽부터 후반에 걸쳐 프랑스를 중심으로 발생한 미술사의 시대양식 개념으로 주로 사용되었어요. 그러다 문화 현상 전반에 걸쳐 쓰이게 되었죠. 음악사에서는 후기 바로크에서 고전파로 넘어가는 과도기적 시대 양식을 지칭하고 있어요. '17, 18세기의 왕족적인 우아함'이라는 표현처럼 화려하고 우아한 장식이 많이 쓰이기는 하지만, 그만큼 내용과 깊이가 빈약해서 때론 천박하다는 의미로 통하기도 해요.

배도반 모짜르트의 「플루트와 하프를 위한 콘체르토」나 베토벤의 「트리플 콘체르토」처럼 이미 유행이 지나 버린 음악 양식을 들고 나온 작품이 드물게 있긴 하지만, 차이코프스키도 자신의 시대가 아닌 로코코풍의 음악을 작곡했다는 사실이 이채롭군요.

차선생 이 곡은 가장 널리 사랑받고 있는 첼로 명곡 중의 하나인데, 차이코프스키는 피츠하겐이라는 사람 때문에 이 곡을 작곡했다고 알려져 있어요. 그런데 왜 하필이면 '로코코풍'이었을까요? 사실 곡명은 그렇지만 이 곡에서 로코코 양식을 느끼게 하는 요소는 찾아보기 어렵고, 도리어 작곡가 자신의 음악적 색깔이 충실하게 반영되어 있다는 의견도 있어요. 따라서 이 곡이 과거 회귀적인 성격의 작품이라고 하기에는 무리가 있다고 해야겠지요.

다만 차이코프스키의 모짜르트를 향한 경외심은 매우 각별한 것으로 알려져 있지요. 그의 유명한 「현을 위한 세레나데」 같은 곡은 모짜르트의 세레나데를 본보기로 삼았다고 전하더군요. 차이코프스키가 로코코풍의 작품을 쓰게 된 것도 모짜르트에게 보내는 숭배의 반증이라고 보는 견해도 있으니 참고하면 될 것 같아요.

차이코프스키가 이 곡을 작곡하게 된 동기를 제공했다는 피츠하겐은 독일 태생으로 모스크바 음악원의 첼로 교수이자 러시아 음악협회 4중주단의 멤버로 활동하면서 말년을 러시아에서 보냈다고 해요. 그는 차이코프스키의 현악4중주 3곡과 피아노 트리오 초연에 참여하면서 차이코프스키와 친밀한 관계를 맺은 모양이에요. 차이코프스키는 자연스럽게 피츠하겐의 조언을 받아 「로코코 주제에 의한 변주곡」을 작곡하였고, 그에게 작품을 헌정하게 된 것이죠.

류수연 그럼 피츠하겐은 이 곡을 마음에 들어 했었나요?

차선생 일단은 그랬던 것으로 보여요. 피츠하겐은 어느 페스티벌 무대에서 이 곡을 연주한 후 "이 변주곡으로 청중을 열광의 도가니에

몰아넣었을 뿐만 아니라 세 번씩이나 다시 무대에 불려 나갈 정도로 열렬한 호응을 받았다."라는 내용의 편지를 차이코프스키에게 보내기까지 했으니까 말이에요.

그런데 이 작품을 두고 작곡자인 차이코프스키와 피츠하겐 사이에 약간의 해프닝이 있었던 것 같아요. 피츠하겐은 작곡자 동의도 없이 자기 나름대로 원곡을 수정해 연주를 했는데, 이 사실을 알게 된 차이코프스키는 심기가 몹시 불편해 이렇게 말했다고 해요. "악마가 곡을 가져가 버렸군. 그대로 내버려둬."

 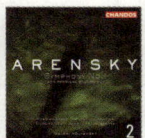   

1 「바이올린 협주곡」 d단조, Op.44 니콜라이 미아스코프스키
Ⅱ 아다지오 에 몰토 칸타빌레
바딤 레핀(바이올린) / 발레리 게르기예프(지휘) / 키로프 오케스트라, 마린스키 극장, 상트페테르부르크

2 「차이코프스키 주제에 의한 변주곡」, Op.35a 안톤 스테파노비치 아렌스키
발레리 폴얀스키(지휘) / 러시안 국립 교향악단

3 「죽음의 노래와 춤Songs and Dances of Death」 모데스트 무소르그스키 / 칼레비 아호 편곡
Ⅰ 〈자장가Lillaby〉 | Ⅱ 〈세레나데Serenade〉 | Ⅲ 〈트레파크Trepak〉 | Ⅳ 〈병사The warrior〉
마르티 탈벨라(베이스) / 네메 예르비(지휘) / 핀란드 라디오 심포니 오케스트라

4 「디베르티멘토Divertimento」 이고르 스트라빈스키
Ⅰ 〈신포니아Sinfonia〉 | Ⅱ 〈스위스의 춤Dances Suisses〉 | Ⅲ 〈스케르쪼Scherzo〉 | Ⅳ 〈파 드되Pas de deux 〉
이다 헨델(바이올린) / 알프레도 홀레첵(피아노)

5 「로코코 주제에 의한 변주곡」, Op.33 표트르 일리치 차이코프스키
피터 비스펠베이(첼로) / 도이치 캠머필하모니 브레멘

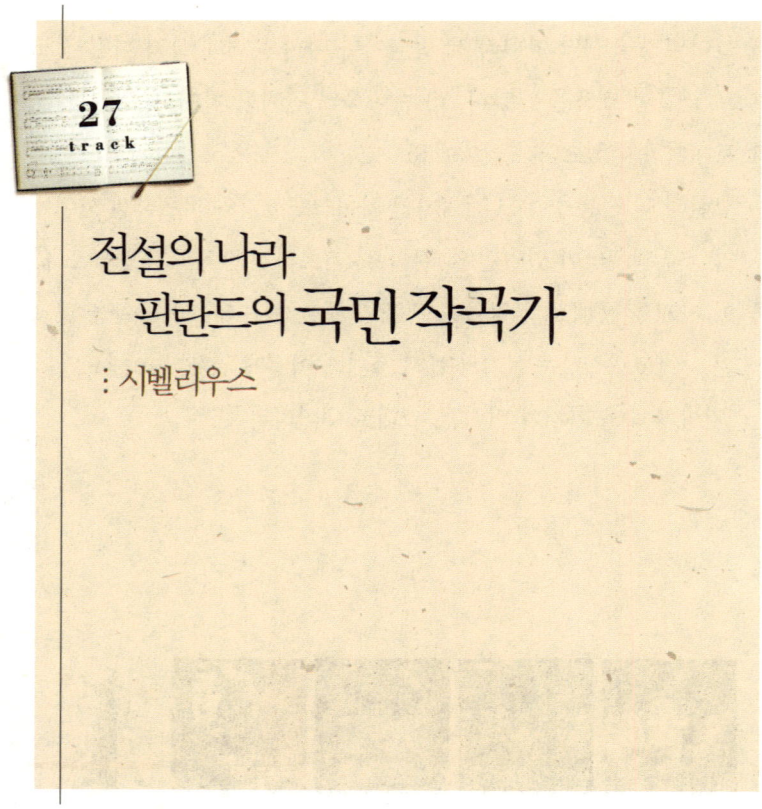

27
track

전설의 나라
핀란드의 **국민 작곡가**
: 시벨리우스

여행에서 영웅들의 나라를 만나다
「카렐리아」서곡, Op.10 & 「카렐리아」모음곡, Op.11 시벨리우스

차선생 시벨리우스를 소개할 때 핀란드 국민악파 음악의 창시자란 말
보다 더 좋은 수식어는 없을 것 같아요. 그는 핀란드의 민족적인
소재를 독특한 멜로디와 리듬으로 표현한 위대한 국민 작곡가로
추앙받고 있지요.

그의 음악 속에 깃들어 있는 비애와 우수는 북극이라는 혹독한 자연 환경과 오랫동안 외세의 시달림을 견뎌 낸 자연스러운 정서라고 볼 수 있겠죠.

류수연 음악사상 시벨리우스처럼 국가로부터 극진한 대접을 받은 작곡가도 드물겠죠.

차선생 핀란드에서는 24시간 동안 그의 음악이 들리지 않을 때가 없을 정도라고 하니 틀린 말은 아니겠군요.

핀란드 정부는 그에게 종신연금을 지급했고, 그의 집 근처를 지나가는 모든 차량은 경적을 울리지 못하게 했다고 해요. 그건 시벨리우스가 핀란드 국민의 용기와 애국심을 고취시킨 위대한 업적에 대한 존경심의 표현이겠지요.

시벨리우스가 세상을 떠났을 때는 국장으로 장례가 치러졌을 만큼, 그에 대한 예우는 각별했어요. 음악가로서 그의 삶은 살아서도 영광, 죽어서도 영광이었던 것 같아요. 정말 음악가로서는 유례를 찾아 볼 수 없는 영광의 삶이지요.

배도반 멘델스존의 「핑갈의 동굴」처럼, 많은 작곡가가 여행을 통해 작품에 대한 영감을 얻곤 하더군요. 시벨리우스의 음악에도 여행과 관련된 작품들이 있죠?

차선생 사람은 누구나 미지의 세계에 대한 막연한 동경을 갖고 있잖아요. 그것을 해결해 주는 최상의 방법이 바로 여행이겠죠. 여행은 작곡가들뿐만 아니라 많은 사람에게 삶의 다양한 모티프를 제공해 주지요. 여행을 통해 얻은 각종 영감으로 음악가는 작곡을, 화가는 그림을, 문학가는 글을 남기게 되니, 여행은 결국 새로운 예술의 탄생을 위한 중요한 자양분인 셈이에요.

시벨리우스에게도 여행은 음악의 중요한 모티프였어요. 그는 1892년 카렐리아 지방에서 신혼여행을 보낸 뒤, 얼마 지나지 않아 다시 그곳의 오지 코르피셀카를 여행하면서 옛 전설과 노래를 듣게 되죠. 때마침 헬싱키 대학의 비보르크[19] 학생협회가 야외극을 마련하면서 시벨리우스에게 작곡을 부탁했고, 그는 여행 동안 얻은 영감을 바탕으로 서곡과 7개의 음악을 작곡해요.

동방의 비잔틴과 서방의 로마적인 요소의 대립과 항쟁 구도를 연상시키는 서곡은 따로 떼어내어 「Op.10」으로 출판하였으며, 나머지 7곡 중 〈인터메조〉, 〈발라드〉, 〈행진곡〉 3곡을 골라 「카렐리아」 모음곡 〈Op.11〉을 만들었어요.

류수연 카렐리아 지방은 어떤 곳인가요?

차선생 러시아 접경 지역에 위치한 카렐리아는 역사적으로 국경 분쟁의 중심에 있었고, 식민통치 시절에는 러시아로부터 돌려받아야 할 땅이기도 했어요. 현재 이곳은 러시아와 양분되어 있는 상태이며, 핀란드 내에서도 독자적인 언어를 가진 지역으로 핀란드 전체 인구의 상당수가 카렐리아계라고 해요.

배도반 국민 음악가인 시벨리우스가 카렐리아 지방의 토속적인 전설에 매력을 느낀 건 어찌 보면 지극히 당연한 일 같아요.

차선생 호수와 삼림이 가득한 이곳은 '칼레발라Kalevala[20]'로 불리는

---

19 러시아의 상트페테르부르크에서 북서쪽으로 약 100km 떨어진 곳에 위치한 항구 도시. 영토가 여러 번 바뀌었으나 지금은 러시아에 속해 있다.
20 핀란드를 시적으로 일컫는 말로 '영웅들의 나라'라는 뜻이다.

전설과 설화가 풍부한 곳이에요. 그래서 민족의식에 불타던 시벨리우스가 이 지역을 소재로 한 음악을 썼다는 것은 당연한 일이지요. 시벨리우스가 교향시 「핀란디아」에서 보여 준 직설적이면서 격렬한 분위기와는 달리, 「카렐리아」 모음곡은 그 지역의 토속적인 냄새가 물씬 풍기는 민속 음악을 바탕으로 카렐리아의 자연과 역사를 그리고 있죠.

모음곡 중 첫 번째인 〈간주곡〉은 다소 템포가 빠른 편인데, 마스카니의 오페라 「카발레리아 루스티카나」에 나오는 아름답고 서정적인 간주곡을 떠올렸다가는 낭패를 보기 십상이에요. 두 번째 곡인 〈발라드〉는 신비로우면서도 음울한 분위기를 극도의 피아니시모와 휴지부로 처리하고 있고, 세 번째 〈행진곡〉은 제목처럼 밝고 경쾌한 행진곡풍으로 〈발라드〉의 어둡고 무거운 느낌을 해소시켜 주지요.

죽음의 강에 버려진 젊은 영웅의 사랑
〈투오넬라의 백조〉 시벨리우스

류수연 〈투오넬라의 백조〉는 왠지 전설 속에 나오는 슬픈 사연을 다룬 이야기인 것 같아요.

차선생 이 곡은 핀란드 신화에 나오는 죽음의 세계 '투오넬라'를 무대로 벌어지는 슬픈 사랑 이야기를 담고 있어요.

젊은 영웅 레민케이넨은 포횰라 나라의 처녀 사리와 사랑하는 사이인데, 그녀의 어머니는 투오넬라, 즉 저승의 백조를 쏘아 맞히면 딸을 주겠다고 약속해요. 저승과 이승 사이에는 검은 물이 소용돌이치는 투오넬라의 죽음의 강이 흐르고 그 위에는 비련의 상징인 큰 백조가 헤엄치고 있어요. 딸을 레민케이넨에게 주고 싶지 않은 어머니는 장님인 양치기에게 레민케이넨을 죽이고 시체를 잘게 썰어 투오넬라에 던지게 해요. 이 모든 것을 보고 있던 백조는 레민케이넨의 불행한 죽음을 슬퍼한다는 이야기예요.

이 〈투오넬라의 백조〉가 들어 있는 「네 개의 전설」은 시벨리우스가 습작기를 벗어나 비로소 자신의 얘기를 하기 시작한 시기의 작품이라고 자평하고 있어요.

Lemminkäinen's Mother
drawn by Akseli Gallen Kallela
Finnish Epic poem, Kalevala

류수연 그럼 이 곡이 수록된 「네 개의 전설」에 대
한 설명도 필요하겠군요?

차선생 민족서사시 「칼레발라」에 나오는 젊은
영웅 레민케이넨의 이야기를 다룬 교향시집이
「네 개의 전설」 Op.22이에요. 차례를 살펴보
면 제1곡 〈레민케이넨과 소녀〉, 제2곡 〈투오넬라의 레민케이넨〉,
제3곡 〈투오넬라의 백조〉, 제4곡은 〈레민케이넨의 귀향〉으로 이루
어져 있어요. 그중 제3곡인 〈투오넬라의 백조〉는 어둡고 슬픈 북유
럽 특유의 음색으로 핀란드 신화의 신비로움을 잘 표현하고 있는
데, 특히 잉글리시 호른 솔로가 매력적인 이 곡은 단독으로 많이
연주되고 있어요.

두루미의 날갯짓에 실린 음악

부수음악 「쿠오레마」 시벨리우스

배도반 우리는 부수음악을 들으면서 슈베르트의 「로자문데」가 형편없
는 대본으로 처절한 실패를 맛보았다는 이야기를 나눴어요. 음악
이 아무리 훌륭해도 대본이 형편없으면 그 연극은 실패할 수 있다
는 사실을 안 셈인데, 흥미롭게 시벨리우스의 부수음악 「쿠오레마」
는 그의 처남이 대본을 썼더군요.

차선생 극작가이자 시벨리우스의 처남인 아르비드 예르네펠트Arvid
Järnefelt가 1901년에 핀란드 국립극장을 위해 '죽음'이라는 의미의

희곡 「쿠오레마」를 쓰고, 1903년에
시벨리우스가 이 작품을 위해 6곡
의 부수음악을 작곡했다고 해요.
이 희곡은 죽어 가는 어머니의 현실
과 꿈이 교차하는 이야기예요. 특히
그녀가 젊은 시절 무도회를 회상하
는 장면에 나오는 〈슬픈 왈츠〉가 유
명하죠. 이 곡은 대지휘자 푸르트뱅
글러가 각별히 좋아했다고 알려져
있어요.

젊은 시절의 시벨리우스

배도반 부수음악 중 두 번째 곡인 〈두
루미의 정경〉은 표제가 은근히 이
색적이군요.

차선생 〈두루미의 정경〉은 시벨리우스에게 소중한 작품이라고 할 수
있어요. 그는 늘 두루미가 날아가는 모습을 보고 음악의 영감을 받
곤 했는데, 그의 일기에는 이런 구절이 적혀 있었다고 해요.
"나는 날마다 두루미가 남쪽으로 날아가는 것을 보아왔는데, 그 광
경은 언제나 음악으로 가득 차 있었다. 두루미의 울음소리는 내 삶
을 이끌어 주는 실이다."
이 부수음악에는 〈두루미의 정경〉 외에 2곡이 더 있는데, 짙은 호
소력과 우수를 머금은 듯한 〈칸초네타〉, 첫 곡 〈슬픈 왈츠〉와 대비
되는 제목인 〈낭만적인 왈츠〉가 그것이에요.

배도반 우리가 이번에 감상할 음악은 네메 예르비가 지휘한 것이잖아

요. 그는 명성에 비해 우리나라에는 비교적 늦게 알려진 것 같아요.

차선생 그런 셈이죠. 예르비는 발트해 연안 에스토니아 출신인데, 핀란드와 지리적으로 가까워서 핀란드의 정서와 친근한 요소가 있다고 보면 될 것 같아요.

1 「카렐리아Karellia」 서곡, Op.10 시벨리우스
   네메 예르비(지휘) / 괴텐부르크 심포니 오케스트라

2 「카렐리아」 모음곡, Op.11 시벨리우스
   Ⅰ 〈인터메조Intermezzo〉 | Ⅱ 〈발라드Ballad〉 | Ⅲ 〈행진곡Alla Marcia〉
   유진 오먼디(지휘) / 필라델피아 오케스트라

3 〈투오넬라의 백조The Swan of Tuonela〉_「네 개의 전설」 중 시벨리우스
   유진 오먼디(지휘) / 필라델피아 오케스트라

4 부수음악 「쿠오레마Kuolema」 시벨리우스
   Ⅰ 〈슬픈 왈츠Valse Triste〉, Op.44, No.1 | Ⅱ 〈두루미의 정경Scene with Cranes〉, Op.44, No.2 | Ⅲ 〈칸초네타Canzonetta〉, Op.62a | Ⅳ 〈낭만적인 왈츠Valse roman-tique〉, Op.62b
   네메 예르비(지휘) / 괴텐부르크 심포니 오케스트라

28
track

소걸음으로 예순 살에
최초의 성공을 일궈 내다
:브루크너

바그너의 서자, 브람스의 적
「교향곡 제7번」 E장조, WAB 107 안톤 브루크너

차선생 브루크너나 말러의 교향곡은 워낙 장대해서 큰 결심을 하지
않으면 좀처럼 접하기가 어렵죠. 하지만 음악감상회라면 이야기가
좀 달라지게 되지요. 평소 음악을 많이 듣기도 하지만, 한편으로
음악을 듣기 위한 마음의 준비가 확실한 사람들이 찾기 때문에 익

숙한 곡이 아니라도 일단은 끝까지 들을 수 있는 저력을 갖고 있어요. 그렇게 음악을 듣다 보면 평소에 별로라고 생각했던 곡에서 전혀 새로운 매력을 발견하기도 하고, 음악이나 음악가에 대한 잘못된 선입견을 고치는 계기가 되기도 해요. 역시 음악은 듣는 분위기나 환경이 매우 중요한 것 같아요.

배도반 공감이 가는 이야기군요. 사실 집에서 말러나 브루크너의 교향곡을 듣는다는 것은 생각처럼 쉬운 게 아니지요. 주위에서 느닷없이 소음이 들리기도 하고, 음악을 감상하다 본의 아니게 이러저런 일에 신경 쓰다 보면 음악에만 집중하기가 어려워요. 하지만 음악감상회장은 기본적으로 음악만 들을 수 있는 정숙한 환경이 조성될 수 있고, 또 혼자일 때와는 전혀 다른 느낌에 젖어들 수도 있지요. 그래서 음악에 집중하기 쉽고, 함께 듣고 그 감동을 나누는 즐거움도 각별해 음악감상회를 찾게 되는 거죠. 게다가 자신이 갖고 있지 않은 음반을 들을 수 있다는 기대감도 무시할 수 없고요.

차선생 음악감상회의 의미를 새롭게 상기시켜 주는 말이네요. 그런 점에서 이번에 감상할 브루크너 「교향곡 제7번」을 듣는 감회는 무척 특별한 것 같군요.

류수연 브루크너를 대기만성의 작곡가라고 하는데, 좋은 뜻인 것 같지만 왜 그렇게 평가하는지 정확한 이유는 모르겠어요.

음악감상회의 한 장면

차선생 브루크너는 일찍 부친을 여의고 힘든 소년 시절을 보내다, 열세

브루크너

살 때 이웃에 있는 한 수도원의 파이프 오르간 소리에 매혹되어 음악가의 길을 걷기로 결심했다고 해요. 그 수도원의 이름은 브루크너를 얘기할 때 빠뜨릴 수 없는 성 플로리안 수도원이에요.

브루크너는 결코 적지 않은 나이인 44세 때, 빈 음악원 교수로 초청받아 작곡과 오르간을 가르치게 되었는데, 당시 빈에서 활동하는 음악가들이 브루크너와 그의 음악에 대해 썩 호의적이지는 않았나 봐요. 그도 그럴 것이 브루크너가 오스트리아에서도 가장 낙후된 시골의 거친 사투리를 쓰는 촌놈이기도 했거니와, 성격도 사교적이지 못했기 때문이죠. 게다가 브람스와 바그너가 음악에 관한 주도권을 둘러싸고 서로 으르렁거리며 한판 대결을 벌이고 있을 즈음에 브루크너는 마치 바그너파의 행동 대원처럼 처신했기 때문에, 당시 음악계에서 맹위를 떨치고 있던 비평가이자 반反바그너파의 좌장 격인 에두아르드 한슬리크Eduard Hanslick(1825~1904)의 눈에 벗어난 것이 결정적인 이유라고 볼 수 있어요. 말하자면 브루크너가 처세에 능숙하지 못한 사람이었던 거죠.

그러나 음악가는 음악으로 말하는 법, 그런 브루크너에게 진정한 성공을 가져다 준 최초의 작품이 탄생한 것이죠. 그의 나의 60세에 발표한 「교향곡 제7번」이 그 주인공이에요. 이 곡은 결코 만만한 작품이 아닌데도, 곡이 지닌 뛰어난 아름다움으로 이전까지 브루크너의 어떤 작품도 이룩하지 못한 깊은 감동을 음악계와 청중들에게 안겨 주었어요.

류수연 이 한 곡으로 브루크너의 음악 인생이 달라졌겠군요. 그 다음 상황은 어떻게 진행되었나요?

차선생 초연은 이 교향곡의 악보를 보고 흥분을 주체하지 못했던 라이프치히 시립극장 초대악장인 거장 아르투르 니키쉬Arthur Nikish의 지휘로 이루어졌어요. 대성공을 거두었다고 하기는 어렵지만, 브루크너에 대한 그동안의 냉담한 반응을 잠재울 정도의 충분한 성과는 거두었다고 볼 수 있죠. 그렇지만 그걸로 끝난 것이 아니라 그 후 이 곡에 큰 감명을 받은 바그너 계열의 또 다른 지휘자 헤르만 레비Hermann Levi가 1885년 3월 10일에 친親바그너 성향의 도시 뮌헨에서 열린 한 연주회에서 이 곡을 무대에 올려 열광적인 환영을 받으면서 브루크너의 음악 인생에 새로운 장이 열리게 된 거죠.

배도반 브루크너가 바그너의 열렬한 추종자인 것은 잘 알려진 사실이지만, 바그너를 빼놓고 이 교향곡을 이야기할 수 없다고 하는데, 구체적인 이유는 무엇인가요?

차선생 브루크너와 친밀했던 사람들 말로는 그가 자신의 우상인 바그너의 죽음을 예견하고 이 곡의 2악장

지휘자 아르투르 니키쉬

작곡에 착수했다고 해요. 브루크너가 빈 출신의 유명한 지휘자 겸 작곡가 펠릭스 모틀Felix Mottl(1856~1911)에게 쓴 편지에는 그것을 뒷받침할 수 있는 내용이 언급되고 있지요. 편지의 내용은 이래요. "어느 날 나는 집에 돌아와 매우 슬픈 기분에 잠겼습니다. 머지않아 그분이 세상을 떠날 것 같다는 생각이 내 머리를 스쳐 갔기 때문이지요. 그때 아다지오의 c#단조 주제가 떠올랐습니다."

브루크너는「교향곡 제7번」을 작곡하는 도중에 바그너가 세상을 떠나자, 이 곡의 제2악장에 장송행진곡을 삽입해 음악계에 큰 족적을 남기고 파란만장한 삶을 살다 간 한 시대의 거장의 죽음을 애도했지요.

■ **인생의 말년을 어루만지는 바그너 튜바의 선율**

배도반 브루크너의 교향곡에는 '바그너 튜바'라는 악기가 사용된다고 알고 있어요.

바그너

차선생 맞아요. 브루크너는 이 작품에서 처음으로 네 대의 바그너 튜바를 배치해 오케스트라 편성을 확대했고, 한편으로 강렬한 금관악기와 서정적인 목관악기를 적절하게 배치·조화시킴으로써 아름다운 선율을 지닌 작품을 탄생시켰죠.

류수연 바그너 튜바라는 악기는 음악 시간에도 전혀 배운 기억이 없는 것 같은데요?

차선생 바이올리니스트 최은규 선생의 설명

을 빌리면 바그너 튜바는 19세기 악극의 창시자인
바그너가 자신의 악극 「니벨룽의 반지Der Ring des
Nibelungen」에 쓰기 위해 개발한 악기로, 호른과
튜바의 중간 음역을 낸다고 해요. 작은 튜바 모양
을 한 이 악기는 연주자를 구하기 어려워 때때로
호른이 이 악기의 파트를 대신하기도 하지만, 브
루크너의 본래 의도를 살리기 위해서는 호른보다
는 바그너 튜바의 음색이 훨씬 잘 어울린다고 하
는군요.

튜바(위)와 바그너 튜바(아래)

좀 전에도 언급했지만 브루크너가 이 특별한 악기
를 자신의 교향곡에 편성하기 시작한 것은 「교향
곡 제7번」부터였어요. 그는 이 곡을 작곡하던
1883년 당시 그토록 존경하던 바그너의 서거 소식을 접하고 슬픔
에 휩싸여 곧바로 느린 2악장에 네 대의 바그너 튜바로 연주하는
애도의 선율을 집어넣었던 거죠. 이 주제 선율은 바그너에 대한
추모의 마음이 절절하게 흐르는 어둡고 신비로운 것으로, 많은 사
람이 좋아하는 명선율이라고 할 수 있어요. 그 이후 브루크너의
교향곡에는 바그너 튜바가 빠지지 않고 등장해요.

배도반 브루크너의 교향곡 특징을 한마디로 표현하면 '길고 지루하
다.'라는 것인데, 그런데도 그의 음악이 지닌 매력을 말한다면 뭐
라고 할 수 있을까요?

차선생 브루크너의 교향곡은 아무리 짧아도 한 시간은 넘는 게 기본
이지요. 그러다 보니 느릿하면서도 집요하게 물고 늘어지는 듯한

그의 음악에 길들여지지 않은 사람에게는 고통일 수도 있어요. 오죽하면 브람스조차 브루크너의 교향곡을 '작품이라기보다 하나의 도취 상태'라고 했을까요.

신기한 일은 그런 브루크너의 음악도 어느 순간부터 조금씩 귀에 들리더라는 거예요. 물론 어느 정도 끈기와 노력은 필요하다고 해야겠지만……

브루크너의 교향곡을 듣고 있노라면 이 세상의 모든 것을 다 초월한 무념무상의 경지에 빠져드는 것 같기도 하고, 가슴 한편으로 스산한 바람이 휑하니 불어 지나가면서 거친 벌판에 홀로 서 있는 느낌이 들기도 해, 마치 인생의 말년을 맞이한 자의 허무함 같은 것이 몰려올 때가 있어요. 또 한편으로는 대서사시를 보는 것 같은 착각에 빠져들 때도 있고요. 그의 작품은 한마디로 뭐라 표현하기 힘든 그만의 독특한 정서가 진하게 배어 있지요. 시기가 문제일 뿐이지 음악애호가들에게 브루크너는 결코 피해 가기 어려운 작곡가라고 생각해요.

_{배도반} 이번에 감상하는 브루크너 「교향곡 제7번」은 클라우디오 아바도가 지휘하는 연주회 실황이군요. 아바도는 지휘자로서 누릴 수 있는 영예는 죄다 가진 사람 아닌가요?

_{차선생} 그렇다고 해야겠죠. 카라얀 사후에 치열한 경쟁을 물리치고 베를린 필하모닉 사상 처음으로 단원들의 직접 투표에 의해 선출된 지휘자니까요. 카를로 마리아 줄리니 이후 이탈리아 출신의 지휘자 중 최고로 평가받는 클라우디오 아바도는 일찍부터 그 명성이 높았지만 아이로니컬하게도 영광스런 베를린 필하모닉의 수장 자

아바도와 루체른 페스티벌 오케스트라

리를 내놓고 난 다음부터 진정한 전성기를 맞고 있는 것 같아요.

류수연 스위스의 조그만 도시 루체른에서 열리는 음악축제를 담당하는 루체른 페스티벌 오케스트라 멤버들이 세계적인 명문 오케스트라 뺨칠 정도로 화려하다고 해요. 이런 환경에서 좋은 연주가 탄생하는 것은 당연한 일이겠죠?

차선생 루체른 페스티벌 오케스트라는 상설 단체는 아니지만 클라리넷의 자비네 마이어, 플루트의 엠마뉘엘 파후드, 바이올린의 콜리야 블라흐, 첼로의 나탈리아 구트만, 오보에의 알브레히트 마이어 등을 위시한 단원들의 면면이 어떤 유명 오케스트라도 따라오지 못할 만큼 일류 솔리스트들로 이루어져 있어요. 그것이 아바도의 힘인지 루체른 페스티벌 주최 측의 수완인지 알 수 없지만 베를린 필하모닉 오케스트라 단원들의 얼굴이 눈에 많이 띄는 걸 보면 아바도와의 끈끈한 인간관계도 무시하지 못할 이유라는 생각이 들어요. 베를린 필하모닉 지휘자 시절의 아바도와 단원들 간의 관계를 간접적으로 짐작할 수 있지 않을까 싶군요. 음악을 사랑하는 사람의 입장에서 보면 그냥 부러울 따름이죠.

그동안 아바도와 루체른 페스티벌 오케스트라가 공연한 루체른 페스티벌 실황이 DVD로 출시되어 좋은 반응을 얻고 있어요. 여기에는 일련의 말러 교향곡 시리즈와 브루크너 「교향곡 제7번」, 베토벤 「피아노 협주곡 제3번」 등이 포함되어 있는데, 저는 앞으로도 이 작업이 계속되었으면 하는 바람을 가지고 있어요.

「교향곡 제7번」 E장조, WAB 107 브루크너
1악장 〈적당한 빠르기로Allegro moderato〉
2악장 〈극히 장엄하고 느리게Adagio. Sehr feierlich und sehr langsam〉
3악장 〈매우 빠르게Scherzo. Sehr schnell〉
4악장 〈율동적으로, 그러나 빠르지 않게Finale. Bewegt, doch nicht schnell〉
클라우디오 아바도(지휘) / 루체른 페스티벌 오케스트라

29 track

이루지 못한 사랑이
만들어 낸
음악사의 한 페이지

:베를리오즈

표제음악의 대명사, 음악의 혁명

「환상 교향곡」, Op.14 베를리오즈

차선생 드디어 표제음악의 대명사라고 할 수 있는 베를리오즈의 「환상 교향곡」을 감상할 시간이군요. 앞서 몇 차례 이야기한 것처럼 표제음악은 절대음악에 상반되는 개념으로, 낭만주의 음악의 중요한 특징이에요. 표제음악은 음악 외적인 아이디어로부터 영감을

베를리오즈

얻어 작곡한 음악을 가리키는데, 대개 제목에서 그 이유를 암시하고 있지요.

류수연 그럼 표제음악에는 교향곡 외에도 다른 유형의 음악들이 있을 텐데, 이번 기회에 간략히 정리해 보고 가면 좋겠어요.

차선생 그래요. 낭만주의시대에 작곡된 표제음악의 유형으로는 '표제교향곡Program Symphonies' 말고도 '교향시Symphonic Poems', '음악회용 서곡Concert Overtures',

부수음악과 짧은 피아노 소품들이 있어요. 이중에서 교향시를 표제음악의 전형으로 보고 있어요.

류수연 베를리오즈의 「환상 교향곡」이 표제교향곡으로서 갖는 특징은 무엇인가요?

차선생 표제교향곡의 효시는 베토벤의 교향곡 제6번 「전원」이에요. 이 작품은 이후의 낭만주의 작곡가들에게 교향악 작품의 새로운 방향을 제시했다는 평을 받고 있어요. 표제교향곡의 가장 성공적인 작곡가는 베를리오즈와 리스트인데, 베를리오즈의 「이탈리아의 해롤드」와 「환상 교향곡」, 리스트의 「단테 교향곡」과 「파우스트 교향곡」이 대표적인 작품이에요.

「환상 교향곡」은 다섯 악장에 각각 제목이 붙어 있을 뿐만 아니라, 베를리오즈가 직접 쓴 설명문이 딸려 있어요. 바로 이 색다른 점이 표제음악의 특징이에요.

「환상 교향곡」은 음악적 아이디어와 음악 외적 상념의 연관성으로

가득 차 있어요. 그중에서 가장 기본적인 것이 반복적으로 출현하는 '고정악상 idée fixe'이에요. 베를리오즈의 고정악상은 서주 후에 처음 등장해, 소나타 제시부의 주요 시작 주제 역할을 하며 5개의 모든 악장에서 다양한 모습으로 계속 등장해요.

류수연 '고정악상'이라는 말은 선뜻 이해하기 어려워요.

차선생 언젠가 림스키-코르사코프의 「셰헤라자데」를 감상하면서 고정악상에 대해 잠깐 언급했던 기억이 나요. 「환상 교향곡」을 예로 들면, 음악 속의 '사랑하는 연인을 그리워하는 마음'을 한 가지 선율로 정해 놓고, 음악이 진행되는 동안 그 연인을 떠올리는 대목이 나올 때마다 자동적으로 이 선율이 등장하게 한 것이죠. 이것은 바그너가 사용한 지도동기[21]와 같은 작곡 기법인 셈이죠.

류수연 그렇다면 상당히 획기적인 발상이라고 볼 수 있겠군요.

차선생 그렇죠. 만일 고전주의 시대였다면 상상도 못할 일이었겠죠. 그러니까 고정악상이라는 것도 낭만주의 음악의 특징을 이해하는 한 요소라고 봐도 되지 않을까 싶어요. 「환상 교향곡」은 당시로서는 매우 혁명적인 음악이었고, 무명에 불과한 베를리오즈를 일약

---

21 라이트모티프 Leitmotiv. 악극·표제음악 따위에서 주요 인물이나 사물 또는 특정한 감정 따위를 상징하는 동기. 곡 중에서 반복하여 사용함으로써 극의 진행을 암시하고 통일감을 줄 수 있다.

유명인사로 만든 작품이기도 하죠.

■ 오필리아에게 버림받은 청년의 낭만 혁명

류수연 당시 베를리오즈가 이 곡을 작곡한 계기가 있었을 텐데요.

차선생 베를리오즈가 이 곡의 작곡에 착수한 것이 1830년인데, 1828년, 그의 나이 스물네 살 때 파리의 한 극장에서 연극을 관람한 것이 결정적인 동기였지요. 그 연극은 베를리오즈가 그토록 좋아하던 셰익스피어의 「햄릿」이었어요. 베를리오즈는 「햄릿」의 여주인공 오필리아 역을 연기한 해리엣 스미스슨이란 여배우에게 강렬한 감정을 느껴, 그녀에게 마음을 털어놓지만, 일류 여배우였던 그녀는 한낱 무명 작곡가를 거들떠보지 않았어요. 결과적으로 이 실연이 베를리오즈로 하여금 「환상 교향곡」을 쓰게 만들었고, 그는 이 작품에 '어느 예술가의 생애 이야기'란 부제를 붙이죠.

배도반 교향곡으로서는 획기적인 5악장 구성인데, 이런 형식의 파괴에서도 낭만주의적인 경향이 물씬 묻어난다고 볼 수 있겠죠? 각 악장을 간략하게 요약해 보면 이 곡을 이해하는 데 많은 도움이 될 것 같군요.

차선생 「환상 교향곡」은 각 악장에도 표제가 붙어 있어 곡의 이해에 중요한 길잡이가 되고 있어요. 순서대로 보면, 사랑에 미쳐 버린 한 젊은이의 정신 상태를 매우 사실적으로 묘사하고 있지요.

제1악장 〈몽상과 열정〉 고도의 감수성과 풍부한 상상력을 가진 젊은 음악가는 이룰 수 없는 사랑 때문에 절망적인 심정으로 아편을 먹고 자살을 기도한다. 그러나 그 양이 부족해서인지 그는 죽지 않고 괴상한 환상으로 들끓는 깊은 꿈의 나락으로 빠져 버린다. 이러한 마음 상태를 통해 그의 모든 감각, 감정, 기억 들은 음악적 이미지와 아이디어들로 변형된다. 그의 사랑하는 여인은 끊임없이 그의 마음속에 떠오르는 하나의 고정악상이 된다. 처음에 그는 지쳐 버린 자신의 영혼, 표현할 수 없는 그리움, 그 여인을 만나기 이전에 그가 경험한 음울한 감상과 환희를 기억한다. 그리고 나서 그녀로 인하여 그가 어느 순간 느낀 폭발적인 사랑, 미칠 듯한 고통에서 다시 부드러움으로 돌아가 느끼던 종교적인 위안을 모두 기억한다.

제2악장 〈무도회〉 무도회의 시끄럽고 호화로운 축제 중간에 그는 그 여인을 또다시 발견한다.

제3악장 〈시골에서〉 어느 여름밤 시골에

서 그는 두 목동이 서로를 부르는 노랫소리를 듣는다. 목가적인 2중주와 바람에 가볍게 떨리는 나무 소리에서 그는 새로운 희망을 느끼는데 이러한 모든 것은 그의 마음속에 근래에 좀처럼 느껴 보지 못한 평온함으로 충만케 하여 그의 꿈은 보다 밝은 색조를 띠게 된다. 그러나 애인이 새로운 고정악상으로 나타나자 그의 심장은 발작을 일으키며 만일 그녀가 배반한다면 어떡할까. 하는 어둡고 불길한 상상에 또다시 사로잡혀 버린다. 한 목동만이 목가적 선율을 다시 계속할 때 해가 지며 저 멀리서 천둥소리가 으르렁거린다. 그리고 정적만이 남는다.

제4악장 〈사형장으로의 행진〉 질투심에 거의 미칠 지경이 된 그는 그리운 연인을 죽이고 만다. 그리고 그 죄로 사형 선고를 받고 처형당하러 가는 꿈을 꾼다. 한순간은 장중하고 을씨년스럽다가 이어 시끄러우면서도 화려한 행진곡이 울린다. 요란한 폭발 후에 곧바로 무겁고 규칙적인 발자국 소리가 들린다. 마지막으로 사랑의 고정악상이 감미롭고도 열렬하게 나타나자 '포르티시모'와 함께 단두대의 칼이 뚝 떨어지면서 그의 머리는 잘려 나간다.

제5악장 〈마녀의 축제〉 그는 마녀의 연회에서 그를 매장하려고 모여든 모든 종류의 무시무시한 요괴들에 둘러싸인 자신을 발견한다. 소름 끼치는 소리, 신음 소리, 찢어지는 웃음소리와 먼 곳에서 들리는 비명 소리에 다른 것들이 서로 답한다. 이때 고정악상이 다시 들리지만 그것은 원래의 것이 아닌 경박하고 기괴한 춤의 선율로 바뀌어 나타난다. 기쁨의 탄성이 울리는 가운데 그녀가 바로 마녀의 모습으로 광란의 연회에 동참한다. 장례식의 종소리에 〈진노의 날

Dies irae〉 음악이 인용된다. 마녀들의 춤과 분노의 날의 선율은 서로 뒤섞여 불경스러우면서도 괴기스러운 분위기를 자아낸다.

배도반 시대를 앞서 가는 음악가들이 늘 그랬듯이 이 곡도 처음에는 호평을 받지 못한 걸로 알고 있어요.

차선생 음악의 혁명가 베토벤이 그의 아홉 번째 교향곡을 발표했을 때도 마찬가지였죠. 「환상 교향곡」도 지금은 음악사에서 특별한 위치를 차지하고 있지만, 1830년에 초연될 당시에는 대부분의 파리 청중이 쉽게 받아들일 수 없는 매우 파격적인 곡이었어요. 특히 극도의 반음계적인 화성은 초기의 청중들에게 큰 충격을 안겨 주었고, 어느 비평가는 "청중은 이 연주 전체를 통하여 악몽을 꾸었다고 생각하였다."라고 부정적인 발언을 하기도 했다는군요. 슈만이 "베를리오즈를 천재라고 인정해야 할까, 아니면 음악적인 모험가라고 해야 할까……."라고 말한 대목에서 당시의 분위기를 엿볼 수 있을 것 같아요.

배도반 이 곡의 수많은 명연주 가운데 마리스 얀손스가 지휘한 음반을 듣게 되는군요. 요즘 지휘자 마리스 얀손스의 활약이 눈부신 것 같아요?

차선생 1943년 라트비아의 리가에서 저명한 지휘자 아르비드 얀손스 Arvid Jansons의 아들로 태어나 레닌그라드 음악원에서 공부한 얀손스는 구소련 출신의 대표적인 지휘

지휘자 마리스 얀손스

자 가운데 한 사람으로 인정받고 있어요.

1969년 빈에서 한스 스바로프스키Hans Swarowsky에게, 잘츠부르크에서 카라얀에게 지휘를 배웠으며, 2년 뒤 베를린에서 개최된 카라얀 지휘 콩쿠르에서 우승하면서 두각을 나타내죠.

1979년부터 오슬로 필하모닉 오케스트라의 음악감독으로 있으면서 이 악단의 명성을 세계적으로 끌어올려 일약 음악계의 주목을 받은 이후 상트페테르부르크 필하모닉 오케스트라를 위시한 세계 여러 악단과 연주하였고, 현재는 암스테르담에 있는 로열 콘서트헤보 오케스트라의 상임지휘자로 활동하고 있지요.

2005년에는 BBC 프롬 콘서트와 2006년 빈 신년음악회를 지휘하는 등 현재 가장 왕성한 활동을 펼치고 있는 세계적인 지휘자 중 한 명이에요.

「환상 교향곡Symphonie Fantastique」, Op.14 베를리오즈
Ⅰ 〈 몽상과 열정〉 | Ⅱ 〈무도회〉 | Ⅲ 〈시골에서〉 | Ⅳ 〈사형장으로의 행진〉 | Ⅴ 〈마녀의 축제〉
마리스 얀손스(지휘) / 베를린 필하모닉 오케스트라

월드뮤직_당신을 닮은 나라

지도, 국가로 듣는 음악

암울한 대륙
라틴 아메리카와
새로운 노래운동

: 누에바 칸시온

차선생 이제 월드뮤직은 언더그라운드 영역에서 벗어나 FM 라디오 방송에 고정 코너가 생길 정도로 사람들의 사랑을 받고 있어요. 덕분에 이름조차 생소한 세계 여러 나라의 사람과 삶을 노래를 통해 느낄 수 있게 되었어요. 저는 무엇보다 라틴 아메리카의 '누에바 칸시온Nueva Cancion'에 많은 관심과 애정을 가지고 있지요. 처음에는 음반을 통해서만 그들의 음악을 조금씩 들을 수 있었지만, 지금은 다양한 책이 나와 이해의 폭을 좀 더 넓힐 수 있어요. 왜 이 노래가 만들어졌으며 무엇을 노래하는지 구체적으로 알게 되니 조금씩 그들의 삶에 빠져들어 가는 느낌을 갖게 되더군요. 그래서 그들의 음악을 통해 잘못된 그 '무엇'에 대한 분노도 갖게 되었고, 그들의 고된 삶을 보며 눈물을 흘리기도 했어요. 클래식 음악에서 얻을 수 없는 전혀 다른 세계가 그 속에 있었던 거죠.

누에바 칸시온은 이제 보통명사처럼 널리 쓰이지만, 어찌 보면 이 것은 자유를 쟁취하기 위해 자신의 목숨을 걸고 부르는 투쟁의 노래인 것 같아요. 그러면서도 그들이 부르는 노래들은 하나같이 보석처럼 빛나는 시어들로 이루어져 있고, 서정 넘치는 아름다운 선율로 채워져 있어 경이롭기까지 해요. 그 절박함 속에서도 따뜻한 마음으로 가슴 뭉클한 사랑을 이야기하는 그들의 노래는 삶의 용기이자 희망 그 자체인지도 모르겠군요.

류수연 누에바 칸시온에 대해 포괄적으로 한번 정리해 보면 좋겠어요.

차선생 누에바 칸시온은 '새로운 노래'라는 뜻으로 1960년대 말 라틴 아메리카에서 처음 사용된 것으로 알려져 있어요. 원래는 칠레에서 열린 '제1회 누에바 칸시온'이라는 행사 이름으로 붙여졌던 것이 점점 그 범위가 넓어져 남미 전역에 걸쳐 일어난 1970년대의 민족운동을 포괄하는 의미가 되었어요.

아르헨티나의 '누에보 칸시오네로 아르헨티노Nuevo Cancionero Argentino', 쿠바의 '누에바 트로바 쿠바나Nueva Trova Cubana', 브라질의 '노바 뮤지카 포퓰러 브라질레이라Nova Musica Popular Brasileira'처럼 누에바 칸시온은 라틴아메리카 각 나라에서 그들의 전통에 따라 여러 이름으로 불리고 있어요. 그러나 일반적으로 누에바 칸시온으로 통용되는데, 칠레 외에도 멕시코, 니카라과, 코스타리카, 푸에르토리코, 베네수엘라, 페루, 콜롬비아, 에콰도르 등 대부분의 남미 국가에서 이 표현을 사용한다고 해요.

누에바 칸시온은 잊혀져 가는 민속음악의 부흥을 위해 노력하지만, 한편으로는 사회의 불의를 고발하고 인권 옹호를 부르짖기도 하지요. 그래서 아르헨티나, 칠레 같은 나라에서는 군사 독재 정권의 집중적인 탄압 대상이 될 수밖에 없었어요. 누에바 칸시온의 대표적인 음악가인 칠레의 빅토르 하라Victor Jara는 선거를 통해 뽑힌 최초의 사회주의 정부를 전복시킨 1973년의 군사 쿠데타 세력에 의해 무참한 죽음을 맞았고, 그 외 많은 음악인이 투옥을 당하거나 타의에 의해 조국을 떠나야 했어요. 그러나 이들은 각국에 흩어져 민주화 운동의 기수로 커다란 힘을 발휘했으며, 오늘날까지도 보편적인 자유와 평등, 인권을 노래하는 노래운동으로 굳건히 자리매김하고 있어요.

그렇다고 해서 이들이 건조한 정치적 슬로건만을 노래하는 데 머문 것은 아니에요. 오히려 넓은 의미의 사랑이나 인간적인 감성을 노래했으며, 음악 수준도 매우 높았어요. 대표적인 누에바 칸시온 뮤지션으로는 쿠바의 실비오 로드리게즈Silvio Rodriguez, 칠레의 빅토르 하라, 이사벨 파라Isabel Parra와 그룹 킬라파윤Quilapayun, 아르헨티나의 메르세데스 소사Mercedes Sosa, 베네수엘라의 솔레다드 브라보Soledad Bravo 등을 들 수 있겠군요.

세상에 맞선 어머니의 노래

「생에 감사해」 비올레타 파라

인생이여 고맙습니다, 이렇게 많은 혜택을 주셔서 / 나에게 준 두 개의 밝은 별, 눈을 뜨면 흑과 백을 구별할 수 있으니 / 인생이여 고맙습니다 / 나에게 준 두 귀로 밤의 귀뚜라미 소리와 낮은 앵무새의 소리를 들을 수가 있으니 / 인생이여 고맙습니다, 내가 생각하고 사랑하는 사람들에게 말할 수 있는 언어를 주셨으니 / 인생이여 고맙습니다 / 지친 발걸음을 옮길 수 있게 해 주셔서 / 덕택에 나는 거리나 진흙길을 걷고 해변과 사랑과 산과 평화와 / 당신의 집, 당신의 길목, 당신 집의 뜰을 걸을 수가 있습니다

배도반 이 노래 가사가 매우 역설적인 의미로 다가오는 것은 왜일까요? 비올레타 파라Violetta Parra(1917~1967)는 누에바 칸시온의 전설적인 뮤지션으로 불리는 것 같더군요.

차선생 한마디로 파란만장한 삶을 살다 간 예술가였죠. 인류학자이자 대학교수였던 비올레타 파라는 누에바 칸시온의 창시자라 불리는 아르헨티나의 아타왈파 유판키Atahualpa Yupanqui(1908~1992)가 했던 작업을 칠레에서 처음 전개해 나간 인물이었어요. 타고난 시인이자 노래꾼이었던 그녀는 1960년대부터 격화되었던

누에바 칸시온의 어머니 비올레타 파라

칠레의 사회 갈등 속에서 급진적 개혁과 유토피아적 정부에의 열
망을 담고 반제국주의적 정치색을 띤 음악을 창출해 낸 '칠레의 누
에바 칸시온 운동'의 어머니였지요.

류수연 그 말은 단순한 대중음악이 아니라 매우 의식적인 노래를 불
렀다는 뜻으로 이해되는데, 그녀가 노래를 통해 어떤 메시지를 전
하고 싶었을까요?

차선생 자유와 평등이라고 할까요. 비올레타 파라가 지향한 칠레의 새
노래운동은 스스로에게는 단순히 민속음악의 재현이라는 의미였
을지 모르지만, 그와는 무관하게 칠레의 국민들이 그녀에게 보낸
대중적 지지는 가히 혁명적이었어요. 그리고 그녀는 농민의 삶과
자연에 관한 노래에서 점차 사회적 불평등과 정치적 탄압을 비판
하는 노래(La Canto), 중남미의 연대와 결속을 강조하는 노래(Los
puelos americanos)를 부르게 되었죠. 주목할 것은 그녀의 음악이 정
치적 저항의 메시지 속에서도 눈물과 고통까지 감사하고자 노래했
던 「생에 감사해」나 「노동자에 바치는 기도Plegaria a un labrador」에서
꽃피운 인본주의에 그 바탕을 두고 있었다는 거예요. 이것은 또 한
명의 누에바 칸시온의 기수인 빅토르 하라로 계속 이어지게 되죠.

배도반 그러다 보니 좀 전에 선생님께서 파란만장했다고 소개한 것처
럼 그녀의 삶은 결코 평탄할 수 없었겠군요.

차선생 실제 그녀의 삶은 말 그대로 한 편의 드라마였어요. 1917년 10
월 4일 칠레 남부의 산 카를로에서 태어나, 1967년 쉰 살 때 권총
자살로 스스로의 삶을 마감한 그녀에 대한 평가는 그리 단순하지
만은 않아요. 그녀는 평범하지 않은, 보기에 따라서는 극단적일 수

있는 삶을 살았기 때문에 말하기 좋아하는 사람들에게는 상식적으로 이해할 수 있는 부분과 그렇지 못한 부분으로 나누어질 수밖에 없지요.

그녀는 민요 수집이나 불의에 대한 저항, 그리고 사랑을 포함해 일단 하고자 마음먹은 일은 어떤 희생을 치르더라도 그 목적을 이루고야 마는 불같은 의지의 소유자였던 모양이에요. 그런 와중에 비올레타 파라의 아이들은 제대로 된 교육의 혜택에서 소외된 채 방치되기도 했어요. 그녀가 프랑스를 여행하는 동안 막내아들이 어머니의 보살핌을 받지 못한 채 사망한 일도 있었다고 해요.

이처럼 세상 사람들의 평가나 시선을 전혀 의식하지 않는 그녀의 삶에 대해 세상은 가혹한 질책과 비판을 쏟아냈겠지만 그것이 그녀의 생각을 바꿀 수는 없었어요. 그녀가 세상과 적당히 타협하는 삶을 살았다면, 그녀만의 창조적인 재능과 또 그를 바탕으로 한 시와 노래들이 세상의 빛을 볼 수 없었겠지요. 나아가 빅토르 하라 같은 인물이 탄생할 수 없었을지도 모를 일이고요.

류수연 비올레타 파라가 민요를 채집하는 데 평생을 바친 특별한 계기가 있었나요?

차선생 그녀가 전국을 돌아다니며 열정적으로 민요를 채집하게 된 데에는 두 사람의 영향이 컸다고 볼 수 있어요. 한 사람은 그녀의 친오빠였고, 다른 한 사람은 '누에바 칸시온의 아버지'로 불리는 유판키였어요.

파리 망명 시절에 만나 함께 무대에 서기도 했던 유판키의 영향으로 비올레타 파라는 칠레에서 그와 비슷한 길을 걷게 되지요. 유판키와 마찬가지로 그녀도 '전통의 복원'에 관심을 두었는데, 그것은 파괴적인 식민 통치를 겪은 그들에게 라틴아메리카 인으로서 동질성과 정체성을 되찾기 위한 첫걸음이었어요. 그녀는 유판키가 아르헨티나 농촌 지역을 돌면서 민요를 채집했던 것처럼 전국을 돌면서 유랑시인들의 시를 수집했고, 이를 바탕으로 부른 노래를 음반과 라디오를 통해 대중화시키는 작업을 해 나갔어요. 그녀의 노래들은 농촌과 변두리 지역에 관심을 둔 것이었으며, 농부들과 농촌 노동자, 삶의 변방으로 내몰린 이민자들에 대한 내용이 주를 이루었고, 그녀의 이러한 작업들은 하나씩 누에바 칸시온의 모델이 되어 나간 셈이었죠. 그녀는 아르마딜로 껍질로 만든 차랑고와 케나, 팬파이프 같은 안데스와 아메리카 인디오들의 토속악기들을 처음으로 포크 음악에 도입한 개척자이기도 해요.

배도반 누에바 칸시온의 최고 명곡 중 하나인 「생에 감사해」는 그 노랫말이 듣는 사람의 마음을 숙연하게 만드는 것 같아요.

차선생 그녀는 스스로 삶을 마감했지만 누에바 칸시온의 태동을 위한 값진 유산을 남겼어요. 「생에 감사해」는 메르세데스 소사, 존 바에즈를 비롯한 많은 가수가 즐겨 부르기도 했는데, 사랑을 주제로 한 노래에서조차 빈곤과 불의에 대한 자각을 일깨우는 힘이 있어요. 자서전에서 그녀는 이런 글을 남겼다고 해요.

"나는 박수를 받기 위해 기타를 잡지 않는다. 나는 분명한 것과 그릇된 것 사이에 있는 차이에 대해서 노래한다. 그렇지 않으면 노래하지 않는다."

기타로 이룬 혁명을 완성하다
「아만다의 추억」 & 「망각 나무의 노래」 빅토르 하라

너를 기억해, 아만다 / 마누엘이 일하던 공장으로 비 온 거리를 달려가던 너를 / 활짝 핀 미소에 머리카락은 비에 젖었지만 문제될 건 없었지 / 넌 그를 만나러 가고 있었어, 그를, 그를, 그를 / 그를 만난 건 5분간이었지만 그 5분 동안 삶은 영원한 것 / 일터로 돌아가라는 사이렌이 울리고 / 그를 만나고 걸어가던 넌 모든 것을 밝히고 있었지 / 5분의 시간은 너를 꽃피게 하네

너를 기억해, 아만다, 마누엘이 일하던 공장으로 비 온 거리를 달려가던 너를 / 활짝 핀 미소에 머리칼은 비에 젖었지만 문제될 건 없었지 / 넌 그를 만나러 가고 있었어, 그를, 그를, 그를 / 그는 산으로 떠났어, 그 전엔 파리 한 마리도 못 죽였는데 / 그는 산으로 떠났어 / 그리고 단 오 분 만에 그는 산산조각 나 버렸지 / 일터로 돌아가라는 사이렌이 울리네 / 많은 이들이 돌아오지 않았고 마누엘 역시 마찬가지야

너를 기억해, 아만다 / 마누엘이 일하던 공장으로 비 온 거리를 달려가던 너를

—「아만다의 노래」

내 정원에 망각의 나무라고 불리우는 / 한 그루의 나무가 있네 / 지

친 영혼들은 그곳을 찾아 / 위안을 얻곤 하지

어느 날 나는 / 네 생각을 하지 않기 위해 / 그 나무에서 잠들었네 /

그리고는 너무 너무 곤히 잠들어 버렸지

그 꿈에서 깨어나자 / 나는 또다시 너를 생각했네 / 잠들자마자 너

를 잊어야 한다는 것을 / 내가 잊어 버렸기 때문에

— 「망각 나무의 노래」

차선생 두 곡 모두 가사를 먼저 살펴봤어요.

「아만다의 추억」은 공장에서 일하는 애인 마누엘을 만나러 가는 아

만다의 얘기를 담고 있지요. 사랑하는 연인이 만날 수 있는 시간은

단 5분. 하루 동안 마누엘을 만날 수 있는 단 5분을 위해 아만다는

기도합니다. 그런데 어느 날, 마누엘을 만나러 가 봤더니 그곳엔

그가 없었습니다. 애타게 찾다 나중에 알고 보니 마누엘은 불공평

하고 부도덕한 고용주와 맞서기 위해 먼 길을 떠났습니다.

음미할수록 슬픈 내용을 담고 있는 이 노래는 빅토르 하라가 자신

의 어머니 아만다와 그의 딸 아만다를 위해 만든 곡이에요. 그가

정말 소중하게 생각하는 가족에 대한 사랑이 물씬 배어 있지요.

히나스테라Alberto Ginastera의 시에 곡을 붙인 것으로 알려진 「망각

나무의 노래」도 비슷한 분위기의 은유적인 내용을 담고 있어요. 잠

들었다 깨어나면 마음속의 괴롭고 고통스런 기억을 모두 지워 버

릴 수 있다는 망각의 나무 아래에서 자신의 상처를 깨끗하게 씻어

내고 싶은 소박한 바람을 빅토르 하라의 담담하고 나직한 목소리

를 통해 처연하면서도 아름답게 표현하고 있지요.

배도반 비올레타 파라의 뒤를 잇는 칠레의 대표적인 누에바 칸시온의 기수 빅토르 하라의 명곡 2곡을 들으니 감회가 새롭군요.

차선생 1932년 칠레의 산티아고 근교 농촌에서 농부의 아들로 태어난 빅토르 하라는 비올레타 파라에 의해 시작된 칠레의 누에바 칸시온 운동을 계승한 의식 있는 음악가였어요. 그는 어렸을 때 어머니로부터 기타와 칠레 민요를 배웠고, 대학에서는 연극을 전공했지요. 이후 연극 연출 활동을 하다 비올레타 파라와의 만남을 계기로 민중 음악에 발을 들여놓았다고 해요.

류수연 빅토르 하라가 이 노래를 통해 전하고자 했던 메시지는 무엇이었나요? 일단 분위기로 짐작해 보면 결코 예사롭지 않은 내용처럼 느껴지고, 이와 관련된 어마어마한 일들이 있었을 것 같아요.

기타를 든 혁명가 빅토르 하라

차선생 수연이가 말한 것처럼 어쩌면 그는 바위에 계란을 던지는 일을 했을지도 몰라요. 우선 그는 강대국을 배후 세력으로 둔 반민족적 독재 정권과 사회의 불의를 강하게 비판했어요. 동시에 핍박받는 민중들에게 사회 변혁의 필요성을 소리 높여 강조했고, 동시에 라틴 아메리카의 전통에 대한 정체성을 노래했지요. 수연이가 보기에는 그런 일이 누구나 할 수 있는 일처럼 여겨지나요?

배도반 그리스의 미키스 테오도라키스가 그랬듯, 하라 역시 타고난 저항가라기보다 당시 조국 칠레가 처한 서글픈 현실이 그를 혁명가로 만들었다고 볼 수 있겠군요?

차선생 빅토르 하라는 노래가 단순히 오락의 기능에 머무는 것이 아니라 부패한 사회를 개혁하기 위한 투쟁 수단이 되어야 한다고 역설한 사람이었어요. 실제로 그는 기타와 노래만으로 독재 정권을 무너뜨리고 국민 투표를 통한 정권 교체를 이루는 데 결정적인 역할을 했어요. 물론 이런 엄청난 일이 한 사람의 의지만으로 가능했던 건 결코 아니었지요. 변화를 갈망하는 칠레 민중들의 뜻과 그들의 중심에 서 있는 빅토르 하라를 향한 뜨거운 성원과 신뢰가 합쳐져 이루어 낸 결과였어요. 기타는 총, 노래는 총알이라는 말이 그래서 실감나는 것이지요.

배도반 그러나 안타깝게도 빅토르 하라가 꿈꾸던 혁명은 결국 절반의 성공으로 만족해야 했을 것 같군요.

차선생 그런 셈이지요. 현실은 그의 뜻대로 호락호락하게 진행되지는 않았거든요. 사회주의 민중 정부인 살바도르 아옌데 정권은 들어선 지 불과 3년 만에 또 다른 군사 쿠데타로 그 안타까운 종말을 맞게 되지요. 그 군사 쿠데타의 배경을 살펴보면 당시 칠레의 상황이 얼마나 복잡하게 얽히고설켜 있는지 알 수 있어요.

칠레는 구리를 포함해 중요한 지하자원의 생산국이었어요. 하지만 당시 제3세계 국가들과 마찬가지로 그 자원들은 단지 선진 자본의 배를 채워 주는 도구에 불과했지요. 칠레의 소수 지배층은 여기에 편승해 자신들의 주머니만 채우기 급급했고, 칠레를 극단적인 빈익빈부익부 사회로 만들었어요. 이런 와중에 1970년, 당시 62세의 살바도르 아옌데가 대통령에 당선됨으로써 세계 역사상 최초로 민주선거에 의한 사회당 정권이 들어섰고, 칠레는 많은 변화의 소용

돌이에 휩싸였어요. 그중 하나가 구리를 비롯한 주요 자원 산업의 국유화 정책인데, 이로 인해 상대적으로 불이익을 받게 된 선진 자본들의 반발과 그 대책으로 취해진 각종 경제적인 압박이 칠레의 숨통을 틀어막았어요. 이와 동시에 반아옌데 세력은 군사적인 지원을 등에 업고 정권의 지지기반을 약화시키는 협공작전을 전개했지요. 칠레는 혼란스러워졌고, 아옌데 정권은 점차 궁지에 몰리게 되었어요. 예정된 수순이었지만 이를 틈타 피노체트가 중심이 된 쿠데타 세력이 아옌데 정권을 무너뜨리고 말았지요.

류수연 쿠데타 후 빅토르 하라의 운명은 어떻게 되었나요?

차선생 쿠데타가 마무리되어 가는 과정에서 쿠데타군의 무자비한 학살이 감행되었어요. 그 와중에 대통령 아옌데는 잡혀서 처형되었다는 이야기도 있고 끝까지 저항하다 마지막에 스스로 자결했다는 이야기도 있어요. 그리고 사회주의 정권 창출의 주역이었던 빅토르 하라는 쿠데타군에게 체포되어 무참하게 총살되고 말았어요. 그토록 어렵게 이룩한 칠레의 민주화가 안타깝게도 한순간에 물거품이 되어 버린 거죠. 이것은 칠레는 물론 세계 어느 곳에서도 되풀이해서는 안 될 역사의 교훈이죠.

다행히 빅토르 하라의 비극은 그의 부인 조안 하라Joan Jara의 자서전이 공개되면서 세상에 알려졌어요. 영국 출신의 발레리나였던 조안은 1973년 군사 쿠데타가 일어나자 천신만고 끝에 칠레를 탈출해 영국으로 돌아갔다고 해요. 이후 그녀는 세계 곳곳을 다니면서 빅토르 하라의 음악을 세상에 알렸고, 당시 칠레에서 어떤 일이 벌어졌는지, 자신의 남편이 어떻게 죽어 갔는지를 생생하게 고발했어요.

길 위의 시인, 잉카의 전설
「기타야, 말해다오」 아타왈파 유판키

차선생 이 곡도 가사부터 먼저 살펴보도록 하지요.

내가 세상에 물어보면 세상은 날 속일 거야 / 다른 사람은 다 변해도 난 변하지 않는다고 모두들 믿고 있지
긴 밤을 지새우며 난 새벽의 여명을 기다리네 / 이 밤은 왜 이다지도 긴지, 기타야, 네가 말해다오

⋯⋯

인간들은 죽은 신神들이지 이제는 허물어지고 없는 신전에 살았던 / 그들의 꿈조차 구원받지 못할 거야. 남은 건 희미한 그림자 하나뿐⋯⋯ / 긴 밤을 지새우며 난 새벽의 여명을 기다리네 / 이 밤은 왜 이다지도 긴지, 기타야. 네가 말해다오

배도반 이 곡도 결코 예사롭지 않은 내용이군요. 하지만 노래 자체는 무척 단순한 멜로디로 이루어져 있고, 기타 하나로 어우러진 가수의 목소리는 희망이나 절망, 기쁨과 좌절 같은 속세의 것들을 초월한 듯 담담하기만 해요. 이 노래에서 어떤 힘이 느껴지는 이유가 바로 거기에 있지 않을까 싶어요.

차선생 이 노래를 부른 사람은 아타왈파 유판키예요. 본명은 헥토르 로베르토 차베로Hector Roberto Chavero. 비올레타 파라, 빅토르 하라 같은 누에바 칸시온 운동의 대가들이 지닌 공통점이라면, 단순

히 노래만 부르는 게 아니라 예술 전
반에 걸쳐 광범위하게 관여하고 있다
는 점이에요. 그 선구자격인 유판키도
라틴 아메리카를 대표하는 가수이자
연주자·작곡가·시인·작가였어요.

누에바 칸시온의 아버지 유판키

류수연 아타왈파 유판키는 누가 들어도
고개를 갸우뚱할 만큼 특이한 이름이
네요. 선생님 설명처럼 본명이 아니라
면, 이 특별한 이름 뒤에는 나름 의미
가 숨어 있을 것 같아요.

차선생 '아타왈파 유판키'는 케추아Quechua(페루 안데스 등지에 사는 원주
민) 말로 '멀리서 와서 노래하는 사람'이란 뜻이에요. 이 이름은
잉카제국 최대 정복자인 제9대 왕 파차쿠티 잉카 유판키Pachacuti
Inca Yupanqui와 잉카제국 최후의 왕 아타왈파Atahualpa의 이름을
합쳐 만들었는데, 그 옛날 잉카제국의 불행한 역사를 말해 주고
있어요.

널리 알려진 것처럼 잉카제국은 왕위 계승을 둘러싸고 내분이 일
어나 결국 몇 안 되는 스페인 군대에게 무너져 최후를 맞게 되었
죠. 몇 백 년 전 스러진 왕의 이름을 자신의 예명으로 삼은 것은 유
판키가 잉카의 전통과 정신을 잇는 계승자임을 자처한 게 아닐까
싶어요.

류수연 유판키가 이룬 음악적 업적을 요약하면 어떤 것일까요?

차선생 유판키는 라틴계 백인 어머니와 아메리카 인디언 아버지 사이에서 태어난 혼혈인 메스티소로, 척박한 현실 속에서도 안데스의 자연과 원주민들의 소박하고 아름다운 정서를 노래하는 데 평생을 바쳤어요.

유판키가 이룬 가장 큰 업적이라면, 조국 아르헨티나의 구석구석을 돌아다니며 그 지방의 민속음악과 자료를 수집한 것을 첫 손가락에 꼽을 수 있어요. 이 작업은 아르헨티나 국경을 넘어 안데스 전역까지 확대됐는데, 더욱 놀라운 점은 유판키가 처음 이 작업을 시작했을 때의 나이가 겨우 스물이었다고 해요. 나이로 보나 시기로 보나 그는 이 분야의 선구자가 분명하고, 그래서 그가 '누에바 칸시온의 아버지'로 추앙받아 마땅한 이유가 되는 것이죠. 다행히 비올레타 파라라는 또 한 명의 동지가 있어 덜 외로웠을지 몰라요.

류수연 그 이후의 유판키의 삶은 어떻게 전개되었나요? 고통스런 삶의 연속이었을 것 같아요.

차선생 1945년 유판키는 자신의 이름이 서서히 세상에 알려지자 아르헨티나 공산당에 입당했고, 이 무렵부터 반정부 활동을 펼쳐 나갔어요. 당시의 대통령은 유명한 페론이었는데, 유판키가 그에게 고통을 준 대가로 돌려받은 것은 혹독한 탄압이었어요. 결국 유판키는 파리 망명길에 올랐고 그 뒤 다시는 조국 땅을 밟지 못했죠. 하지만 유판키는 유럽에서도 반정부 투쟁을 멈추지 않고 조국이 처한 실상을 널리 알리려 애썼으며, 그 일환으로 유럽 사회주의 국가를 순회 공연하기도 했어요. 이렇듯 의심할 여지없이 유판키는 누에바 칸시온 운동의 정신적인 버팀목이었으며, 인디오의 뿌리와 전통을 이어간 '길 위의 시인'이었지요.

베네수엘라의 민중가수

「그림자」 & 「체 게바라여 영원하라」 솔레다드 브라보

차선생 가수이자 기타 연주자인 솔레다드 브
라보는 1943년 스페인 로그로뇨에서 태어
나 어릴 때 부모를 따라 베네수엘라로 이
주했어요. 훗날 비올레타 파라, 메르세데
스 소사에 이어 중남미를 대표하는 대형
여가수로 자리매김했고, '베네수엘라의 보
석'이라 불리며 팬들의 절대적인 사랑을
받았어요.

베네수엘라의 보석 브라보

그녀는 대학 시절, 음악과 관계없는 건축과 물리학을 공부하면서
도 음악 활동을 병행했는데, 우연히 그녀의 노래하는 모습이 한
음악평론가의 눈에 띄어 방송까지 타게 돼 음악인의 길을 걷게 되
었다고 해요.

짙은 호소력과 누구도 흉내 낼 수 없는 독특한 바이브레이션을 곁들
인 그녀의 노래는 라틴 아메리카의 누에바 칸시온을 노래한 다른 뮤
지션들처럼 자유와 평등이라는 공통의 메시지를 담고 있어요.

「그림자」는 솔레다드 브라보의 대표적인 인기곡으로, 클래식한 기
타 반주에 맞춰 부르는 그녀만의 개성적인 창법이 듣는 이의 가슴
을 파고들어 오래도록 음미하게 만들더군요.

그대 떠났을 때 나는 온통 그림자로 드리워질 겁니다. / 그대 떠났

을 때 혼자라는 외로움에 힘겨워 할 겁니다. / 푸른빛 시간들의 사
랑얘기들이 기억의 환영을 불러내겠지요. / 당신이 떠났을 때 나는
/ 온통 그림자로 드리워질 겁니다.

포근한 저녁나절 작은 방을 비추는 가녀린 불빛 속에서 / 당신의 모
든 것을 소중히 어루만졌습니다. / 나의 손은 당신을 찾을 겁니다. /
나의 입술은 당신을 찾을 겁니다.

……

—「그림자」

류수연 처음 듣는 곡인데도 강렬한 이미지를 심어 주는군요. 단순히
멜로디만으로는 그런 느낌을 받기는 어려울 것 같고, 무엇인가를
이루고자 하는 열망이 가수의 목소리를 통해 노래로 잘 표현되었
기 때문에 그런 것이 아닌가 싶어요. 제가 들어 봐도 정말 대단한
노래인 것 같아요.

차선생 하지만 그녀를 기억하는 사람들은 가장 먼저 「체 게바라여 영
원하라」라는 노래를 떠올리는 경우가 많아요. 1965년 쿠바의 카를
로스 푸에블라Carlos Puebla가 쿠바 혁명을 마치고 볼리비아 혁명을
위해 떠나는 혁명 영웅 체 게바라에게 헌정한 곡이죠. 제목만큼 비
장감마저 감도는 명곡이에요.

우리는 당신의 용기가 죽음을 멈칫하게 만든 그 역사적 순간부터 당
신을 흠모한다는 것이 무엇인지 배웠습니다.

우리의 지도자 체 게바라여! 여기 당신의 존재가 갖는 선명하고 깊

은 투명성이 남아 있습니다.

당신의 강하고 역사 속에서 승리를 장담하는 손은 산타클라라 계곡
이 당신을 만나기 위해 깨어난 그 순간에 더욱 빛납니다.

우리의 지도자 체 게바라여! 여기 당신의 존재가 갖는 선명하고 심
오한 투명성이 남아 있습니다.

......

류수연 　몇 년 전 체 게바라에 관한 영화도 나온 걸로 알고 있어요.

차선생 　「모터사이클 다이어리」를 말하는 거군요. 이 영화는 의학도였
던 청년 체 게바라가 남미를 종단 여행하면서 사회에 만연한 불의
와 불평등의 현장을 생생하게 목격하고 자신의 모든 것을 단념하
면서까지 혁명가의 길에 투신할 것을 결심하는 과정을 그리고 있
어요. 체 게바라를 이해하기 위해서 한 번은 볼 만한 영화가 아닐
까 싶어요. 독재에 대항하고 제국주의의 수탈과 탄압에 맞서 혼자
몸으로 역사적인 혁명을 수행하다 서른아홉 살의 나이에 세상을
등진 체 게바라를 두고 20세기 최고의 지성이라 불리는 샤르트르
는 '우리 세기에 가장 성숙한 인간'으로 칭송했다고 하더군요.

배도반 　빨간 표지로 되어 있는 『체 게바라 평전』이 웬만한 소설책보다
널리 읽히는 걸 보면, 그는 단지 쿠바 혁명의 영웅이 아니라 우리
모두의 영웅처럼 느껴져요.

차선생 　그러다 보니 그를 찬양하는 이 노래 또한 솔레다드 브라보 말
고도 많은 사람이 불렀어요. 심지어 그리스 여가수 마리아 파란두
리Maria Farandouri도 이 노래를 부른 사람들 명단에 들어 있을 정도

니까요. 저는 그중에서 작곡자 푸에블라가 직접 부른 것과 솔레다드 브라보가 부른 것이 가장 인상에 남더군요. 둘 다 버리기 아까운 매력을 지니고 있지만 꼭 한 곡만 고르라면 아무래도 솔레다드 브라보 쪽으로 무게가 기울 것 같아요.

고독한 시인을 애도하다
「알폰시나와 바다」 아리엘 라미레즈

차선생 아르헨티나나 칠레를 중심으로 전개됐던 누에바 칸시온에 중미 니카라과 출신의 가수 카티아 카르데날Katia Cardenal을 소개할까 해요. 이 운동의 선구자격인 유판키나 파라 같은 1세대 누에바 칸시온 뮤지션들과는 확연한 세대차를 가진 그녀이지만 사랑과 평화, 희망을 노래하면서 그들과 맥을 같이하는 활동을 펼쳐 왔어요. 주변의 공기가 확 바뀌는 듯한 느낌이 들 만큼 맑고 깨끗한 목소리를 지닌 카티아 카르데날은 누구도 흉내 낼 수 없는 그녀만의 감성과 수채화를 연상하게 하는 투명한 색채의 음악으로 애호가들의 큰 사랑을 받고 있지요.

배도반 그렇지만 지금 그녀는 조국인 니카라과를 떠나 노르웨이로 이주했다고 하더군요.

차선생 그 이유를 정확히 알 수 없지만 사실이에요. 그녀는 1996년 니카라과에서 마지막 콘서트를 열고 이듬해 노르웨이로 이주했다고 해요. 그리고 그곳에서 자신의 음악에 북유럽의 정서를 더한 새로운 스타일의 음악을 선보이고 있는데, 그중에서 가장 많이 알려진 곡이 실비오 로드리게즈가 작곡한 「나의 길에 [En Mi Calle]」지요. 이제 그녀가 부르는 노래는 더 이상 누에바 칸시온의 범주에 포함시키기 어렵다고 해도 단순한 통기타 반주라든지 곡이 지닌 아름답고 서정적인 분위기와 창법, 노래에 담긴 메시지 등으로 미루어 볼 때 다분히 누에바 칸시온적인 분위기를 느낄 수 있어요.

「알폰시나와 바다」는 원래 메르세데스 소사가 불러 유명해진 곡으로, 오랜 투병 생활을 비관해 47세의 나이에 바다에 몸을 던진 아르헨티나의 유명한 여류 시인 알폰시나 스토르니Alfonsina Storni (1892~1938)를 추모하는 내용이에요. 작곡자는 「미사 크리올라Misa Criolla」로 유명한 작곡가 라미레즈Ariel Ramirez(1921~)인데 남미의 스페인어권에서 널리 애창되는 곡으로 알려져 있어요.

계급과 남녀의 차별이 심했던 사회에 대해 신랄하게 반박하는 목소리를 냈던, 그래서 여성들에게 큰 호응을 받았던 알폰시나의 차가운 시체가 물 위로 떠올랐을 때 많은 여성이 눈물을 흘렸다고 해요. 평생 고독하게 살았고 죽는 그 순간에도 고독했던 한 여성의 삶을 떠올리며 이 노래를 듣는다면 보다 숙연한 마음이 되지 않을까 싶군요.

그녀의 가녀린 자취는 파도가 어루만지는 / 고운 백사장으로 결코 돌아오지 않으리 / 한과 침묵이 감도는 호젓한 길이 / 바닷속 깊이 다다랐네 / 순결한 고통의 호젓한 길이 / 물거품 속으로 사라졌네 신은 아시지 / 얼마나 큰 고뇌가 그대를 따르고 / 어두운 바다 밑바

닥에서 / 고둥이 부르는 자장가에 / 포근히 파묻히려고 / 얼마나 큰, 오랜 고통을 삼키고 있는지

알폰시나여, 고독을 안고 가는구려 / 어떤 새로운 시를 찾으러 갔나요? / 바닷바람의 해묵은 목소리가 / 그대 영혼을 어루만지며 데려가는구려 / 바다옷을 입고 그리로 가네[22]

1 「생에 감사해Gracias a la vida」 비올레타 파라
2 기타로 혁명을 완성하다 빅토르 하라
　　1) 「아만다의 추억Te recuerdo Amanda」 ｜ 2) 「망각 나무의 노래Cancion del Arbol del Olvido」
3 「기타야, 말해다오Guitarra, dimelo tu」 아타왈파 유판키
4 베네수엘라의 민중가요 솔레다드 브라보
　　1) 「그림자Sombras」 ｜ 2) 「체 게바라여 영원하라Hasta Siempre」
5 「알폰시나와 바다Alfonsina y el mar」 아리엘 라미레즈
　　카티아 카르데날

---

22 『바람의 노래 혁명의 노래』, 우석균, 해나무.

보라, 저 푸르고
아름다운 바다!
: 나폴리 민요

차선생 이탈리아 사람만큼 밝고 아름다운 선율을 노래하는 민족도 드물 겁니다. 자연이나 인문 환경의 영향을 받아 그 고장의 독특한 맛을 풍겨 내는 노래가 민요인데, 누가 만들었는지 알 수 없는 자연 민요와 작사자와 작곡자가 분명하지만 세월이 흐르는 동안 어느새 민요처럼 여겨지는 창작 민요가 있어요.

나폴리 민요는 대부분 창작 민요로, '피에디그로타 노래 축제'라는 행사를 통해 세상에 알려진 곡들이에요. 매년 9월 7일부터 열리는 이 축제는 1744년 카를 4세가 오스트리아군을 격파한 것을 기념해 만들었는데, 그 속에 민요제를 도입한 게 그 시초라고 해요. 노래를 좋아하는 이탈리아 국민의 성향을 제대로 파악한 군주의 현명함이 돋보이는 대목이지요.

특히 전 세계 사람들이 즐겨 부르는 「산타 루치아」, 「오 솔레 미오」, 「마리아, 마리」, 「나폴리여 안녕」 같은 곡도 흔히 자연 민요로 알고 있지만 모두 이 축제를 통해 배출된 창작 민요의 명곡들이에요.

남자가 부르는 소녀의 금지된 사랑
「금지된 노래」 가스탈돈

배도반 성악의 나라 이탈리아, 그중에서도 세계인의 사랑을 한몸에 받고 있는 나폴리 민요를 감상할 순서가 되었군요. 나폴리 사람들은 노래가 생활이나 마찬가지라고 들었어요. 경찰관이 법규를 위반한 차량의 딱지를 뗄 때도, 시장에서 물건을 사고팔 때도, 심지어 부부싸움을 할 때도 노래하듯 한다더군요.

차선생 이탈리아는 국토의 크기는 물론 삼면이 바다로 둘러싸여 있고, 북반구의 중위도상에 위치하고 있다는 점에서 우리나라와 지리적으로 비슷한 점이 많은 나라이지요. 그러다 보니 정서적으로 우리와 비슷한 점이 제법 있는 것 같아요. 가무를 즐기는 민족이면서도 부르는 노래에 깊은 한과 슬픔이 묻어나는 것이라든지, 삽시간에

달아오르는 다혈질적인 민족성 같은 것도 그렇고……. 하지만 먹는 음식, 하는 말, 사랑을 표현하는 방법, 고향을 그리워하는 마음 등 우리와 전혀 다른 점도 많아요. 다 같이 파란만장한 역사를 가지고 있지만 우리처럼 늘 당하고만 살지는 않았다는 점도 그렇고, 월드컵 우승을 무려 3번이나 차지했다는 점도 우리가 이루지 못했던 그들의 자랑거리라고 할 수 있겠지요.

아무튼 지중해의 투명한 햇빛, 푸른 바다, 천혜의 아름다운 자연과 기후, 고색창연한 인류의 위대한 문화유산을 함께 간직한 이탈리아는 밝고 아름다운 민요의 나라이고 그런 환경에서 태어난 사람 중 한 명이 가스탈돈Stanislas Gastaldon(1861~1939)이에요. 19세기 후반에 태어난 가스탈돈은 주로 오페라를 썼지만 별로 인기를 끌지 못했고, 오히려 지금은 「금지된 노래」를 비롯해 가곡 작곡가로 더 알려져 있어요.

류수연 「금지된 노래」라고 하니까 괜히 금지곡이 연상되네요. 다른 나폴리 민요처럼 이 곡도 가슴 아픈 사연을 간직한 노래이겠죠?

차선생 네, 맞아요. 이 노래는 부모의 축복을 받지 못한 한 연인의 힘겨운 사랑을 그리고 있어요. 창밖에서 연인이 사랑의 노래를 부르는데도, 어머니의 금지로 그 노래에 화답하지 못하는 소녀의 아픈 마음을 표현하고 있죠. 가사를 조금 살펴볼까요.

저녁마다 내 발코니 아래서
한 사랑의 노래를 듣네
아름다운 젊은이가 반복해서 부르는 그 노래가

내 가슴을

내 가슴을 두근거리게 한다

얼마나 달콤한 가락인가

얼마나 예쁜 노래인지 계속 듣고 싶구나

왜 그런지 모르겠지만 어머니는

내게 그 노래를 못하게 하겠지

어머니가 나가신 지금

그 가슴 두근대는 노래를 불러 보리라

            ……

류수연 그렇다면 이 노래는 여자가 부른다는 말인가요? 그런데 왜 남
      자 성악가들이 주로 이 노래를 부르나요?

차선생 이 노래를 열심히 불러 세계에 널리 알린 성악가가 바로 엔리
      코 카루소Enrico Caruso(1873~1921)예요. 그래서 그 이후로 자연스레
      남자 성악가가 부르는 레퍼토리로 굳어진 거예요.

스크린까지 울려 퍼진 민요

「물망초」 에르네스토 데 쿠르티스

배도반 「물망초」를 들을 때마다 잘 만들어진 한 편의 대중가요를 듣는
      느낌이에요. 그 유명한 「돌아오라 소렌토로」의 작곡가 쿠르티스의
      작품이기 때문에 나폴리 민요라고 봐야겠지만, 그 이전에 영화 주

제가로 너무 많이 알려져 때로 곡의 정체성이 혼란스럽긴 해요.

차선생 고전음악애호가 중에는 나폴리 민요의 열렬한 팬이 많고, 또 이 노래는 주로 성악가들이 불렀기 때문에 클래식으로 분류하는 것 같아요. 사실 민요나 민속적인 소재를 바탕으로 한 클래식 음악도 흔하니까요.

'나를 잊지 마세요'라는 뜻의 「물망초」는 1935년 도메니코 푸르노라는 이탈리아 시인의 시에 곡을 붙인 것으로, 영화 「물망초」의 주제가로 사용되어 세계적으로 널리 인기를 끌었죠.

제비들은 떠나 버렸네

내가 살고 있는 햇빛 없는 추운 나라에서부터

제비꽃 피는 봄을 찾으러

사랑과 행복의 보금자리를 찾으러

나의 작고 귀여운 제비도 떠나 버렸네

키스도 하지 않고서

작별 인사도 하지 않고서

날 잊지 말아라

내 인생엔 오직 너뿐!

난 널 항상 사랑해

내 꿈속에 넌 그대로 남아 있네

날 잊지 말아라

영화 「물망초」 포스터

내 인생엔 오직 너뿐!
항상 내 마음속엔 널 위한 보금자리가

^{배도반} 이 노래를 처음 부른 가수는 베냐미노 질리Beniamino Gigli(1890~1957)로 알고 있는데, 왜 「물망초」 하면 탈리아비니 Ferrucio Tagliavini(1913~1995)라는 등식이 성립한 것일까요?

^{차선생} 테너 가수였던 탈리아비니는 전성기를 누리던 무렵 「물망초」라는 영화에 출연했어요. 이 영화의 주제가를 직접 부르기도 했고요. 애간장을 태우는 듯한 특유의 미성으로 멋들어지게 부른 그의 노래로 「물망초」는 완전 평정되어 버린 셈이죠.

^{배도반} 탈리아비니가 부른 「물망초」는 예전에 LP로 국내에도 발매되었다고 하는데, 구하기가 어렵더군요. 그의 CD에도 유독 이 노래만은 모습을 드러내지 않고 있는데, 선생님은 어떻게 이렇게 음질이 좋은 「물망초」를 갖고 있는지 은근히 질투가 나요.

^{차선생} 탈리아비니는 우리나라뿐만 아니라 일본에서도 인기가 높은 모양이에요. 포니트 체트라 레이블로 그의 오페라 아리아를 수록한 5장짜리 박스 음반이 나왔는데, 그 속에 부록처럼 보이는 얇은 종이 케이스의 어설픈 음반 한 장이 따로 들어 있어요. 그 음반이 영화

나폴리 민요의 황금손 쿠르티스

「물망초」의 사운드 트랙으로, 첫 곡이 바로 「물망초」이지요. 저도 오래 찾아 헤매던 음반이었어요.

사랑의 묘약 같은 목소리
「마레키아레」 토스티

차선생 '마레키아레'는 경치가 매우 아름다워 관광객이 즐겨 찾는 나폴리 가까운 해안 이름이에요. 특히 어느 절벽 위에 지어진 허름한 집의 창문이 유명하다는군요. 이곳에는 어느 여인이 사랑하는 사람을 잃은 슬픔을 견디지 못하고 절벽 아래로 몸을 던졌다는 슬픈 전설이 전해 온다고 해요. 「마레키아레」도 이런 슬픈 사연을 노래하고 있어요.

마레키아레의 바다에
푸른 달이 뜰 때 우리의 사랑도 타네
물결에 비친 둥근 달이
잔물결 비칠 때 우리의 마음도 타네
사랑의 마레키아레의 밤이여
불타는 내 가슴, 안타까운 마음
그대의 마음도 불타리니
그대 정든 창의 석죽화에도
사랑의 노래가 흘러가리다

불타는 내 가슴의 불꽃이

아! 마레키아레

아름다운 이 밤

저 하늘에 별은 반짝여도

사랑스런 그대 눈동자 빛 잃고

하늘의 별은 반짝여도

내 가슴에 불타는 그 사랑을

외로운 내 마음 위에 안겨 주오

잠 깨라 아름다운 이 밤

마음 졸이며 난 그대 기다리네

내 노래에 그대 음성 맞춰 우는

나의 기타줄에 불타는

내 가슴에 타는 사랑의 불꽃

아 단잠에서 깨어라

아름다운 이날 밤이여

류수연 이 곡을 만든 토스티 Paolo Tosti(1846~1916)는 어떤 사람인가요?

차선생 이탈리아 오르토나에서 태어나 나폴리 음악원을 졸업한 토스티는 제1차 세계대전까지 많은 사람에게 사랑을 받은 작곡가였어요. 밝고 표정이 풍부한 성악곡을 많이 남겼는데, 「마레키아레」 외에도 「이상Ideale」, 「4월에Aprile」 같은 명곡은 지금도 불리고 있어요.

배도반 나폴리 민요를 잘 부르는 가수로 티토 스키파Tito Schipa(1889

~1965)를 빼놓을 수 없겠지요. 오페라 아리아도 그렇지만 나폴리 민요를 부르는 스키파의 목소리에는 다른 성악가에게는 없는 그만의 독특한 소리가 있어요.

작곡가 토스티의 캐리커처

차선생 스키파는 자신이 출연한 오페라에서 거의 주역을 맡아 성공적인 활동을 펼쳤던 위대한 테너 가수예요. 특히 그가 부른 도니제티의 오페라 「사랑의 묘약」에 나오는 「남 몰래 흘리는 눈물Una furtiva lagrima」은 지금도 음악애호가들 사이에 회자되는 절창으로 손꼽히고 있어요. 그런 그가 나폴리 민요에서도 여전히 빛을 발하고 있는 것 같아요. 스키파가 아니면 결코 들을 수 없는 그 목소리 때문에 지금도 그의 인기는 여전한 것 같더군요.

오페라처럼 드라마틱한 민요

「그대 창에 등불 꺼지고」 작자 미상

배도반 「그대 창에 등불 꺼지고」는 우리에게도 많이 알려진 노래예요. 공교롭게도 우리 대중가요에도 비슷한 제목의 노래가 있어 간혹 혼동하는 경우가 있더군요.

차선생 그럴 수 있겠군요. 하지만 나폴리 민요 「그대 창에 등불 꺼지고」와는 아무런 관계가 없는 곡이에요. 많은 나폴리 민요가 그렇듯 「그대 창에 등불 꺼지고」도 죽음에 대해 노래하고 있지만, 정말 아름다운 곡이지요.

류수연 어떤 내용인지 들어 보고 싶어요.

차선생 한 소녀가 병을 앓다 죽자 소녀의 남자 친구가 그 집 앞에 찾아가서 한때는 밝았으나 지금은 어둡기만 한 소녀의 창문을 바라본다는 내용이에요.

불 밝던 창에 어둠 가득 찼네
내 연인이 병들어 누운 모양이다
그녀 언니가 울며 내게 전한 말은
네 연인은 죽어 땅에 묻혔어
밤마다 홀로 울던 그는 지금
꿈속에 홀로 고이 단잠 자네

류수연 작자 미상이라고 되어 있는데, 이런 명곡을 작곡한 사람을 알 수 없다니 아쉽네요.

배도반 나폴리 민요에서 드디어 프랑코 코렐리Franco Corelli(1921~2003)가 등장했군요. 카루소, 질리, 디 스테파노가 판치는 이 분야에서 다소 의외의 인물이라고 해도 될까요?

차선생 그렇다고 볼 수도 있겠네요. 음악을 듣다 보면 특정한 곡의 스페셜리스트가 있는 경우가 있잖아요. 가령 글렌 굴드와 「골드베르크

마력의 테너 코렐리

변주곡」, 푸르트뱅글러와 「합창」 교향곡 하는 식으로 말이지요. 테너인 로베르토 알라냐는 특이하게도 형제의 기타 반주에 맞추어 이 노래를 불렀는데 색다른 맛이 있어 선곡하고 싶은 마음도 있었어요. 하지만 곡이 지닌 비장한 슬픔을 제대로 표출하는 데는 드라마틱한 테너 프랑코 코렐리가 단연 돋보이더군요. 코렐리의 노래는 분명 오페라 아리아를 듣는 것 같은 느낌인데도 거부할 수 없는 마력을 지니고 있지요.

모두의 고향으로 부르는 노래
「돌아오라 소렌토로」 에르네스토 데 쿠르티스

차선생 나폴리 민요 중 가장 사랑받거나 유명한 곡을 순서대로 줄 세워 보라고 하면 참 난감할 것 같아요. 그렇다 해도 「돌아오라 소렌토로」만큼은 확실히 상위권에 들 수 있을 거라 생각해요. 「돌아오라 소렌토로」는 나폴리 민요의 대명사처럼 여겨지는 「오 솔레 미오」만큼 유명한 곡이죠. '소렌토'는 고대 신화의 사이렌에서 온 말이라고 해요. 잠바티스타 데 쿠르티스Giambattista De Curtis의 노랫말에 에르네스토 데 쿠르티스Ernesto De Curtis가 곡을 붙였어요.

류수연 나폴리 사람들에게 소렌토라는 곳이 어떤 특별한 의미가 있나요?

차선생 글쎄, 마음의 고향이라고 할까요? 이탈리아 사람은 유별나게 조국을 그리워한다고 해요. 그러다 보니 자기네만큼 조국을 노래

하는 사람도 없을 거라고 생각하는 것 같아요.

「돌아오라 소렌토로」는 애인이 자기와 소렌토를 떠났기 때문에 불행해진 한 청년에 대한 노래인데, 그녀에게 돌아오라고 간청하는 내용이죠. 이제 이 노래는 한 청년이 아니라, 소렌토로 돌아가고 싶은 모든 나폴리 사람에게 하나의 상징이 되었다고 할 수 있죠.

보라, 저 아름다운 바다!
오렌지 꽃향기는 하늘을 가득 채운다
바다의 소녀는 너에게 반하고 키스하기 원하네
그러나 너는 떠나려 하네
어찌 이 사랑의 고장을 떠나리오. 가지 마오,
돌아오라 소렌토로
그리하면 나는 죽지 않으리

고향을 떠난 사람들의 애국가

「먼 산타 루치아」 마리오

류수연 나폴리를 이야기할 때 또 하나 빼놓을 수 없는 곳이 산타 루치아일 것 같아요. 산타 루치아는 어떤 곳인가요?

차선생 산타 루치아는 나폴리 중심에 위치한 작은 항구예요. 이곳을 예찬한 유명한 노래가 두 곡이나 있다는 걸 잘 알 거예요. 「산타 루치아」와 「먼 산타 루치아」인데, 두 곡 모두 정열적인 나폴리 찬가이죠. 산타 루치아는 식당이 많아 여행하는 사람들에게 인기가 높다고 해요. 하지만 그곳 어부들에겐 그저 동틀 무렵이면 배를 타고 고기를 잡으러 바다로 나가는 삶의 터전일 뿐이죠.

류수연 그럼 산타 루치아의 식당에서 맛볼 수 있는 요리로는 어떤 것이 유명한가요?

차선생 이탈리아는 요리로도 유명한 나라인 만큼 산타 루치아를 찾는 많은 사람이 즐거운 시간과 함께 그곳의 맛있는 음식을 기대하겠죠. 그리고 덤으로 사랑과 정열이 가득 담긴 나폴리 민요를 듣는 낭만도 맛보고 싶지 않겠어요?

나폴리에는 어느 식당이나 전통가곡을 부르는 가수가 있다고 하는데, 그들은 자타가 공인할 만큼 이 분야의 일인자라고 해요. 베수비오 산 백포도주와 카프리 산

적포도주를 곁들여 나폴리의 특별 메뉴인 석조개 스파게티를 먹는 것도 빼놓을 수 없는 즐거움이라고 하는군요. 이 스파게티 요리에 들어 있는 작은 조개 맛이 일품인데, 이 조개는 로마에만 가도 없기 때문에 이곳에서만 맛볼 수 있는 특미라고 해요. 음악과 요리, 이것만으로도 산타 루치아를 찾는 이유가 되기에 충분한 것 같아요.

류수연 상상만이라도 맛있는 이탈리아 스파게티를 먹으며 나폴리 민요를 듣고 싶어지네요. 나폴리 찬가라고 소개한 「먼 산타 루치아」는 저도 참 좋아하는 노래거든요.

차선생 저도 마찬가지에요. 그런데 특이하게도 이 곡을 작곡한 마리오 E. A. Mario는 전직 우편배달부였다고 해요. 1919년에 이 곡으로 피에디그로타 가요제에서 우승을 차지한 후 미국으로 건너가 이 곡을 유행시켰지요.

「먼 산타 루치아」는 이탈리아를 떠나야만 했던 나폴리 사람들에 대한 노래로, 산타 루치아에서 너무 멀리 떠나 있는 슬픔을 표현하고 있어요. 이탈리아 사람은 물론 고국을 떠나 전 세계에 흩어져 사는 수많은 이탈리아 사람들에게는 그 의미가 더욱 남다른 곡이라고 해요. 어떤 가사인지 볼까요?

뭇 배는 노를 저어
먼 땅을 향해 가네
노래를 부른다, 나폴리 사람
애끓는 노래 속에 저 언덕 사라지네

하늘에 달이 밝아
꿈같이 나폴리를 바친다
산타 루치아
널 이별한 외로운 나의 마음

행복을 찾기 위해
온 세상 방황하다
저 멀리 달이 뜰 때마다
너 멀리 나폴리, 한숨뿐
산타 루치아
널 이별한 외로운 나의 마음

고향을 담아야 진정한 노래이다

「무정한 마음」 카르딜로

차선생 **나폴리 민요** 중에는 사랑을 잃은 슬픔을 노래한 곡이 많아요. 하지만 「무정한 마음」은 가장 정열적이고 아름다운 노래 중 하나예요. 「무정한 마음」은 원래 제목보다 「카타리 카타리」라는 이름으로 널리 불리는데, 이 노래는 1911년 처음 나와 뉴욕에서 카루소가 처음 무대에 올린 뒤 얼마 지나지 않아 세계적으로 유명해졌지요.

카루소가 가장 즐겨 부른 곡으로, 그는 이 곡을 대단한 정열을 가지고 노래했다고 해요. 그것은 이 곡이 카루소 자신에게 헌정됐기 때문이기도 해요. 가사의 내용은 처절하기까지 하네요.

카타리 카타리

나 그때 성당에 찾아가서

괴로운 내 맘 진정하며 기도하였네

또 신부님께 너로 인해 받은

많은 고통을 고백했네, 카타리

그 고통 못 이겨

내 맘 찢어지는 것을 아는가

신부님, 우는 날 위로하며

참고 견디라고 간곡히 말했네

무정한 마음 내 생명 다 빼앗아 갔네

지난 옛 추억 잊기 원하네

배도반 나폴리 민요가수들은 나폴리 민요를 잘 부르려면 음성이나 기교와 함께 나폴리의 진짜 정서를 잘 담아낼 수 있어야 한다고 믿는다더군요.

차선생 노래를 잘 부른다고 나폴리 민요까지 완벽하게 소화할 수는 없겠지요. 실제로 나폴리 민요를 잘 부르는 사람은 손에 꼽을 정도 예요. 카루소, 질리, 디 스테파노Giuseppe Di Stefano(1921~2008) 정 도. 특히 스테파노는 그의 전성기가 녹음기술이 모노에서 스테레 오로 바뀔 무렵이라 훌륭한 음반이 많이 남아 있어요. 오디오 기술

의 발전 덕을 톡톡히 보았다고 할까요. 물론 스테파노는 타고난 가
창력과 나폴리의 정서와 방언을 완벽하게 습득했기 때문에 그의
노래가 최고일 수밖에 없겠지만 말이에요.

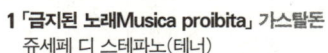

1 「금지된 노래Musica proibita」 가스탈돈
   쥬세페 디 스테파노(테너)

2 「물망초Non tscordar di me」 에르네스토 데 쿠르티스
   페루찌오 탈리아비니(테너)

3 「마레키아레Marechiare」 파올로 토스티
   티토 스키파(테너)

4 「그대 창에 등불 꺼지고Finesta che lucive」 작자 미상
   프랑코 코렐리(테너)

5 「먼 산타 루치아Santa Lucia luntana」 마리오
   루치아노 파바로티(테너) & 죠르지오

6 「돌아오라 소렌토로Torna a Surriento」 에르네스토 데 쿠르티스
   쥬세페 디 스테파노(테너)

7 「무정한 마음(카타리 카타리)Core 'ngrato」 카르딜로
   쥬세페 디 스테파노(테너)

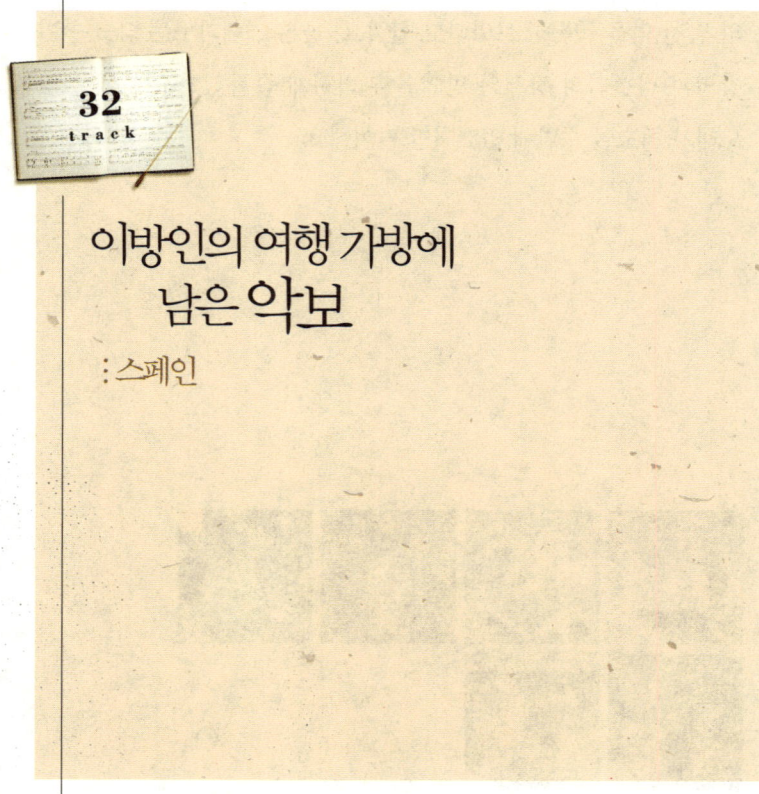

이방인의 여행 가방에
남은 악보
: 스페인

러시아에서 기억하는 스페인의 여행

「마드리드의 여름밤의 추억」 미하일 글린카

차선생 글린카 하면 푸시킨의 서사시를 바탕으로 쓴 오페라 「루슬란
과 류드밀라Ruslan i Lyudmila」의 작곡자 정도로 알려져 있지요. 우
리에게 그다지 알려져 있지 않지만, 러시아에서 글린카의 위치는
'러시아 문학의 어머니' 라 불리는 푸시킨에 비견될 정도예요. 재조

명까지는 아니라도 그의 음악을 좀 더 관심 있게 들어 볼 필요가 있겠지요.

작곡가 글린카

배도반 그래서 글린카를 '러시아 음악의 아버지'라고 부르기도 하는군요! 러시아 사람들이 그렇게 받든다고 우리도 덩달아 그럴 필요는 없겠지만, 보다 폭넓게 이해하는 건 좋을 것 같아요. 하지만 많은 음악을 접할 수 있는 기회가 많지 않은 게 아쉬워요. 우리나라를 찾는 러시아 음악가들이 많아졌지만, 레퍼토리는 여전히 틀에 박힌 게 많아요. 특히 글린카라는 이름이 눈에 띄면 십중팔구 「루슬란과 류드밀라」 서곡이고요. 예술 공연도 상업성을 무시할 수 없어 많은 사람이 알고 좋아하는 음악 위주로 프로그램을 짤 수밖에 없겠지만, 늘 아쉬움이 있어요. 그래서 레퍼토리로만 보면 해외 연주자들의 공연보다 우리나라 교향악 축제가 훨씬 알맹이가 있다고 생각해요.

류수연 그래도 「루슬란과 류드밀라」 서곡을 아는 것만 해도 대단한 게 아닌가요? 지금은 잘 몰라도 조금씩 배워 나가면 되는 거잖아요. 그런데 글린카는 어떤 작곡가였나요, 알기 쉽게 소개해 주세요.

차선생 글린카는 러시아 대부호의 아들로 태어나 어려서부터 좋은 환경에서 음악을 공부할 수 있었다고 해요. 슈베르트를 포함해 많은 작곡가가 어려운 형편 때문에 고통받았다는 사실을 떠올리면, 글린카는 무척 운이 좋은 편이죠. 게다가 글린카의 삼촌은 사설 악단을 소유하고 있어서 글린카의 음악적 호기심을 자극하는 데 큰 영향을 미쳤던 것 같아요.

글린카는 페테르부르크 음악원에서 공부했는데, 그곳에서 「녹턴」의 창시자인 존 필드John Field에게 피아노를 배웠고, 문학가 푸시킨과 교류하기도 했어요. 글린카의 음악이 민족주의 성향을 띠게 된 계기가 어쩌면 푸시킨과의 만남에서 비롯한 것인지도 모르죠.

류수연 글린카의 음악이 국민주의적인 성향을 나타내고 있는데, 어떻게 제목부터 스페인과 밀접하게 관련된 「마드리드의 여름밤의 추억」을 쓰게 됐을까요?

차선생 글린카가 평생 러시아에서만 살았던 것은 아니에요. 오히려 그가 러시아에 대한 곡을 쓴 결정적인 계기가 이탈리아 유학 생활을 하며 얻은 향수병 때문이라는 견해도 있더군요.

그는 이탈리아 외에도 오랫동안 프랑스와 스페인을 여행하기도 했어요. 특히 스페인에서 보낸 2년 동안 글린카는 스페인 전통 음악에 많은 관심을 가지고 돼요. 그래서 러시아로 돌아간 뒤 그 여행의 기억을 더듬어 만든 곡이 유명한 관현악 「호타 아라고네사 Capriccio brillante on the jota aragonesa」와 「마드리드의 여름밤의 추억」이에요.

이 곡은 물론 스페인 사람이 작곡한 스페인 음악과는 그 분위기가 다르지만, 러시아 사람이 쓴 스페인 음악이라는 것만으로도 관심을 기울일 만한 작품이 아닐까 싶어요. 더욱이 '러시아 음악의 아버지'라 불리는 글린카의 작품이라면 말이죠.

집시의 춤에 넋 잃은 어느 늦깎이의 관현악

「스페인 광시곡」 알렉시스 엠마뉴엘 샤브리에

차선생 라벨의 작품과 제목이 동일한 또 한 곡의 「스페인 광시곡」은 프랑스 작곡가 샤브리에가 작곡했어요. 음악은 스페인에 관한 것인데 작곡가는 둘 다 프랑스 사람이라는 점이 이채롭군요. 샤브리에Alexis Emmanuel Chabrier(1841~1894)는 프랑스 오베르뉴 지방의 앙베르에서 태어났어요. 그의 아버지는 음악애호가였지만, 자식이 음악을 직업으로 삼는 것을 허락하지 않았다고 해요. 그래서 샤브리에는 어려서부터 단지 교양인으로서 갖추어야 할 정도의 기본적인 음악 교육만 받았다고 해요.

우리나라의 많은 부모처럼 샤브리에의 아버지도 아들이 법률가가 되기를 바랐나 봐요. 그래서 샤브리에는 17세 때 파리에 있는 법률학교에 입학하는데, 그 자신도 그다지 거부감을 갖지 않았던 모양이에요. 그러니 스스로도 음악가라는 직업은 애초에 고려 대상에도 넣지 않았던 것이지요.

류수연 음악사를 살펴보면 자식이 음악가의 길을 걷는 것을 탐탁지 않게 여긴 부모가 무척 많은 것 같아요. 경제적인 이유 때문이었을까요?

차선생 이 세상에 자식이 힘들게 사는 걸 바라는 부모는 한 명도 없을 테니까, 아무래도 그게 가장 큰 이유라고 해야 하지 않을까요. 아울러 당시에도 음악가의 길이 순탄치 않았다는 걸 간접적으로 말해 주는 거겠죠. 하지만 음악가의 운명을 타고난 사람은 결국 그

작곡가 샤브리에

길을 걸을 수밖에 없는 모양이에요.
샤브리에는 자신의 장래에 대해 아버지
와 큰 갈등을 겪지는 않았지만, 결국 운
명적인 순간이 찾아와 좋은 직장까지 내
팽개치고 음악가의 길을 선택했어요. 바
로 바그너 때문이죠. 20세에 법률학교를
마친 샤브리에는 내무성 관리로 일하면
서도 틈틈이 음악 공부를 했었나 봐요.
그런데 뮌헨에서 바그너의 오페라 「트리
스탄과 이졸데」를 보고 난 뒤 무엇에 홀

리기라도 한 듯, 18년이나 근무한 직업을 헌신짝처럼 던져 버리고
전업 작곡가가 되기로 결심해요. 그때 샤브리에의 나이는 거의 사
십에 가까웠어요. 물론 그런 결심을 굳힐 수 있었던 건 아마추어
음악가로서 쓴 오페레타가 예상 외로 호평을 받았던 이유도 있었
지만, 그래도 그 나이 같으면 로시니는 벌써 작곡 활동을 접었을
때인데 참 대단한 결단을 내렸다고 봐야겠죠.

배도반 비틀즈가 대중음악가에게 끼친 영향만큼, 바그너에게 영향을
받지 않은 작곡가가 몇이나 될까 싶어요. 샤브리에의 예를 봐도 새
삼 바그너의 위대함을 다시 생각해 보게 되네요.

류수연 글린카의 곡에서도 똑같은 질문을 했지만, 프랑스 사람인 샤브
리에가 왜 스페인을 주제로 한 음악을 작곡하게 되었는지 궁금해요.

차선생 앞서 말한 라벨이나 샤브리에 말고도 스페인 사람이 아니면서
그곳에 관한 음악을 쓴 사람은 많아요. 이번에 감상할 곡들이 모두

'스페인'이라는 공통점을 가지고 있지만, 정작 스페인 출신 작곡가는 한 명도 없어요. 그게 이번 음악감상회의 주제이기도 하고요. 수연이가 그 점을 아직 눈치 채지 못했나 보군요.

그런데 많은 음악가가 스페인을 여행하고 난 뒤 그렇게 많은 작품을 쏟아 낸 걸 보면, 스페인은 무한한 영감의 원천을 제공하는 곳인 것 같아요. 그래서 스페인은 동경과 질투를 한꺼번에 느끼게 만들어요. 왜 우리나라를 여행하고 음악을 만든 작곡가는 없나, 아쉽기도 하고 말이에요.

샤브리에도 「스페인 광시곡」을 쓰기 1년 전인 1882년 가을에 3개월 동안 스페인을 여행하면서 엄청난 음악적 에너지를 얻었다고 해요. 어쩌면 그를 음악가의 길로 끌어들인 바그너보다 더 큰 충격을 느꼈는지도 모르죠. 그중 하나가 그라나다에서 본 어느 집시 여인의 춤이었는데, 샤브리에는 여기에서 형언할 수 없을 만큼 강렬한 인상을 받았나 봐요.

배도반 그렇다면 「스페인 광시곡」은 바로 집시 여인의 춤 때문에 탄생했다는 뜻인가요?

차선생 맞아요, 「스페인 광시곡」은 샤브리에가 스페인을 여행하면서 수집한 자료를 바탕으로 관현악곡을 작곡해 보라는 주위의 권유를 받고 쓴 곡이에요. 1883년에 완성한 이 곡은 현의 피치카토로 시작해 악기 수를 늘려 가면서 펼쳐 놓는 리드미컬한 관현악이 묘한 흥분을 불러일으키는데, 그 속에는 듣는 사람의 마음을 사로잡는 이상한 힘이 들어 있는 것 같아요.

이 곡은 그해 11월 4일 샤를르 라무뢰Charles Lamoureux의 지휘로 그가 결성한 라무뢰 관현악단에 의해 처음 무대에 올려졌는데 엄청난 센세이션을 일으켜 당시 무명이었던 샤브리에의 이름을 일약 세계에 알려지게 해요.

저는 미셸 플라송Michel Plasson이 지휘하는 툴루즈 캐피톨 극장 관현악단의 연주를 감상 음반으로 준비했어요. 샤브리에 음악이 지닌 프랑스적인 감각과 색채를 훌륭히 표현한 것으로 평가받고 있어 한번쯤 들어 봐도 좋을 것 같아요.

류수연 그 집시 여인의 춤을 좀 더 상세하게 알 수는 없나요. 왜냐하면 춤에는 종류가 무척 많잖아요?

차선생 이 곡에 사용된 가장 핵심적이고 중요한 리듬은 '호타 Jota' 와 '말라게냐Malaguena' 에요. '호타' 는 12세기에 아르벤 호타가 만든 것으로 현재에도 스페인에서 성행하는 3/4박자의 빠르고 열광적인 무곡이에요. 안달루시아의 말라가 지방에서 생겼다고 붙여진 '말라게냐' 는 호타보다 아름답고 감상적인 3/8박자의 무곡이에요.

샤브리에는 이런 스페인 무곡을 그만의 감각적인 관현악의 색채로 멋지게 그려 냄으로써 「마법사의 제자」를 작곡한 뒤카와 더불어 19세기 후반 프랑스의 관현악의 선구자로 칭송받았어요.

모든 오케스트라 단원에게 바친 음악
「스페인 기상곡」, Op.34 니콜라이 림스키-코르사코프

차선생 이번에는 수연이가 '림스키-코르사코프는 러시아 작곡가인데

어떻게 스페인을 주제로 한 음악을 작곡하게 됐나요?' 묻기 전에 제가 먼저 선수를 쳐야겠어요. 림스키-코르사코프는 부모의 희망으로 12세 때 해군병학교에 입학했고, 29세까지 해군에 몸담았어요. 그는 천성적으로 다른 나라에 관심이 많기도 했지만, 해군이었기 때문에 자연스레 세계 여러 나라를 여행할 수 있었지요. 그러다 스페인을 둘러보게 되었고, 그곳의 강렬한 색채를 지닌 음악에 마음이 이끌려 이 곡을 작곡하기로 결심했다고 해요.

류수연 선생님이 미리 그렇게 다 말해 버리면 김이 빠지잖아요. 그렇게 혼자 북 치고 장구 치면 곤란하죠. 우리 음악감상회의 매력이 철저한 역할 분담에 있잖아요. 자기한테 주어진 역할에 충실할 것! 선생님 잘 아시겠죠?

차선생 이건 뭐! 괜히 어설프게 끼어들었다 본전도 못 챙기고 혼쭐만 난 셈이군요. 그럼 수연에게 먼저 질문할 기회를 주면 되겠지요?

류수연 그럼, 이 곡을 감상할 때 꼭 참고해야 할 특징을 한 가지 소개해 주세요.

차선생 이 작품은 '기상곡'이라는 이름이 붙어 있어요. 모두 5개의 악장(1악장 〈아침의 노래〉, 2악장 〈변주곡〉, 3악장 〈아침의 노래〉, 4악장 〈정경과 집시의 노래〉, 5악장 〈아스투리아스의 판당고〉)으로 나누어져 있는데, 특이하게 모든 악장을 쉬지 않고 연주하도록 명시되어 있어요. 이것은 스페인 민요를 바탕으로 한 각 악장의 주제가 마치 순환 형식처럼 서로 연관되어 있기 때문인데, 그래서 이 곡은 한 악장으로 이루어진 곡처럼 보이기도 해요.

배도반 림스키-코르사코프는 음악사상 관현악법이 가장 뛰어난 작곡

림스키-코르사코프

가 중 한 명이라고 들었어요?

차선생 그것은 매우 전문적인 분야이기 때문에 제가 이렇다 저렇다 이야기할 수 있는 건 아니에요. 하지만 차이코프스키도 「스페인 광시곡」의 관현악법에 대해서는 매우 후한 평가를 내렸다고 하더군요.

「스페인 기상곡」은 1887년, 페테르부르크의 황실 가극장 관현악단의 연주와 작곡자 자신의 지휘로 초연되었는데, 총보 끝장에는 초연에 참가한 오케스트라 단원 67명의 이름을 모두 빽빽이 기록했다고 해요. 여기에는 아름다운 일화가 있어요. 림스키-코르사코프가 이 작품을 리허설하는 도중에 단원들이 열렬한 박수갈채를 보내자, 그는 기분이 으쓱해져 이 작품을 단원 일동에게 헌정한다고 발표했대요.

류수연 스페인을 공통의 주제로 하고 있지만, 샤브리에의 곡은 「스페인 광시곡」, 림스키-코르사코프의 곡은 「스페인 기상곡」이잖아요. 광시곡과 기상곡은 어떤 차이가 있나요?

차선생 음악사전에 나온 내용을 토대로 하면, '광시곡Rhapsody'은 '음악적으로 서사적·영웅적·민족적 색채를 지닌 자유로운 환상곡'을 말해요. 반면에 '기상곡Capriccio'은 '형식에 구애받지 않고 자유로운 요소가 강한, 유쾌하고 흥겨운 기악곡'을 뜻해요. 자유롭다는 공통점이 있지만 의미는 다소 차이가 있는 것 같아요.

이국의 유행을 담은 음의 추상화

「스페인 교향곡」 d단조, Op.21 에두아르드 랄로

차선생 이제 마지막으로 에두아르드 랄로Edouard Lalo(1823~1892)의 「스페인 교향곡」을 들을 순서가 되었군요. 샤브리에가 「스페인 광시곡」으로 단번에 유명 작곡가 대열에 이름을 올린 것처럼, 같은 프랑스 작곡가 랄로도 「스페인 교향곡」으로 이름을 떨친 작곡가예요. 그러고 보면 스페인을 향해 평생 절을 해야 할 사람이 많네요.

류수연 교향곡인데 왜 바이올린 독주가 등장하나요?

차선생 핵심을 정확하게 짚었네요. 곡명은 「스페인 교향곡」이지만 실제로는 바이올린 협주곡이기 때문에 독주가 등장하는 거예요. 그리고 이 작품은 협주곡이지만 같은 형식의 다른 곡과 다른 몇 가지 특징이 있어요. 앞서 말한 대로 협주곡이면서 교향곡이라는 이름을 제목에 사용하고 있고, 다른 곡들이 3악장 구성인 데 비해, 5악장으로 이루어져 있다는 점이죠.

음악애호가 입장에서 또 하나 흥미로운 점은 3악장 〈인터메조〉가 다른 악장보다 품격이 많이 떨어진다는 이유로 연주회나 음반에서 생략되는 경우가 종종 있다는 거예요. 이건 드문 경우라 저도 음반을 찾아봤는데, 실제로 3악장이 들어 있는 것도 있고, 없는 것도 있었어요. 예를 들어 아르투르 그뤼미오Arthur Grumiaux가 바이올린을 맡은 '필립스' 판에는 생략되어 있고, 루지에로 리치Ruggiero Ricci가 바이올린을 맡은

에두아르드 랄로

'데카' 판에는 포함되어 있었어요. 음반을 구입할 때 참고하면 좋을
것 같아요.

류수연 그래도 협주곡에 교향곡이란 이름을 사용했다면 어떤 이유가
있지 않을까요?

차선생 별다른 이유가 있었던 것은 아니고, 그냥 작곡자의 이국적인
취향이라고 보는 게 좋을 것 같아요. 랄로는 바이올린 협주곡을 모
두 네 곡 썼는데, 첫 번째 곡 말고는 모두 이런 식의 제목이 붙어
있어요. 두 번째가 「스페인 교향곡」, 세 번째가 「노르웨이 환상곡」,
네 번째가 「러시아 협주곡」. 이런 사실을 잘 모르는 사람은 혼동을
일으키기가 쉬울 것 같아요.

배도반 이 곡은 사라사테Pablo de Sarasate(1844~1908)가 초연했다는 기
록이 있군요. 그건 작곡자가 사라사테에게 이 작품을 헌정했다는
의미로 추측할 수 있겠죠?

차선생 무명이었던 랄로는 오페라 가수 말리그니와 재혼한 후 행복하
고 편안한 삶을 살았다고 하는데, 「스페인 교향곡」은 바로 이 시기
에 쓴 작품이에요. 그가 이 곡을 작곡한 동기는 잘 알려진 대로 사
라사테의 바이올린 연주에 큰 감명을 받았기 때문이에요. 랄로 말
고도 사라사테에게 작품을 헌정한 작곡가가 흔할 만큼, 사라사테
는 당대 최고의 바이올리니스트였어요.

류수연 반복되는 질문인데, 랄로도 샤브리에처럼 프랑스 사람인데 어
떤 이유로 「프랑스 교향곡」이 아닌 「스페인 교향곡」을 쓰게 되었을
까요? 물론 사라사테라는 위대한 바이올리니스트의 연주가 동기
였다지만, 반드시 스페인적인 음악일 이유는 없잖아요.

차선생 당시는 러시아의 국민주의 음악 경향이 유럽 전역으로 확산되어 가는 과정이었어요. 그래서 향토색 짙은 민요나 민속 무곡이 음악의 가장 중요한 소재로 각광받았어요. 게다가 이 작품을 쓸 당시 프랑스에는 많은 작곡가가 너나없이 스페인풍의 작품을 썼을 정도로 이국적인 풍조가 한창 성행했다고 해요. 우리나라 대중음악가가 유행에 따라 록이나 리듬앤블루스, 힙합 같은 분야에 관심을 기울이는 것처럼 말이에요.

랄로도 이 흐름에 편승해 스페인의 민족적 요소에 바탕을 둔 「스페인 교향곡」을 작곡하게 되었던 거지요. 무엇보다 랄로가 스페인과 태생적으로 깊은 인연이 있기도 했고요. 그의 조부가 스페인 사람이었거든요. 하지만 이 곡은 어떤 줄거리가 있는 건 아니고, 단지 순수한 음으로 스페인 특유의 정열과 우수어린 색채를 담아낸, 음의 추상화로 보면 좋을 것 같아요.

   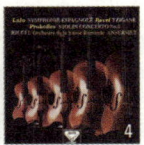

1 「마드리드의 여름밤의 추억Souvenirs of a Summer Night in Madrid」 미하일 글린카
예브게니 스베틀라노프(지휘) / 러시아 국립 오케스트라

2 「스페인 광시곡Espana, Rapsody for Orchestra」 알렉시스 엠마뉴엘 샤브리에
미셀 플라송(지휘) / 툴루즈 캐피톨 극장 관현악단

3 「스페인 기상곡Capriccio Espagnol Op.34」 니콜라이 림스키-코르사코프
키즈 바켈(지휘) / 말레이지안 필하모닉 오케스트라

4 「스페인 교향곡」 d단조, Op.21 에두아르드 랄로
Ⅰ 알레그로 논 트로포 | Ⅱ 스케르찬도 | Ⅲ 인터메조 | Ⅳ 안단테 | Ⅴ 론도
루지에로 리치(바이올린) / 에르네스트 앙세르메(지휘) / 스위스 로망드 오케스트라

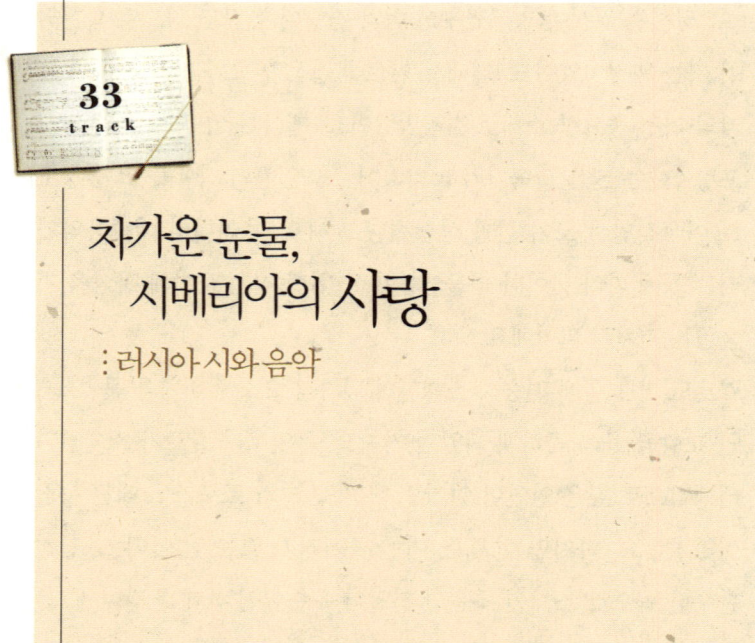

33
track

차가운 눈물,
시베리아의 사랑
: 러시아 시와 음악

차선생 러시아의 역사는 곧 가난의 역사라고 해도 지나친 말이 아니에요. 세계에서 가장 큰 땅덩어리와 넘쳐 날 정도의 풍부한 자원을 보유하고 있으면서도 러시아 국민의 삶은 피폐하기 이를 데 없어요. 중국이나 인도처럼 러시아의 경제적인 도약도 일부 지역이나 계층에 국한된 것일 뿐이지요.

하지만 러시아인의 예술에 관한 자존심은 정말 대단한 것 같아요. 어느 여행가의 글에서 읽었는데, 러시아 여행을 하던 중 우연히 만난 현지인과 대화를 나누다 무심코 클래식 음악 이야기를 꺼냈는데, 갑자기 눈이 휘둥그레지면서 자신을 대하는 태도가 달라지더라는 거예요. 자신들도 예술을 사랑하지만, 예술을 사랑하는 사람을 인정할 줄 아는 자부심과 포용력을 지니고 있는 것이죠. 예술은 학벌이 높고 어느 정도 사회적인 지위와 경제적인 여유가 있는 사람만 누릴 수 있다는 잘못된 가치관이 그곳에서는 통하지 않는 모양이에요. 공사판에서 막노동하는 사람도, 시장 어물전에서 해산물을 파는 상인도 차이코프스키의 음악과 호로비츠의 피아노 연주를 사랑하며, 기회가 있을 때마다 연주회장을 찾아 힘들고 지친 삶의 피로를 떨쳐 낸다고 해요.

"러시아인은 워낙 비참하게 살아 슬픔 정도는 즐거운 마음으로 받아들일 수 있다."라고 한 막심 고리키의 말은, 아마 러시아인의 육체를 초월한 정신적인 세계를 간파한 말이 아닌가 싶어요. 한편으로 사람이 어떤 상황에서든 길들여진다는 것이 참 무섭다는 생각도 들지만요.

그렇다면 러시아인이 지닌 그 인내의 원천은 무엇일까요? 어떤 이는 러시아인들이 지니고 있는 건전한 영혼 때문이라고 말하더군요. 일리가 있는 말이라고 생각해요. 문학이나 음악, 무용 분야에서 러시아인이 지니고 있는 무궁무진한 잠재력은 결코 우연에서 비롯한 것은 아니라는 뜻일 테지요. 그러한 영혼에서 비롯한 예술적 영감이 일상에서 일어나는 조그만 일조차 문학과 음악의 소재로 만드는 것이겠죠. 가진 자는 축복을 위해, 가난한 자는 슬픔을 덜기 위해, 힘든 자는 고통을 잊어버리기 위해.

러시아 민요 역시 그렇게 민중의 삶과 함께해 온 것이겠죠. 러시아 민요의 소재가 다양한 이유도 바로 그런 점에서 비롯한 것이기도 하고요.[23]

사랑에 스러진 젊은 시인의 노래
「나는 당신을 사랑했습니다」 푸시킨 시 / 쉐레메체프 작곡

차선생 정말 사랑했던 여인과 끝내 결혼하지 못하고, 떠나 버린 연인의 빈자리 때문에 고통받는 한 남자가 눈물로 쓴 회한의 시 한 편을 읽어 볼게요.

나는 당신을 사랑했어요
사랑은 아직, 아마도
내 영혼 속에서 아직 완전히 꺼지지 않았을 거예요
하지만 내 사랑이 더 이상 당신을 속 태우게도
그대를 그 무엇으로 슬프게도 하고 싶지 않아요
나는 그대를 말없이, 바라는 것도 없이 사랑했어요
때로는 수줍음이, 때로는 질투가 나를 괴롭혔지만
나 그대를 그토록 진정으로, 그토록 간절히 사랑했어요
다른 이들에게도 그대가 부디 사랑받기를 바랄 만큼

---

23 동아일보(2006년 9월 20일)
24 『러시아 로망스와 민요』, 아울로스 뮤직.

나 그대를 그토록 진정으로, 그토록 간절히 사랑했어요
다른 이들에게도 그대가 부디 사랑받기를 바랄 만큼[24]

「나는 당신을 사랑했습니다」는 러시아의 대문호 알렉산드르 푸시
킨이 실연의 아픔을 노래한 이 시에 작곡가 보리스 쉐레메체프가
아름다운 선율을 붙여 만든 곡이에요. 이 곡은 러시아인이 가장 사
랑하는 로망스 가운데 하나라고 하는군요.

류수연 푸시킨은 러시아에서 둘째 가라면 서러워할 위대한 작가이지
만, 사랑만큼은 불운했던 사람인가 봐요.

차선생 푸시킨의 이 시는, 자신의 인생을 걸 만큼 열렬히 사랑했지만
상대방 부모의 완강한 반대에 부딪혀 결국 안나 올레니나라는 여

성을 떠나보내고 그 사무친 마음을 표현한 것이라고 해요.

1837년 1월 27일, 푸시킨은 아내 나탈리아를 짝사랑하는 프랑스 망명 귀족과의 결투로 38세라는 젊은 나이에 생을 마감하죠. 어처구니없는 이 사건은 그를 미워하는 세력이 파놓은 함정이었다는 이야기도 있지만, 결국 여자 때문에 일어난 불행인 셈이지요.

묵직한 남성 저음으로 듣는 부모의 땅의 노래
「사랑하는 어머니 땅 러시아」 기츠

이반이 발랄라이카를 연주하네
술을 마시면서 발랄라이카를 연주하네
보드카에서 헤엄치고 있네
볼가 강 위에서 하듯이 그렇게

어머니의 땅 러시아, 어머니의 땅 러시아
어머니! 그 어느 누가 당신처럼
술 마실 수 있을까요?

바깥에는 트로이카가 서 있고
올가가 트로이카 안에 앉아 있네
사랑에 미쳐 버려서
그 어떤 넘치는 사랑에도 만족하지 못하네

어머니의 땅 러시아, 어머니의 땅 러시아
어머니! 그 어느 누가 당신처럼
사랑할 수 있을까요?

어머니! 그 어느 누가 당신처럼
사랑할 수 있을까요?
　　　　　　……

차선생 조국을 어머니에 비유한 「사랑하는 어머니 땅 러시아」는 독일
의 TV 뮤지컬 작품인 「카타리나와 포템킨Katharina Und Potemkin」에
삽입되었던 노래로, 남성의 묵직한 저음의 매력을 만끽할 수 있어
요. 이 뮤지컬은 러시아왕 카타리나 2세와 육군원수 포템킨의 러브
스토리를 다룬 작품으로, 뮤지컬의 분위기와 러시아의 서정이 어
우러져 독특한 매력을 전해 주고 있어요.

배도반 말로만 듣던 이반 레브로프Ivan Rebroff의 압도적인 저음을 듣
게 되는군요.

차선생 러시아는 원래 저음 성부가 강한 나라이지만, 4옥타브 반의 음
역을 오르내린다는 이반 레브로프의 목소리에서 진정한 남성 저음
의 매력을 경험할 수 있어요. 뜻밖에도 그는 베를린 출신의 독일인
이지만, 부모가 모두 러시아인이어서 그토록 진한 러시아의 정서
가 배어나는가 봐요.

너무 일찍 떠나 버린 시인과 여가수

「나 홀로 길을 걷네」 레르몬토프 시 / E. 사쉰 작곡

차선생 스베틀라나Svetlana 목소리로 이 노래를 처음 들었을 때 받은 감동은 정말 특별했어요. 한없이 맑고 청명한 목소리도 그렇지만 너무나 아름다운 선율에 가슴이 시릴 정도였으니까요. 저는 이 곡을 계기로 러시아 민요와 러시아 가수에게 관심을 갖게 되었다고 해도 과언이 아닐 정도예요.

나 홀로 길을 걷네
안개 속으로 길이 빛나고 있어요
밤은 고요하고, 텅 빈 길은 신에게 귀를 기울이고,
별들이 서로 속삭이네요
별들이 서로 속삭이네요

하늘은 경이롭고 아름다워요!
대지는 빛나는 하늘 아래 잠자고 있는데……
나의 마음은 왜 이리도 아프고 힘겨운지?
무엇을 기다리고 있나? 무엇을 아쉬워하고 있나?

나는 삶에서 그 무엇도 기대하지 않고,
지난 일을 조금도 후회하지 않네
나는 다만 자유와 평안을 갈망할 뿐!

모든 걸 잊고 잠들고 싶네!
모든 걸 잊고 잠들고 싶네!

무덤 속에서의 싸늘한 잠이 아니라……
가슴 속에 삶의 힘이 잠들어 있도록,
가슴이 고요히 숨쉬며 부풀어 오르도록,
그렇게 영원히 잠들기를 갈망하네 [25]
……

배도반 저도 스베틀라나 음반을 가지고 있는데, 무척 아끼는 음반 중
하나이지요. 입소문 때문인지 이 음반이 제법 많이 팔린 모양이더
군요.

차선생 평범하기 짝이 없는 음반 재킷에다 레이블도 매우 생소해 선
뜻 고르기는 쉽지 않을 거예요. 그렇지만 훌륭한 음반은 진흙 속의
진주처럼 반드시 그 가치를 인정받는가 봐요.

이 곡은 요절한 러시아 시인 레르몬토프의 시에 곡을 붙인 노래예
요. 눈물이 핑 돌 만큼 섬세한 선율이 러시아 서정의 또 다른 면을
맛보게 하지요. 위선과 허위로 가득한 현실에서 뛰쳐나와 순박한
전원생활을 갈망했지만, 일찍 생을 마감해야 했던 한 시인의 가슴
아픈 사연이 이 노래에 담겨 있어요.

류수연 선생님은 스베틀라나의 목소리에 큰 감명을 받았다고 하면서,

---

25 『러시아 로망스와 민요』, 아울로스 뮤직.

정작 안나 게르만의 노래를 선택한 것은 무슨 이유인가요?

^{차선생} 특별한 이유가 있는 것은 아니에요. 다만 러시아 로망스의 상징과도 같은 안나 게르만의 목소리로 다 같이 들어 보고 싶었을 뿐이에요. 교통사고 후유증으로 고생하다 많지 않은 나이에 세상을 떠났지만, 지금도 러시아에는 그녀를 잊지 못하는 팬이 많다고 해요. 스베틀라나보다 한층 짙은 애절함이 느껴지는 그녀의 목소리를 듣고 보니, 이미 떠나 버린 여가수의 넋을 위로하고 싶은 마음이 저절로 드는 것 같아요.

러시아는 가슴으로만 느낄 수 있다
「나는 당신을 만났습니다」 F. 추체프 시 / 작곡자 미상

^{차선생} 「난 당신을 만났습니다」는 제가 발랄라이카라는 러시아 민속 악기의 진정한 매력을 느끼게 만들어 준 나름대로 의미 있는 곡이라고 할 수 있어요. 어떤 글에는 영화 「닥터 지바고」의 안타까움이 이 곡 속에 고스란히 담겨 있다고 하더군요. 그래서 지바고와 라라가 극적으로 재회하는 유명한 장면에 이 곡을 붙여 본 적이 있어요. 기가 막히게 들어맞더군요. 영화 속 장면과 음악의 길이가 약속이나 한듯 꼭 들어맞았어요. 그래서 DVD 레코더를 이용해 편집한 것을 음악감상회에서 보너스 영상으로 소개한 적이 있는데, 모두 무릎을 치면서 좋아하더군요.

^{배도반} 이 곡이 어느 음반에 수록되어 있던가요?

차선생 특이하게도 이반 레브로프의 성악 음반에 들어 있어요. 포르투갈의 파두 반주악기 '기따라', 그리스의 렘베티카 반주악기 '부주키'와 더불어 러시아의 대표적인 민속악기로 잘 알려진 '발랄라이카' 반주로 듣는 이 곡은, 러시안 로망스의 진정한 맛을 느끼는 데 부족함이 없는 것 같아요.

류수연 전 아직 어려서 그런지 「난 당신을 만났습니다」 같은 음악의 매력을 잘 모르겠어요. 그렇지만 인간의 깊은 정서에서 우러나는 한 편의 시에 곡을 붙여 그들의 민속 악기 반주에 맞춰 부르는 이 노래가 가슴이 시리도록 아름답다는 말에는 약간 공감할 수 있을 것 같아요. 이 아름다운 곡의 원시는 누구 작품인가요?

차선생 19세기 러시아 시인 추체프F. Tyutchev의 시인데, 헤어진 옛 애인을 우연히 만나 아름다웠던 지난날의 사랑을 이야기하는 내용이에요.

난 당신을 만났습니다
모든 옛 마음이 되살아나더군요
황금 같았던 시간을 회상하니
이토록 마음이 따뜻해지네요
때때로 늦가을의 날들과 시간이 그렇듯,
어느새 봄바람이 불기 시작할 때면
그 무언가가 우리 안에서 꿈틀합니다
여기엔 한 가지 기억만이 있는 게 아닙니다
여기선 삶을 다시 이야기합니다

매혹적인 당신을, 내 마음속의 당신을![26]

이 시에 곡을 붙인 작곡자 미상의 이 노래는 러시아의 우수와 슬픔
을 가득 담고 있는 러시안 로망스의 또 다른 명곡이에요. 추체프는
자신의 시에서 이렇게 말했다고 해요.
"러시아는 머리로 이해할 수 없다. 러시아를 자로 잴 수는 없다. 러
시아는 그저 느낄 수 있을 뿐이다."

재즈의 선구자가 전하는 집시 여인의 눈

「**검은 눈동자**」 E. 그레벤까 / N. 게르만

차선생 1988년 서울 올림픽 공식 주제가 「손에 손 잡고」의 주인공인
코리아나도 불렀던 이 곡은 나중에 알고 보니 러시아 민요였더군
요. 그런데 이 노래를 가만히 들어 보면 앞에서 감상한 몇 곡의 러
시아 음악과 정서적으로 많이 다른 것 같아요. 그것은 이 노래의 흐
름이 순수한 러시아 민요라기보다 집시의 선율처럼 느껴지기 때문
이지요. 실제로 '검은 눈동자'는 러시아인에게는 이국적이라고 할
수 있는 집시 여인의 눈을 가리킨다고 해요. 먼저 노랫말을 볼까요.

검은 눈동자, 정열의 눈동자

---

26 『러시아 로망스와 민요』, 아울로스 뮤직.

강렬하고 아름다운 눈동자!
얼마나 당신을 사랑하는지! 얼마나 당신을 두려워하는지!
내가 불행할 때 당신을 만나게 되었군요

오, 당신의 내면이 그토록 어두운 까닭이 있군요!
당신을 통해 불행을 보고
당신을 통해 불운한 불길을 보네
가련한 이내 마음은 그 불길에 모두 타 버렸네

하지만 나는 슬퍼하지 않네
나의 운명이 나를 위로하네
우리 삶의 모든 아름다움을
불타는 눈동자의 그대에게 모두 바쳤다고

아, 당신을 만나지 말았어야 했는데,
그렇게 당신을 사랑하지 말았어야 했는데,
그저 마음 편히 살았어야 했는데,
당신이 나를 망쳤어요, 검은 눈동자여,
나의 행복을 영원히 빼앗아 버렸어요

활활 타오르는 검은 눈동자여!
머나먼 세상으로 나를 손짓하네
그곳엔 사랑과 평화가 가득하고,

고통도 그 어떤 미움도 없네

검은 눈동자, 정열의 눈동자,
강렬하고 아름다운 눈동자!
얼마나 당신을 사랑하는지!
얼마나 당신을 두려워하는지![27]

루이 암스트롱

배도반 그런데 이 곡을 루이 암스트롱Louis Armstrong(1901~1971)이 연
주했다니 참 재미있군요.

차선생 「왓 어 원더풀 월드What a wonderful world」로 많은 사랑을 받은
미국의 재즈 음악가인 루이 암스트롱이 러시아 곡을 노래했다고
해서 크게 이상할 것은 없지요. 우리나라에서 열리는 대중 음악회
에서도 나폴리 민요를 부르는 모습을 흔히 볼 수 있는 것처럼, 러
시아 민요도 이제는 세계인의 애창곡이 되었으니까요.

「검은 눈동자」는 어떤 러시아 음악보다 세계적으로 널리 알려져 있
고, 그만큼 장르에 관계없이 많은 음악인이 리메이크하기도 했지
요. 이들 모두 개성 있는 편곡으로 음악애호가들에게 즐거움을 안
겨 주지만, 저는 루이 암스트롱의 연주를 가장 좋아해요. 그의 트레
이드마크나 다름없는 걸쭉한 목소리와 유머러스하기까지 한 트럼
펫 연주로 듣는 「검은 눈동자」는 재즈 특유의 즉흥 연주까지 곁들
여져 묘한 감흥을 전해 주고 있어요. 재즈 연주로 러시아 음악의 정

27 『러시아 로망스와 민요』, 아울로스 뮤직.

취를 맛본다는 게 뭔가 어색한 감도 있지만, 루이 암스트롱의 연주는 그것을 초월해, 그 누구도 흉내 낼 수 없는 그만의 「검은 눈동자」를 만들어 내고 있지요.

배도반 루이 암스트롱의 음반 목록을 좀 뒤져 봤는데, 「검은 눈동자」는 눈에 띄지 않더군요. 선생님이 가지고 있는 음반은 어떤 것인가요?

차선생 사실 저도 이 음반을 구해 보려고 열심히 애를 쓴 적이 있어요. 그런데 그의 음반을 거의 훑어봤는데도 이 곡이 수록되어 있는 것은 찾을 수가 없더군요. 그래서 언젠가 운이 좋으면 만나게 될 거라고 생각하고 마음을 접었어요. 그런데 우연히 루이 암스트롱의 「더 베스트 오브 루이 암스트롱 The best of Louie Armstrong」이라는 LP 음반에서 B면 맨 마지막 트랙에 숨어 있던 이 곡이 눈이 뜨이더군요. 얼마나 반갑던지……. 이 음반은 CD로도 나왔다는데 아직 손에 넣지는 못했지요.

1 「나는 당신을 사랑했습니다」
블라디미르 디바또프

2 「사랑하는 어머니 땅 러시아 Mütterchen Russland」
이반 레브로프(베이스)

3 「나 홀로 길을 걷네」
안나 게르만

4 「나는 당신을 만났습니다 I met you」
니콜라이 칼리닌(지휘) / 오시포프 발랄라이카 오케스트라

5 「검은 눈동자 Otchi tchiornyie」
루이 암스트롱(트럼펫 & 보컬)

34
track

음악의 블랙홀의
새로운 물결

:미국

미국의 가장 위대한 오페라

「웨스트사이드 스토리」 모음곡 데이비드 브론

차선생 영화 「웨스트사이드 스토리」는 셰익스피어의 『로미오와 줄리엣』을 오늘날 뉴욕 슬럼가로 옮긴 브로드웨이 뮤지컬이 원작이에요. 무대는 1950년대 뉴욕의 뒷골목 '웨스트사이드'로, 유색인종을 배척하는 이탈리아계의 불량 청소년 집단 제트단과 푸에르토리

416 : 너 음악회 가 봤니?

코계 이민자들이 모인 샤크단의 세력 다툼에 말려든 토니와 마리아의 비극적인 사랑을 그리고 있어요. 그 속에서 자연스럽게 인종 문제와 청소년 문제 같은 현대 미국 사회의 어두운 한 단면이 드러나게 되지요.

류수연 「웨스트사이드 스토리」는 20세기에 만들어진 작품이지만, 베토벤의 교향곡이나 베르디의 오페라처럼, 뮤지컬 분야에서는 최고로 손꼽히는 고전이라 할 수 있지 않을까요?

차선생 '뮤지컬의 교과서'라는 영예로운 이름이 이 작품의 뒤를 따라다니는 것만으로도 이미 고전의 반열에 오른 것이 아닐까요? 「웨스트사이드 스토리」는 미국 출신의 작곡가이자 지휘자인 레너드 번스타인Leonard Bernstein(1918~1990), 탁월한 무대 연출가 제롬 로빈스Jerome Robbins와 「사운드 오브 뮤직」으로 유명한 로버트 와이즈Robert Wise(1914~2005)가 팀을 이루어 탄생시킨 최고의 완성도를 자랑하는 작품이죠. 그것을 반증하듯 수많은 상도 휩쓸었고요. 1962년 아카데미 시상식에서 작품, 감독, 남우조연, 여우조연, 미술, 촬영, 음향 등 총 10개 부문을 수상한 것을 비롯해, 그해 골든 글러브에서 작품, 남녀 조연, 뉴욕영화 비평가협회 작품상, 미국 감독협회 감독상, 그래미 어워드에서 사운드 트랙 앨범상을 받는 등 수상 경력이 정말 화려함의 극치를 달리고 있죠.

류수연 「웨스트사이드 스토리」라는 뮤지컬이 이룬 예술적 업적이라면 어떤 걸까요?

차선생 「웨스트사이드 스토리」는 뮤지컬이 싸구려 웃음이나 자아내는 코미디가 아닌, 진정한 예술적 경지로 승화될 수 있다는 것을 보여

줬어요. 특히 이 작품에서 불려지는 노래들 중 클래식한 멋을 지닌 「투나잇Tonight」과 「마리아Maria」는 가장 애창되는 명곡으로 확고하게 자리 잡았고, 대립하는 젊은이들의 서로 견제하는 군중의 움직임, 결투 장면을 묘사하는 격렬한 리듬은 번스타인의 천재적인 재능을 유감없이 보여 준 것이 아닌가 싶어요.

배도반 문학이나 음악 작품 중 이름난 명작들은 여러 방법으로 양념이 가해져 풍성한 잔칫상을 만들어 주곤 하지요. 괴테나 셰익스피어의 위대한 문학은 연극과 예술가곡, 오페라의 소재가 되었고, 비제의 오페라 「카르멘」은 작곡자 자신과 다른 몇몇 사람들에 의해 환상곡이나 모음곡 등으로 만들어져 오페라와 함께 많은 사랑을 받고 있어요. 모짜르트의 오페라 「돈 조반니」나 「요술 피리」도 마찬가지이고요.

차선생 사실 「웨스트사이드 스토리」를 좋아하는 애호가 입장에서 불만스러운 점이 바로 그것이었어요. '왜 「웨스트사이드 스토리」 주제에 의한 모음곡이나 변주곡 또는 환상곡 같은 작품은 왜 없을까.' 하고 말이죠. 원곡 속에서 보석처럼 빛을 발하는 그 화려하고 아름다운 리듬과 선율들을 그대로 썩힌다는 것은 불행한 일이잖아요. 그러던 차에 우연히 구입한 CD에서 「웨스트사이드 스토리」 모음곡을 발견하게 되었어요. 순간 눈이 번쩍 뜨였지요. 그 위대한 업적을 완성한 사람은 데이비드 브론이라는 사람이었어요. 그에 대해서는 별로 아는 게 없어 안타깝지만, 이 작품 하나만으로도 그에게 고마움이 생기더군요. 앞으로 제2, 3의 브론이 나타나 더 멋진 「웨스트사이드 스토리」 환상곡이 탄생하기를 기대해야겠죠.

배도반 데이비드 브론이 이 작업에 착수한 것은 어떤 계기 때문이었
을까요?

차선생 원래부터 브론은 번스타인의 음악에 큰 관심을 가졌다고 해요.
그러던 차에 음악 작업을 함께 해 오던 친구 시드 래민Sid Ramin으
로부터 「웨스트사이드 스토리」를 편곡해 보는 것이 어떻겠느냐는
제안을 받게 되었죠. 시드 래민은 오케스트라용 악보를 편곡하는
오케스트레이터인데 브론과 번스타인의 뮤지컬 작업에 깊이 관여
했던 모양이에요.

이 작품의 탄생에 관여한 또 한 사람으로 죠수아 벨을 들 수 있는
데, 그는 모음곡이 만들어지는 과정에서 처음부터 함께 작업한 바
이올리니스트였어요. 이 모음곡에 나오는 2개의 카덴차 중 하나를
자신이 직접 작곡하여 연주하기도 했지요.

이 모음곡에서 솔로 바이올린 연주자는 「웨스트사이드 스토리」라
는 경치를 감상하는 한 명의 여행자와 비슷한데, 모음곡에 등장하
는 솔로 바이올린은 한 장면씩 보고 느낀 짧은 감상문과 같은 것이
라고 설명하고 있어요. 벨은 이 앨범 작업을 통해 번스타인을 더욱
존경하게 되었다면서 다음과 같이 술회하고 있더군요.

"그의 음악을 들여다보면 볼수록, 난 그것을 더욱더 사랑하지 않을
수 없습니다……. 그의 음악은 너무나 독창적이지요. 난 「웨스트
사이드 스토리」를 단순한 뮤지컬로 규정짓는 것에 반대합니다. 「포
기와 베스Porgy and Bess」와 마찬가지로 그것은 미국의 가장 위대한
오페라 중 하나임에 분명합니다."

배도반 선생님은 「웨스트사이드 스토리」 모음곡이 사라사테의 「카르

멘 환상곡」과 매우 유사하다는 느낌을 받지 않았나요?.

차선생 그 점에 대해서는 데이비드 브론이 말한 이야기를 참고하면 될 것 같아요.

"비제의 「카르멘」이 「카르멘 환상곡」의 기본이 되었듯이 「웨스트 사이드 스토리」 모음곡에선 물론 번스타인의 멜로디가 모든 것의 기본이다. 가장 어려웠던 것은 어느 부분을 빼야 하는 것이었다."

발명가의 아들, 새로움의 철학자

「신비로운 탐험」 존 케이지

배도반 이렇게 생소한 곡을 대할 때면 새로운 음악 세계를 접한다는 기대감보다 두려움이 앞서는군요. 현대음악 중에는 음악이라기보다 차라리 소음이라고 하는 편이 더 어울리는 곡들도 많으니까요.

차선생 나도 그렇게 생각했어요. 그래서인지 지금도 현대 작곡가들의 음악은 음반도 별로 없지만 있다고 해도 손이 잘 가지를 않아요. 주위에서 그냥 자꾸 듣다 보면 귀가 튄다고 하는데 틀린 말은 아니겠지만 그게 생각보다 쉽지 않아요. 그래서 현대음악은 무작정 듣는 게 아니라 그나마 듣기에 좋은 곡들을 선별해 가면서 서서히 적응해 나가는 게 내가 선택한 방법이에요. 지금도 많이 듣는 편은 아니지만 그래도 좋아하게 된 곡들도 좀 생겼어요.

류수연 그렇게 하면서 그 어려운 음악을 들을 필요까지야⋯⋯. 그런데 그걸 꼭 들어야 해요?

차선생 마치 그것을 의무적인 것으로 받아들이는 것은 바람직하지 않아요. 그렇지만 음악감상을 취미 생활의 일환으로 생각한다면, 그 것도 조금씩 발전이 있어야 재미도 있고 오래도록 즐기게 되는 게 아닌가 싶어요. 바둑을 좋아하는 사람이 책을 들고 열심히 바둑 공부를 하는 것도 좀 더 수준을 높이기 위해서잖아요. 지금은 잘 모르는 분야이지만 공부나 노력을 통해서 새로운 세계를 알아 나가는 것이 얼마나 큰 즐거움인지 경험해 본 사람은 알 거예요.

마음먹고 클래식 한번 들어 보겠다고 작심했는데, 몇 곡 듣다 보니 이것은 이래서 어렵고 저것은 저래서 어려워 더 이상 못 듣겠다면 그 거대한 음악의 세계에 제대로 발 한번 들여놓지 못하고 포기하는 셈이잖아요.

음악을 듣는 일은 학교 공부와 달라 느긋하게 마음먹고 차근차근 책도 읽고 공부도 조금씩 해 가다 보면 자신도 모르게 깊은 음악 세계에 빠져 있는 나를 발견할 수 있을 거예요.

배도반 존 케이지는 어떤 면에서 구도자라 부를 수도 있는 인물인 것 같던데 이 점에 대해 선생님은 어떻게 생각하세요?

차선생 어느 작곡가는 존 케이지를 '미국 실험음악의 창시자이며 음악은 물론 연극, 시, 무용, 미술계를 매혹시킨 현대예술의 철학가'라고 소개했더군요. 약 70년 전의 일이지만 케이지는 국제현대음악 페스티벌 아방가르드 음악계를 휩쓸며 혁신적이고 도발적인 예술 철학을 20세기 음악에 불어넣었지요. 아버지가 발명가여서인지 케이지는 항상 새로운 것을 발견하려고 애썼다고 회고하고 있어요. 그는 음악 외에도 미술과 건축을 공부하고 시도 썼으며 예술

현대음악의 발명가 존 케이지

전반에 걸쳐 창의력을 발휘한 거장이었죠. 이렇듯 끊임없이 새롭고 창의적인 세계를 추구한 그에게 구도자라는 호칭은 매우 적절한 것이 아닌가 싶군요.

배도반 존 케이지의 음악을 이야기할 때 반드시 언급되는 것이' 프리페어드 피아노Prepared piano(장치된 피아노)' 와 '우연성' 이라고 들었어요. 이는 존 케이지 음악 철학의 핵심이라 할 수 있지만 사실 일반인이 이해하기 쉬운 내용은 아닌 것 같아요.

차선생 케이지는 짧은 기간 동안 현대음악의 거장인 쇤베르크에게 수학하기도 했으나, 곧 자신이 가야 할 길이 아님을 깨닫고 과감히 기존의 틀을 거부한 채 독자적인 실험주의로 돌아서 버리지요. 케이지는 음악이란 소리 예술이므로 어떤 소리도 음악의 재료가 될 수 있다고 주장하면서 다른 사람들이 음악으로 간주하지 않던 소리들을 과감하게 재료로 사용하는 실험을 시도해요. 그의 여러 실험적인 작품 중 하나인 「메탈을 이용한 콘스트럭션 I」이라는 6중주곡은 금속 타자기의 부속인 벨, 공, 철침, 브레이크 드럼 등을 이용한 것인데, 그 파격적인 아이디어와 폭발하는 듯한 리듬은 전 세계 음악가들을 충격에 빠뜨렸어요.

또 「프리페어드 피아노를 위한 소나타와 간주곡」에서는 '프리페어드 피아노' 라는 혁신적인 기법을 창안해 피아노의 현에 벨트나 고무, 나사 등을 끼워 넣어 음의 높낮이와 색깔을 바꾸는 방법으로 기상천외한 음향을 만들어 내기도 했지요. 그는 또 우연을 자연의 근원적인 원리로 인식하고 1950년부터 '우연'을 그의 음악에 사용하기 시작했어요.

그의 「피아노와 오케스트라를 위한 콘서트」는 음악이 '우연성'에 의존하는 사례를 보여주는 결정적인 작품으로 평가되는데, 이 곡의 악보에는 개개 악기마다 '우연한 작업chance operration'으로 표기가 되어 있어 연주자가 연주 그 자체보다 연주를 준비하는 과정에서 발생할 수 있는 숱한 '우연성'이 고스란히 연주 행위를 결정하게 되는, 혁신적이고도 기발한 방법을 고안해 냈지요. 이 방법은 연주가 연주자의 계산된 의도와는 관계없이 오직 '우연'에 의해 이루어지는 것이므로, 음악이 작곡가나 연주자로부터 완전히 해방되어 존재하도록 만드는 것이에요. 하지만 이 경우에는 연주 도중에 연주자의 행위가 들어가기도 하기 때문에 음악이 아닌 해프닝으로 간주하는 시각도 있다고 들었어요.

"너는 평생 동안 음악에 헌신하겠느냐?"라는 질문을 하고는 존 케이지를 제자로 받아들였던 쇤베르크는 케이지에 대해 "그는 작곡가가 아니다. 그는 천재적 발명가이다."라고 했다는군요.

유례를 찾기 어려울 정도의 이러한 독특함 때문에 케이지의 음악은 '어렵다' 혹은 '쉽다'의 단순한 논리로 설명될 수 있는 것은 아닌 셈이지요.

배도반 존 케이지의 음악 세계와 동양 사상은 어떤 식으로 관

존 케이지가 창안한 프리페어드 피아노

런지을 수 있을까요?

차선생 케이지는 1940년도 후반 인도 출신의 여류 기타리스트인 기타 사라바이Gita Sarabhai에게 동양철학을, 일본의 스즈키에게 선禪을 배우면서 동양철학에 접근하기 시작해요. 또 1950년에는 그의 작곡 도구가 된 『주역』을 공부할 정도로 동양 사상에 큰 관심을 보였어요. 그는 특히 선불교에 심취했는데, 이렇듯 케이지를 매혹시킨 불교적 감수성이 가장 잘 발휘된 작품으로 「료안지龍安寺」와 바이올린 독주곡 「에이트 위스쿠스Eight Whiskus」를 예로 들더군요.

차선생 이번에 감상할 「신비로운 탐험」 역시 케이지의 실험 정신이 잘 발휘된 곡으로 어떻게 이 소리가 피아노 소리인가 싶을 정도로, 피아노에 온갖 장치를 한 상태에서 연주된 작품이기 때문에 '프리페어드 피아노' 라는 그의 음향 실험을 이해하는 데 큰 도움이 될 거라고 생각해요.

악보를 읽지 못하면서 미국 음악의 역사를 바꾸다
「피아노를 위한 3개의 전주곡」 조지 거쉬인

차선생 너무 일찍 세상을 떠나 많은 음악팬을 안타깝게 만든 작곡가는 참 많지요. 모짜르트, 슈베르트, 쇼팽……. 하지만 미국 작곡가 조지 거쉬인George Gershwin(1898~1937)이 38세라는 젊은 나이에 요절했다는 사실을 아는 사람은 별로 없을 것 같아요. 거쉬인은 미국의 음악 역사를 바꿔 놓은 20세기 최고의 작곡가 중 한 명이에요. 그는 절묘한 방법으로 재즈를 클래식 음악에 접목시킨, 그래서 사람들은 그를 가장 미국적인 작곡가의 전형으로 생각하고 있지요.

배도반 20세기 최고의 작곡가라는 말을 부정하고 싶지는 않지만, 그 정도 위치의 작곡가였다면 모짜르트나 베토벤처럼 인물이나 작품에 대한 각종 자료가 많아야 정상 아닌가요. 그런데 별것 아닌 작곡가가 너무 과대평가된 것이 아닌가 싶을 정도로 그에 대한 자료는 빈약하기 그지없어요.

이번에 감상할 「피아노를 위한 3개의 전주곡」도, 인터넷 자료를 찾아보면 그의 대표적인 피아노곡이라고 소개는 되어 있는데, 곡을 이해할 수 있는 참고 자료는 거의 없더군요. 인터넷을 부정하고 싶은 것은 아니지만, 똑같은 내용의 쓸모없는 음반 광고만으로 도배되어 있는 것을 보면서 이게 뭐하는 건가 싶은 회의에 빠지기도 했어요. '정보의 바다'라는 인터넷이지만 '쓰레기의 바다'라는 생각이 들 만큼 실망스러웠어요.

류수연 제 생각은 좀 달라요. 인터넷이 없었다면 예습을 해 보겠다는 생각은 못했을 거예요. 사실 지금까지 음악감상을 위해 예습이 필요하다는 생각을 해 본 적이 없었으니까요.

차선생 예습을 의무적으로 해야 하는 것은 아니지만, 이미 프로그램으로 정해져 있는 감상곡은 사전에 기본적인 내용 정도는 미리 알아두면 음악감상에 많은 도움이 된다고 생각해요. 가령 「환상 교향곡」을 듣기 전에 작곡자 베를리오즈와 연극배우인 해리엇 스미스슨과의 관계라든가, 차이코프스키의 「1812년」 서곡 첫머리에 프랑스의 국가인 「라 마르세예즈La Marseillaise」가 왜 등장하는지를 말이에요. 그런 점에서 예습해 보겠다는 수연이 생각은 굉장한 것이라고 봐요. 예습은 수업을 기다려지게 만드는 가장 효과적인 방법이라는 말처럼 어쩌면 음악을 가장 즐겁게 들을 수 있는 방법이라고 할 수 있지요.

그리고 좀 전에 언급했던 인터넷에 대한 불만은 사용해 본 사람이라면 누구나 한두 번씩은 다 느꼈던 일일 것 같아요. 인터넷에는 좋은 자료도 많이 올라와 있지만 그걸 찾기 위해서는 너무 많은 시간을 투자해야 하지요. 그래서 저는 인터넷보다는 책에 실린 자료들을 신뢰하고 또 많이 이용하는 편이에요. 오죽하면 '쓰레기의 바다'라고까지 표현했을까 싶지만 사실 충분히 공감이 가는 말이거든요. 그래서 제 바람은 음악 관련 서적이 좀 더 많이 나왔으면 하는 거예요. 내용도 지금까지 봐 왔던 천편일률적인 구성에서 탈피해 좀 덜 알려진 곡들도 적극 발굴해서 다루어 줬으면 좋겠어요. 경제가 불황이라 책을 내도 안 팔리니까 출판사가 출판을 꺼린다는 이야기도 있던데 참 안타까운 현실 아닌가요.

배도반 이야기 주제가 다른 곳으로 흘러 버린 것 같군요. 본론으로 다시 돌아와서 감상곡에 대한 이야기를 나누는 게 좋겠어요.

차선생 그렇군요. 그럼 먼저 이 곡의 작곡자인 거쉰인에 대해 이야기해야겠네요. 그는 가난한 유대계 러시아 이민자의 아들로, 뉴욕의 브루클린에서 태어났으며, 보통 세 살이나 네 살 때부터 피아노를 치기 시작한 다른 천재 음악가들과는 달리 비교적 늦은 열두 살 때부터 피아노를 치기 시작했다고 해요. 그는 다니던 고등학교를 그만두고 뉴욕에 있는 어느 악보 출판사의 피아니스트로 취직해 그곳을 찾은 고객들에게 피아노를 연주하는 일을 했는데, 거기서 유행가를 작곡할 정도로 실력이 늘었다는군요. 기본적으로 재능이 있었다는 뜻이겠지요.

그의 출세작인 「랩소디 인 블루」에서처럼 거쉬인의 음악은 리듬과 멜로디가 매우 생동적이고, 변화무쌍한 화성을 구사함으로써 듣는 사람의 마음을 움직이게 만드는 묘한 매력을 지니고 있지요. 그는 원래 클래식 공부를 전혀 한 적이 없다고 해요. 하지만 자신의 이름이 점점 유명해지면서 뉴욕 필하모닉의 요청으로 그의 대표작인 재즈곡 「랩소디 인 블루」를 피아노 협주곡으로 편곡해야 하는 상황이 발생한 거예요. 이 과정에서 거쉬인은 본의 아니게 순수음악을 공부할 수밖에 없었어요.

이 곡의 성공을 계기로 거쉬인은 「피아노 협주곡 F장조」, 「피아노를 위한 3개의 전주곡」을 잇달아 작곡하게 되지요. 그중 「피아노를 위한 3개의 전주곡」은 제목처럼 3개 부분으로 이루어져 있지만 워낙 짧아서 다 합쳐도 4분이 채 안 되는 피아노 독주곡이에요.

배도반 이 곡은 멜랑콜리한 느낌을 주면서도 한편으로는 재즈의 달콤함이 무척 매력적인 것 같아요.

차선생 곡 제목만으로 보면 클래식한 곡이 분명한데 작곡자의 음악적인 본바탕이 재즈였고, 또 그런 자신의 음악적 정체성을 작품에 의도적으로 부각시키려는 생각이 있었는지 모르겠지만 곡 전체에 재즈 요소를 많이 도입했어요.

재즈와 클래식의 영역을 넘나들었던 거쉬인의 이런 음악적 행보는, 음악 장르의 경계가 서서히 허물어져 가는 지금 상황으로 보면 새삼스러울 게 없지만, 당시에는 부정적인 시각도 만만치 않았을 것 같아요.

미국 음악의 학장과 발레의 피카소의 만남
「애팔래치아의 봄」 아론 코플랜드

배도반 「애팔래치아의 봄」은 어떤 장르의 음악인가요. 얼른 표제가 있는 것으로 봐서는 교향시 같기도 하고 한편으로는 모음곡 같기도 해서 말이지요?

차선생 그런 혼란이 있을 수 있겠군요. 아론 코플랜드Aaron Copland (1900~1990)의 「애팔래치아의 봄」은 차이코프스키의 「백조의 호수」 나 「호두까기 인형」처럼 무용을 위한 음악이에요. 미국의 대표적인 현대 무용가이자 '발레의 피카소'라고 불리는 마사 그레이엄Martha Graham(1894~1991)의 「애팔래치아의 봄[28]」에 사용하기 위해 작곡한 곡이죠. 당시 많은 작곡가가 그녀를 위해 곡을 썼는데, 코플랜드도 그중 한 명인 셈이지요.

류수연 지금과 달리 당시 미국의 음악 환경은 형편없었을 것 같거든요. 제대로 된 음악 교육을 받기가 쉽지 않았을 텐데 아론 코플랜드는 어떻게 음악 공부를 했나요?

---

28 19세기 초의 아름다운 자연에 둘러싸인 애팔래치아 지방을 배경으로 그곳에 사는 개척 농민의 결혼식 정경을 묘사한 작품이다.

차선생 아론 코플랜드는 평범한 러시아계 이민 가정에서 태어나 비교적 늦은 나이인 14세가 되어서야 피아노 공부를 시작했어요. 여기까지는 그보다 두 살 연상인 조지 거쉬인과 꼭 닮은 셈이죠. 코플랜드는 프랑스의 교육자 나디아 불랑제Nadia Boulanger (1887~1979)에게 정식 음악 교육을 받았는데, 불랑제에

아론 코플랜드

게 배운 음악가들의 면면을 보면 그가 얼마나 대단한 교육자인지 알 수 있어요. 역시 교육의 힘은 대단한 것 같아요.

배도반 코플랜드는 다른 현대음악 작곡가와는 달리 당대에 높은 평가와 폭넓은 사랑을 동시에 받았던 행복한 음악가로 알고 있어요. 선생님은 그 비결이 어디에 있다고 생각합니까?

차선생 러시아의 글린카가 그러했듯이 미국 음악의 위대한 아버지로서 그 역할을 충실히 해낸 것이 가장 큰 이유라고 할 수 있겠죠. 코플랜드보다 열여덟 살 아래인 레너드 번스타인은 그를 가리켜 "우리는 드디어 미국의 대가를 갖게 됐다."며 흥분했다는 일화가 있더군요.

코플랜드는 현대음악 특히 미국 현대음악의 옹호자로서 전문 콘서트 협회를 창설하였고, 뉴욕에서 아메리카 현대음악제를 지휘하는 등 두드러진 활동을 펼쳐 나갔지요. 한편으로는 헝가리 출신의 망명 작곡가 벨라 바르토크를 지원했고, 보스턴의 탱글우드에 있는 바크셔 음악센터에서 25년 동안 강의했으며 또 논문이나 강연, 연주회를 통한 다양한 활동을 전개하기도 했고요. 이 정도면 가히 초인적인 능력이라고 봐야겠죠.

코플랜드는 훗날 신진 음악가들에게 음악적 보수성이 비판의 도마 위에 오르기도 했지만, '미국 음악의 학장'이라는 명예로운 별명을 얻을 만큼 큰 사랑을 받았으니 행복한 음악가였다고 해야 하지 않을까요.

코플랜드의 이러한 음악적 업적은 레너드 번스타인에 의해 계승되었고, 지금은 마이클 틸슨 토마스가 그 역할을 담당하고 있는 듯하더군요. 마치 말러-발터-번스타인 계보처럼 말이지요.

1 「웨스트사이드 스토리West side story」 모음곡 데이비드 브론
죠수아 벨(바이올린) / 데이비드 진먼(지휘) / 필하모니아 오케스트라
2 「신비로운 탐험Mysterious Adventure」 존 케이지
알렉세이 루비모프(피아노)
3 「피아노를 위한 3개의 전주곡3 Preludes for Piano」 조지 거쉬인
　1) 제1번 〈Allegro ben ritmato e deciso〉
　2) 제2번 〈Andante con moto e poco rubato〉
　3) 제3번 〈Allegro ben ritmato e deciso〉
　레너드 페나리오(피아노)
4 「애팔래치아의 봄Appalachian Spring」 아론 코플랜드
마이클 틸슨 토마스(지휘) / 샌프란시스코 심포니 오케스트라